铁路机车乘务员学习指导丛书

高速铁路机务行车安全规章

北京铁路局 编

中国铁道出版社

2017年·北京

内 容 简 介

本书是针对铁路机车车辆驾驶人员资格考试而编写的培训教材。内容包括铁路技术管理规程(高速、普速铁路部分)、CRH系列动车组操作规则、相关法律法规、练习题题库和模拟试卷等。

本书可作为机车乘务员晋升、增驾资格考试培训教材,也可作为机车乘务员、整备及运用安全管理人员日常技术培训教材。

图书在版编目(CIP)数据

高速铁路机务行车安全规章/北京铁路局编.—北京:中国铁道出版社,2017.9

(铁路机车乘务员学习指导丛书)

ISBN 978-7-113-23764-6

Ⅰ.①高… Ⅱ.①北… Ⅲ.①高速铁路-铁路行车-行车安全-资格考试-教材 Ⅳ.①U298.1

中国版本图书馆CIP数据核字(2017)第216626号

书　　名: 铁路机车乘务员学习指导丛书
高速铁路机务行车安全规章

作　　者: 北京铁路局 编

责任编辑: 王明容　**编辑部电话:** 010-51873423　**电子信箱:** tdpress@126.com

封面设计: 王镜夷

责任校对: 胡明峰

责任印制: 高春晓

出版发行: 中国铁道出版社(100054,北京市西城区右安门西街8号)

网　　址: http://www.tdpress.com

印　　刷: 中国铁道出版社印刷厂

版　　次: 2017年9月第1版　2017年9月第1次印刷

开　　本: 787 mm×1 092 mm　1/16　印张:15.75　字数:329千

书　　号: ISBN 978-7-113-23764-6

定　　价: 48.00元

Preface 前言

随着铁路改革深化和新设备、新技术的应用，如何学好、用好法律法规、规章制度和各型机车、动车组专业知识，如何进一步提高机车乘务员、动车组司机和机务运用安全专业管理人员业务素质，是当前机务专业的重点工作。为此，我们以现行法律法规、专业规章、各机型技术标准和国家铁路局《2017年铁路机车车辆驾驶人员资格考试大纲》为依据，参考近几年铁路机车车辆驾驶人员资格考试主办单位发布的复习考试要求，在北京铁路局机务系统多年开展培训、积累经验、收集资料的基础上，组织编写了铁路机车乘务员学习指导丛书。本套丛书共5本，分别为《普速铁路机务行车安全规章》《高速铁路机务行车安全规章》《DF_4、DF_7型内燃机车专业知识》《HXD_2、HXD_3型电力机车专业知识》《CRH2A、CRH380B(L)型动车组专业知识》。

本套丛书内容重点突出，贴近现场，且符合考试大纲要求，让师生教与学有所遵循，提高培训质量和学习效果；使学员掌握考试大纲规定的专业知识与技能，提高学员分析与解决问题的能力，能够扎实、熟练、灵活地应对资格考试；本书内容兼顾机车乘务员岗位应知应会内容，通过培训提高其岗位适应能力，更好地满足工作需要。该书是机车乘务员晋升、增驾资格考试培训教材，是机车乘务员、整备及运用安全管理人员日常技术培训教材，亦可作为培训机构专项培训教材。

本套丛书由北京铁路局职工教育处、机务处组织编写。在编写过程中，查阅了大量的参考资料，多次开展专题交流与研讨。在编写结构上，注重逻辑性、层次性并兼顾系统性；在内容编排上，主要考虑适用于机车乘务员岗位工作需要，同时兼顾资格考试所需知识，理论知识与实践内容相结合，突出分析问题、解决问题能力的培养；在文字表述上，力求准确、精炼、通俗易通。部分章附有思考题，巩固学员所学知识。

《高速铁路机务行车安全规章》共分六章。主要包括《中华人民共和国安全生产法》《中华人民共和国铁路法》《中华人民共和国行政许可法》《中华人民共和国刑法》《铁路安全管理条例》《铁路机车车辆驾驶人员资格许可办法》《违反〈铁路安全管理条例〉行政处罚实施办法》《铁路机车车辆驾驶人员资格许可实施细则》等法律法规相关条文,《铁路技术管理规程(高速、普速铁路部分)》相关条文和具体解释,《CRH系列动车组操作规则》主要条文,以及结合上述法律法规、规章编制的练习题题库、模拟试卷,便于干部职工学习掌握。

本书由李鸥、王永辉主编。其中,第一、二、三章由王勇、邓毅、王建信、杨炳辉编写,第四章由闫学农、李鸥、吴宜诚编写,第五、六章由王永辉、王勇、任忠奎编写。全书经李明、陈铮、王旭、李兹亮、胡晓冰、孙彬、方小龙、马玥、邓洪、郭志明、房永超、侯跃文等集体审定。

本书在编写过程中参考和借鉴了相关路内外的书籍、资料,在此一并对有关作者和出版社深表谢意。

由于编者水平有限,恳请读者批评指正。

编　者

2017年6月

Contents 目 录

第一章 《铁路技术管理规程(高速铁路部分)》 …… 1

第一节 技术设备 …… 1

第二节 行车组织 …… 13

第三节 信号显示 …… 91

思考题 …… 153

第二章 《铁路技术管理规程(普速铁路部分)》 …… 156

思考题 …… 158

第三章 《CRH 系列动车组操作规则》 …… 159

第一节 段(所)内作业 …… 159

第二节 出段(所)作业 …… 159

第三节 发车准备与发车 …… 159

第四节 途中作业 …… 160

第五节 在站交接与继乘 …… 160

思考题 …… 162

第四章 相关法律法规 …… 163

第一节 《中华人民共和国安全生产法》 …… 163

第二节 《中华人民共和国铁路法》 …… 165

第三节 《中华人民共和国行政许可法》 …… 165

第四节 《中华人民共和国刑法》 …… 167

第五节 《铁路安全管理条例》 …… 167

第六节 《铁路机车车辆驾驶人员资格许可办法》 …… 167

第七节 《违反〈铁路安全管理条例〉行政处罚实施办法》 …… 169

第八节 《铁路机车车辆驾驶人员资格许可实施细则》 …… 169

思考题 …… 170

第五章 高速铁路机务行车安全规章题库 …… 171

第六章 模拟试卷及答案 …… 230

第一节 模拟试卷 …… 230

第二节 模拟试卷答案 …… 239

第一章 《铁路技术管理规程（高速铁路部分）》

第一节 技术设备

基本要求

第10条 机车车辆等技术设备须有铁路总公司统一规定的标记。隐蔽的建（构）筑物及设备须在地面上设有标志。

本条依据铁路总公司统一标记的要求，对机车车辆等技术设备及地面隐蔽建（构）筑物、设备的标记设置进行了规定。

为便于运用和管理，机车车辆等移动技术设备应在明显的部位标明其所属单位、类型及编号等标记。机车的标记见第148条的规定，车辆的标记见第158条的规定，动车组的标记见第168条的规定。

给水工程的地下管道，通信、信号和电力工程的地下电缆，无管沟等隐蔽设备，其线路走向不易识别，因此均应在地面设置标志，以便检查时易于查找。路基的盲沟、渗水沟和暗检查井等工务部门隐蔽建（构）筑物及设备，亦应在其出口处，面向线路设置标志。

信号、通信

第64条 信号机按用途分为进站、出站、通过、进路、复示、调车信号机等。

本条是关于在高速铁路区段信号机用途分类的规定。

在高速铁路区段主要设置进站、出站、通过、进路、复示、调车信号机等。车站（含无配线站）应设进站信号机、出站信号机。根据需要可设进路信号机、调车信号机和复示信号机。中间站、越行站列车进路上不宜设调车信号机。

动车段（所）宜设进站信号机、出站信号机，根据需要设置调车信号机。

第65条 各种信号机及表示器，在正常情况下的显示距离：

1. 高柱进站、高柱通过信号机，不得小于1 000 m；
2. 高柱出站、高柱进路信号机，不得小于800 m；
3. 调车、矮型进站、矮型出站、矮型进路、矮型通过、复示信号机，引导信号及各种表示器，不得小于200 m。

注：《铁路技术管理规程》（以下简称《技规》）各条款原文均使用蓝色字体，其解释使用黑色字体。

在地形、地物影响视线的地方，进站、通过信号机的显示距离，在最坏的条件下，不得小于200 m。本条是关于信号机及表示器在正常情况下显示距离的规定。

高速铁路线路区间信号机设置有两种情况：区间设通过信号机，区间及站内信号机常态点亮；区间不设通过信号机，设区间信号标志牌，站内信号机常态灭灯。

信号的显示距离，是指司机能够连续确认的显示距离。

进站、通过信号机采用高柱信号机时，其显示距离不得小于1 000 m，出站、进路信号机采用高柱信号机时，其显示距离不得小于800 m。

矮型信号机的显示距离受机构本身的限制，但按规定不得小于200 m。

调车、复示信号机，引导信号及各种表示器的显示距离不得小于200 m。

在装设进站、通过信号机时，应选择适当地点，尽可能使其满足信号机显示距离要求。

第70条 通过信号机或区间信号标志牌应设在闭塞分区或所间区间的分界处，不应设在牵引供电分相的处所。

高速铁路闭塞分区的划分，应满足动车组列控车载设备按照目标距离模式控车和未装备列控车载设备的列车按四显示自动闭塞行车的要求。

进站信号机前方第一、第二架通过信号机的机柱上，应分别涂三条、一条黑斜线。

本条是对自动闭塞区段通过信号机、区间信号标志牌设置要求的规定。

在高速铁路区段以动车组列车运行为主，在交流电力牵引区段的牵引供电分相处有无电区，列车一旦在此停车，有可能造成列车无牵引动力。因此规定自动闭塞区段的通过信号机，不应设在牵引供电分相的处所。

高速铁路闭塞分区的划分，除满足动车组列控车载设备按照目标距离模式控车的要求外，还应兼顾未装备列控车载设备的列车在地面设置通过信号机的区间可按照四显示自动闭塞方式行车的要求。在自动闭塞区段，通过信号机原则上应和轨道绝缘设在同一坐标上。如因钢轨移动或线路改建等原因，轨道绝缘与信号机不能设在同一坐标上时，允许设在通过信号机前1 m、后6.5 m的范围内。

在区间闭塞分区入口处设置的区间信号标志牌，和区间通过信号机的设置原则一致。

在进站信号机前方第一、第二架通过信号机的机柱上分别涂三条、一条黑斜线，与其他通过信号机相区别，起到预告作用。

第83条 双线区段自动闭塞设备应具备正方向自动闭塞、反方向自动站间闭塞的功能。

本条是关于区间闭塞功能的规定。

自动闭塞是根据列车运行及有关闭塞分区状态，自动变换通过信号机显示而司机凭信号行车的闭塞方法。其特征为：把站间划分为若干闭塞分区，有分区占用检查设备，一般设有区间信号标志牌或通过信号机；站间能实现列车追踪；办理发车进路时自动办理闭塞手续，自动变换轨道电路信息、通过信号机的显示。

目前我国高速铁路区段采用的自动闭塞制式，具备正方向自动闭塞、反方向自动站间闭塞的行车功能。反方向运行为非常态行车,较少使用,为保证行车安全,按站间组织行车。

区间不设通过信号机设区间信号标志牌站内信号机常态灭灯的线路区段,动车组列控车载设备故障不能继续控制列车运行及动车组以外的列车行驶时,为保证行车安全,正向或反向运行,地面信号机应转为点亮状态,按站间组织行车。

第90条 列车运行监控装置(LKJ)具有监控、记录、显示及报警等功能。

LKJ软件、基础数据和控制模式设定的管理,按铁路总公司有关规定执行。各机车、动车组运用区段车载数据文件的编制和控制模式的设定和调整,应由铁路局专业机构实施,由铁路局实行集中统一管理。

装备在动车组上的LKJ设备应按高于线路允许速度2 km/h报警、5 km/h常用制动、10 km/h紧急制动设置模式曲线。

LKJ产生的列车运行记录数据是行车安全分析的重要依据,任何单位和人员不得更改。电务维修机构应妥善保存LKJ列车运行记录数据。

本条规定了列车运行监控装置(LKJ)的管理要求。

1. 列车运行监控装置(LKJ)包括装设于机车、动车组上的主机、人机界面单元以及与之配套的速度和压力传感器、信息输入、输出和连接设备等,具有监控、记录、显示及报警等功能。

2. LKJ的基础数据、控制模式以及软件等管理,按铁路总公司《列车运行监控装置(LKJ)运用维护规则》(铁总运〔2014〕107号)执行。各机车、动车组运用区段的车载数据文件的编制、控制模式的设定和调整,应由铁路局LKJ专业机构实施,并且由铁路局实行集中统一管理。

3. 动车组按LKJ方式行车时,列车最高运行速度165 km/h。装备在动车组上的LKJ设备应按高于线路允许速度(以及动车组的运行允许速度)2 km/h报警、5 km/h常用制动、10 km/h紧急制动设置模式控制值。通过小半径曲线、道岔侧向、施工限速地点时,装备在机车上的LKJ设备应按等于线路允许速度报警、高于1 km/h卸载、3 km/h常用制动、6 km/h紧急制动设置模式曲线。

4. LKJ产生的列车运行记录数据是列车运行状况的原始记录,是行车安全分析的重要依据,任何单位和人员均不得更改。按照《列车运行监控装置(LKJ)运用维护规则》(铁总运〔2014〕107号)的规定,LKJ的直接运行记录数据及其格式处理文件由电务段、机务段保存,保存时间不得少于3个月。

第92条 CTCS-3级列控系统基于GSM-R无线通信实现车地信息双向传输,无线闭塞中心生成行车许可,轨道电路实现列车占用检查,应答器实现列车定位,并具备CTCS-2级功能。

CTCS-2级列控系统基于轨道电路和点式应答器传输行车许可信息,采用目标距离连续速度控制模式监控列车运行。

运行速度 250 km/h 及以下时，完全监控模式下 CTCS-2/CTCS-3 级列控车载设备应按高于线路允许速度 2 km/h 报警、5 km/h 常用制动、10 km/h 紧急制动设置模式曲线。运行速度 250 km/h 以上时，完全监控模式下 CTCS-3 级列控车载设备(含 CTCS-2 级后备功能)应按高于线路允许速度 2 km/h 报警、5 km/h 常用制动、15 km/h 紧急制动设置模式曲线。

本条是关于 CTCS-2/CTCS-3 级列车运行控制系统的定义。

CTCS-3 级列控系统是基于无线通信的列车运行控制系统。由轨道电路完成列车占用检查，无线闭塞中心(RBC)生成行车许可，并将行车许可、临时限速及线路描述信息等通过连续的无线通信传送给车载设备。CTCS-3 级列控系统兼容 CTCS-2 级列控系统。

CTCS-2 级列控系统是基于轨道电路和点式应答器传输列车运行许可信息的列车运行控制系统。轨道电路实现列车占用检查，并连续向车载设备传送空闲闭塞分区数量等信息。应答器向车载设备传输定位信息、线路参数、临时限速等信息。列控中心具有轨道电路编码、有源应答器报文实时编码和发送、区间信号机点灯控制、站间安全信息(区间轨道电路状态、中继站临时限速信息、区间闭塞和方向条件等信息)传输等功能。列控中心(TCC)根据轨道电路、进路状态及临时限速等信息产生行车许可，通过轨道电路及有源应答器将行车许可传送给列控车载设备。

列控车载设备(ATP)根据地面设备提供的信号动态信息、线路参数、临时限速等信息和动车组参数，按照目标距离连续速度控制模式生成控制速度，监控列车运行。

借鉴国外高速铁路经验，以及我国已经开通运营的高速铁路运用经验，动车组列车在完全监控模式下分别按高于线路允许速度一定值报警、触发常用制动、触发紧急制动设置模式曲线。高速铁路验收速度是设计速度的 110%。工务部门提供的线路允许速度、机车车辆部门提供的列车允许速度等，各部门提供的速度应该是保证列车稳定和安全运行的速度，并留有一定的安全余量，如允许速度为 250 km/h 等级线路，除特殊区段和情况外，列车常态下运行的速度可为 250 km/h。在列车运行过程中，司机操控列车，将列车运行速度控制在列控车载设备允许速度范围内，在正常情况下列控车载设备不干扰司机的操控。在列车运行过程中，存在使得列控车载设备测得的速度异常突变的情况，如在列车空转或打滑时，测得的列车速度有可能在短时内异常突变，如果在允许速度基础上没有一定的速度余量，就有可能引起列控车载设备输出不必要的制动。在司机加速至列车运行达速的过程中，由于列车惯性等，存在列车速度小幅超过允许速度的现象，如果在允许速度基础上没有一定的速度余量，司机只能反复进行加速和制动，不便于司机操控，同时也降低了乘车舒适度。因此，在允许速度基础上给出一定的速度余量，可以减少不必要的制动，便于司机控车，提高乘车舒适度。列车速度如果超出列控车载设备允许的速度余量，列控车载设备采取制动措施，使列车减速甚至停车。

第 93 条 列车运行控制系统装备等级根据线路允许速度选用。250 km/h 以下铁路采用 CTCS-2 级列控系统，250 km/h 铁路宜采用 CTCS-3 级列控系统，300 km/h 及以上铁路采用 CTCS-3 级列控系统。

第 94 条 CTCS-3 级列控系统由列控车载设备和地面设备组成。

列控车载设备主要由车载安全计算机、轨道电路信息读取器、应答器信息接收单元、列车接口单元、记录单元、人机界面、GSM-R 无线通信单元等部件组成。

列控地面设备由列控中心、临时限速服务器、ZPW-2000 系列轨道电路、应答器、无线闭塞中心(RBC)、GSM-R 接口设备等组成。

本条是关于 CTCS-3 级列控系统设备构成的规定。

1. 列控车载设备(ATP)主要由车载安全计算机、轨道电路信息读取器、应答器信息接收单元、列车接口单元、记录单元、人机界面、GSM-R 无线通信单元等部件组成。

(1)车载安全计算机是列控车载设备的核心处理单元，实现列控车载设备的核心安全控制功能。

(2)轨道电路信息读取器(TCR)通过 TCR 天线接收轨道电路信息，并传送给车载安全计算机。

(3)应答器信息接收单元接收、解调地面应答器信号，并将解调后的信息传送给车载安全计算机。

(4)列车接口单元提供安全计算机与列车相关设备之间的接口。

(5)记录单元用于记录列控车载设备的数据和控制信息。

(6)人机界面(DMI)实现司机与车载安全计算机之间的信息交互。

(7)测速测距单元接收速度传感器等设备的信号，计算列车运行速度和运行距离。

(8)GSM-R 无线通信单元通过 GSM-R 无线通信系统与地面 RBC 进行消息双向传输。

2. 列控地面设备由列控中心、临时限速服务器、ZPW-2000 系列轨道电路、应答器、无线闭塞中心(RBC)、GSM-R 接口设备等组成。

(1)列控中心实现轨道电路编码，通过有源应答器传送 CTCS-2 级临时限速和进路信息。

(2)临时限速服务器集中管理临时限速命令，分别向 RBC、TCC 传递临时限速信息。

(3)ZPW-2000 系列轨道电路实现列车占用检查，并向列控车载设备提供前方空闲闭塞分区数量信息。

(4)应答器向列控车载设备传送线路数据等信息。

(5)无线闭塞中心(RBC)根据外部地面设备提供的信息以及与车载设备交互的信息生成发送给列车的消息，并通过 GSM-R 无线通信系统向其管辖范围内列车的车载设备传送行车许可及线路描述等信息。

第 96 条 CTCS-3 级区段应答器提供线路数据、临时限速、过分相、定位、级间转换、公里标、车站名、无线闭塞中心切换等信息。应答器组设置、报文定义及组间距离等应满足列控车载设备控车要求。

第 97 条 CTCS-3 级列控车载设备按 CTCS-3 级控车时的模式有完全监控、引导、目视行车、调车、休眠、隔离和待机等模式；CTCS-3 级列控车载设备按 CTCS-2 级控车时的模式有完全监控、部分监控、引导、目视行车、调车、休眠、隔离、待机和机车信号等模式。

第 98 条 CTCS-3 级列控车载设备的七种模式：

1. 完全监控模式是列车的正常运行模式。列控车载设备根据控车数据自动生成目标距离模式曲线，司机依据人机界面显示的列车运行速度、允许速度、目标速度和目标距离等信息控制列车运行。

2. 引导模式是在进站或出站建立引导进路后，列控车载设备按照最高限速 40 km/h 控车的模式。

3. 目视行车模式是司机控车的固定限速模式，限速值为 40 km/h。列控车载设备显示停车信号或位置不确定时，在停车状态下司机按规定操作转入目视行车模式。

4. 调车模式是动车组进行调车作业的固定限速模式，限速值为 40 km/h。司机按压专按钮使列控车载设备转入调车模式。只有在列车停车时，司机才可以选择进入或退出调车模用式。CTCS-3 级控车时，只能在车站内转入调车模式。

5. 休眠模式是非本务端车载设备不监控列车运行，但仍执行列车定位、记录等级转换等功能的模式。

6. 隔离模式是列控车载设备控制功能停用的模式。列车停车后，根据规定，司机操作隔离装置使列控车载设备转入隔离模式。

7. 待机模式是列控车载设备上电后的默认模式。列控车载设备自检和外部设备测试后，自动处于待机模式。在待机模式下，列控车载设备正常接收轨道电路及应答器信息。

第 99 条 CTCS-3 级列控车载设备按 CTCS-3 级控车时七种模式之间的转换见第 3 表。

第 3 表 CTCS-3 级列控车载设备按 CTCS-3 级控车时七种模式之间的转换

转换模式 当前模式	待机模式	完全监控模式	引导模式	目视行车模式	调车模式	休眠模式	隔离模式
待机模式	—	—	人工/停车	人工/停车	人工/停车	人工/停车	人工/停车
完全监控模式	人工/停车	—	人工	人工/停车	人工/停车	—	人工/停车
引导模式	人工/停车	自动	—	人工/停车	人工/停车	—	人工/停车

续上表

当前模式＼转换模式	待机模式	完全监控模式	引导模式	目视行车模式	调车模式	休眠模式	隔离模式
目视行车模式	人工/停车	自动	人工	—	人工/停车	—	人工/停车
调车模式	人工/停车	—	—	—	—	—	人工/停车
休眠模式	人工/停车	—	—	—	—	—	人工/停车
隔离模式	人工/停车	—	—	—	—	—	—

第100条 CTCS-3级列控车载设备按CTCS-2级控车时的部分监控模式，是列控车载设备接收到轨道电路允许行车信息，而缺少应答器提供的线路数据或限速数据时使用的模式。在部分监控模式下，限速值为45 km/h。

本条是关于CTCS-3级列控车载设备按CTCS-2级控车时的部分监控模式的规定。

当车载设备接收到轨道电路允许行车信息，而缺少应答器提供的线路数据或列车位置不确定时，车载设备产生固定限制速度，监控列车运行。

部分监控模式下，列控车载设备负责监控列车的最高运行速度。

第101条 机车信号模式是装备CTCS-3级列控车载设备的动车组在CTCS-0/1级区段运行时使用的模式。经司机操作后，列控车载设备转为最高限速80 km/h控车模式。在机车信号模式下，按地面信号显示运行。

本条是关于CTCS-3级列控车载设备在CTCS-0/1级区段运行时的机车信号模式的规定。

当列车运行到地面未装备CTCS-2/CTCS-3级列控设备的区段时，根据有关规定，经司机操作后，车载设备按最高限制速度80 km/h监控列车运行，并显示机车信号。当列车越过禁止信号时触发紧急制动。

机车信号模式下，司机负责以地面信号显示为行车凭证驾驶列车运行并根据地面情况进行相应处理。

除在调车、休眠、隔离模式情况下外，司机停车后按压“机信”键，转入机车信号模式。

第102条 CTCS-3级列控车载设备按CTCS-2级控车时九种模式之间的转换见第4表。

第 4 表　CTCS-3 级列控车载设备按 CTCS-2 级控车时九种模式之间的转换

转换模式 当前模式	待机模式	部分监控模式	完全监控模式	引导模式	目视行车模式	调车模式	休眠模式	隔离模式	机车信号模式
待机模式	—	人工/停车	—	—	人工/停车	人工/停车	人工/停车	人工/停车	人工/停车
部分监控模式	人工/停车	—	自动	自动	人工/停车	人工/停车	—	人工/停车	人工/停车
完全监控模式	人工/停车	自动	—	人工	人工/停车	人工/停车	—	人工/停车	人工/停车
引导模式	人工/停车	自动	自动	—	人工/停车	人工/停车	—	人工/停车	人工/停车
目视行车模式	人工/停车	自动	自动	自动	—	人工/停车	—	人工/停车	人工/停车
调车模式	人工/停车	—	—	—	—	—	—	人工/停车	—
休眠模式	人工/停车	—	—	—	—	—	—	人工/停车	—
隔离模式	人工/停车	—	—	—	—	—	—	—	—
机车信号模式	人工/停车	—	—	—	—	—	—	人工/停车	—

第 103 条　CTCS-3 级列控车载设备，在完全监控模式下根据列控地面设备提供的信息，结合动车组运行速度，向动车组提供自动过电分相信息。

第 104 条　CTCS-2 级列控系统由列控车载设备和地面设备组成。

列控车载设备主要由车载安全计算机、轨道电路信息读取器、应答器信息接收单元、列车接口单元、记录单元、人机界面等部件组成。

列控地面设备由列控中心、临时限速服务器、ZPW-2000 系列轨道电路、应答器等设备组成。

本条款是关于 CTCS-2 级列控系统设备构成的规定。

1. 列控车载设备(ATP)主要由车载安全计算机、轨道电路信息读取器、应答器信息接收单元、列车接口单元、记录单元、人机界面等部件组成。

(1)车载安全计算机是列控车载设备的核心处理单元，实现列控车载设备的核心安全控制功能。

(2)轨道电路信息读取器(TCR)通过 TCR 天线接收轨道电路信息，并传送给车载安全计算机。

(3)应答器信息接收单元接收、解调地面应答器信号，并将解调后的信息传送给车载安全计算机。

(4)列车接口单元提供安全计算机与列车相关设备之间的接口。

(5)记录单元用于记录列控车载设备的数据和控制信息。

(6)人机界面(DMI)实现司机与车载安全计算机之间的信息交互。

2. 列控地面设备由列控中心、临时限速服务器、ZPW-2000系列轨道电路、应答器等设备组成。

(1)列控中心实现轨道电路编码,通过有源应答器传送临时限速和进路信息。

(2)临时限速服务器集中管理临时限速命令,向TCC传递临时限速信息。

(3)ZPW-2000系列轨道电路实现列车占用检查,并向列控车载设备提供前方空闲闭塞分区数量信息。

(4)应答器向列控车载设备传送线路数据等信息。

第105条 CTCS-2级区段应答器提供线路数据、临时限速、级间转换等信息。应答器组设置、报文定义及组间距离等应满足列控车载设备控车要求。

本条是关于CTCS-2级区段应答器报文和应答器设置的相关规定。

应答器组报文和设置应满足列控车载设备控车的要求,当应答器容量不能满足要求时可增加组内应答器数量,但组内应答器数量不宜超过3个。

应答器组应由两个及以上应答器构成,仅用于定位的应答器组可为单个应答器。

应答器组内相邻应答器间的距离应为(5±0.5) m。应答器组间距不宜小于200 m,困难情况下不宜小于100 m。

第106条 装备CTCS-2级列控车载设备的动车组应装设LKJ设备。

本条是关于动车组装备CTCS-2级列控车载设备与LKJ关系的规定。

为满足装备CTCS-2级列控车载设备的动车组在CTCS-0级线路运行以及动车组列车特定运行的需要,装备CTCS-2级列控车载设备的动车组应装设LKJ设备。

第107条 CTCS-2级列控车载设备的控车模式有完全监控、部分监控、引导、目视行车、调车、隔离和待机等模式。

1. 完全监控模式是列车的正常运行模式。列控车载设备根据控车数据自动生成目标距离模式曲线,司机依据人机界面显示的列车运行速度、允许速度、目标速度和目标距离等信息控制列车运行。

2. 部分监控模式是列控车载设备接收到轨道电路允许行车信息,而缺少应答器提供的线路数据或限速数据时使用的模式。在部分监控模式下,限速值为45 km/h。

3. 引导模式是在进站或出站建立引导进路后,列控车载设备按照最高限速40 km/h控车的模式。

4. 目视行车模式是司机控车的固定限速模式,限速值为40 km/h。列控车载设备显示停车信号停车后,司机按规定操作转入目视行车模式。

5. 调车模式是动车组进行调车作业的固定限速模式,限速值为40 km/h。司机按压专用按钮使列控车载设备转入调车模式。只有在列车停车时,司机才可以选择进入或退出调车模式。

6. 隔离模式是列控车载设备控制功能停用的模式。列车停车后，根据规定，司机操作隔离装置使列控车载设备转入隔离模式。

7. 待机模式是列控车载设备上电后的默认模式。列控车载设备自检后，自动处于待机模式。在待机模式下，列控车载设备正常接收轨道电路及应答器信息。

第 108 条 CTCS-2 级列控车载设备七种模式之间的转换见第 5 表。

第 5 表 CTCS-2 级列控车载设备七种模式之间的转换

当前模式＼转换模式	待机模式	部分监控模式	完全监控模式	引导模式	目视行车模式	调车模式	隔离模式
待机模式	—	人工/停车	—	—	人工/停车	人工/停车	人工/停车
部分监控模式	人工/停车	—	自动	自动	人工/停车	人工/停车	人工/停车
完全监控模式	人工/停车	自动	—	人工	人工/停车	人工/停车	人工/停车
引导模式	人工/停车	自动	自动	—	人工/停车	人工/停车	人工/停车
目视行车模式	人工/停车	自动	自动	自动	—	人工/停车	人工/停车
调车模式	人工/停车	—	—	—	—	—	人工/停车
隔离模式	人工/停车	—	—	—	—	—	—

第 118 条 动车组（机车）及自轮运转特种设备，应装备机车综合无线通信设备（CIR），应能实现列车调度语音通信、列车调度命令信息无线传送、车次号校核信息无线传送、列车防护报警等功能。

本条是机车综合无线通信设备（CIR）的相关规定。

机车综合无线通信设备（CIR）兼容无线列调通信和 GSM-R 移动通信，配置有无线列调单元、GSM-R 话音和数据通信单元、列车防护报警单元等功能模块，主要用于司机与列车调度员、车站值班员、随车机械师（车辆乘务员）等作业人员进行调度指挥通信，向 CTC/TDCS 传送车次号校核信息，接收 CTC 的调度命令信息，发送和接收列车防护报警信息，与列车尾部安全防护装置进行通信，是提高运输效率、保障列车正常运行的重要行车设备。

机车、动车组上装备的CIR设备由电务部门维护管理,机务部门使用,其他部门不得拆解。自轮运转特种设备上装备的CIR设备的维护管理和使用可按照铁路总公司相关规定执行。

第119条 司机、随车机械师(车辆乘务员)、列车长、乘警均应配备GSM-R手持终端和无线对讲设备。办理客运业务的车站,车站客运值班员应配备与司机通信联络用的无线对讲设备。

本条是GSM-R手持终端和无线对讲设备的相关规定。

为满足高速铁路列车运行及行车组织的实际需求,司机、随车机械师(车辆乘务员)、列车长、乘警等有关工作人员应配置相应的通信设备:

一是为满足上述人员之间相互通信需要,需配备无线对讲设备进行通信联络。二是上述人员还应配备GSM-R手持终端,用于与调度员或上级管理部门的通信联络。其中司机配备的GSM-R手持终端,在车载通信设备故障时作为应急通信手段。三是在办理客运业务的车站,车站客运值班员需要配备与司机通信联络用的无线对讲设备,以满足处置突发事件的需要,向司机通报旅客乘降情况。

无线对讲通信设备的使用频率,应符合国家有关无线电频率划分的规定,由铁路总公司统一规划。

机车车辆

第168条 动车组应有识别的标记:路徽、配属局段简称、车型、车号、定员、自重、载重、全长、最高运行速度、制造厂名和日期、定期修理日期、修程和处所。动车组应有"电化区段严禁攀登"的标识。

动车组应具有列车运行安全监控功能,对重要的运行部件和功能系统进行实时监测、报警和记录,并能及时向动车段、动车所传输。

动车组须配备机车综合无线通信设备(CIR)、列控车载设备、车载自动过电分相装置等,满足相应速度等级运行需要。

本条是关于动车组的标记、列车运行安全监控功能及须配备的相关设备的规定。

(1)机车综合无线通信设备(CIR:Cab Integrated Radio communication equipment)是装备在机车和动车组上的铁路专用车载无线通信设备,由主机、操作显示终端、送(受)话器、扬声器、打印终端、连接电缆、天馈单元及机车数据采集编码器等构成。可实现调度通信、信息传输、状态显示以及语音提示等功能。

(2)列控车载设备是以技术手段对列车运行方向、运行间隔和运行速度进行控制,使列车能够安全运行并且提高运行效率的设备。

(3)车载自动过分相装置由车载感应接收器和信号处理器组成,其主要功能是,当动车组通过分相区时,该装置会根据列车位置和速度自动平滑地降低牵引电流、分断主断路器,通过分相区后,根据位置信息自动闭合主断路器,实现动车组过分相区时自动化操作。

第 169 条 动车组列车制动初速度为 200 km/h 时，紧急制动距离限值为 2 000 m；制动初速度为 250 km/h 时，紧急制动距离限值为 3 200 m；制动初速度为 300 km/h 时，紧急制动距离限值为 3 800 m；制动初速度为 350 km/h 时，紧急制动距离限值为 6 500 m。

本条是关于动车组列车紧急制动距离限值的规定。

动车组紧急制动距离是动车组重要技术指标，其大小反映了动车组的制动性能。一般来说，紧急制动距离小的，其常用制动距离也相对短；紧急制动距离大的，其常用制动距离也相对长。其长短对信号机布置和线路通过能力有重要的影响，特别是在满足旅客舒适度条件下实现设计追踪间隔时间有重要影响，但同时动车组制动又会产生相关制动设备发热、磨耗等问题，与维修量有关系。所以有必要规定动车组紧急制动距离限值。

制动距离限值的取值参考了下列因素：一是理论计算，根据动车组性能和技术参数，计算紧急制动距离；二是动车组试验，根据试验值大小确定；三是参考国外的值。有了这些值后，制动距离限值可取相应速度级性能最差的动车组列车的紧急制动距离，并留一定余量后综合确定。

本条规定的动车组紧急制动距离限值是指平直道的结果，一般下坡道会长些，上坡道会短些。

第 170 条 动车组重联或长编组时，工作受电弓间距为 200～215 m。在特殊情况下，工作受电弓间距不满足 200～215 m 时，须校核分相布置与工作受电弓间距匹配情况，并通过上线运行试验确认。

牵引供电和接触网

第 177 条 牵引供电设备应保证不间断行车的可靠供电。牵引供电能力应与线路的运输能力相适应，满足规定的列车重量、列车密度和运行速度的要求。接触网标称电压值为 25 kV，最高工作电压为 27.5 kV，短时（5 min）最高工作电压为 29 kV，最低工作电压为 20 kV。

本条是关于牵引供电设备的运行方式、主要运行参数的规定。

依据《全国供用电规则》和《轨道交通　牵引供电系统电压》（GB/T 1402—2010）对牵引供电设备的运行方式、主要运行参数进行了规定。考虑高速动车组运行要求，接触网最低工作电压采用 20 kV。

越区供电是牵引变电所超越正常供电范围，向相邻牵引变电所所属的停电牵引网供电的方式。越区供电属于非正常运行状态，不能满足正常行车需要，应对行车量加以限制，一般采用延长追踪时分、动车组减速运行、减少该区间的动车组运行数量等方式。越区供电时应满足至少一列列车运行。

第二节 行 车 组 织

基 本 要 求

第 205 条 调度集中分散自律控制模式分为中心操作方式、车站调车操作方式和车站操作方式。

1. 在中心操作方式下,调度终端具有信号设备的全部控制权,列车调度员对列车及调车进路均有操作权,车站对列车及调车进路均无操作权。

2. 在车站调车操作方式下,列车调度员对列车进路有操作权,对调车进路无操作权。而车站对调车进路有操作权,对列车进路无操作权。

3. 在车站操作方式下,车务终端具有信号设备的全部控制权,车站对列车及调车进路均有操作权,列车调度员对列车及调车进路均无操作权。

车站调度集中基本操作方式由铁路局统一公布。

车站控制是指调度集中区段车站在车站操作方式或非常站控模式下,由车站值班员负责办理列车及调车进路的状态。

分散自律调度集中设备分为分散自律控制模式和非常站控模式。分散自律控制模式一般有中心操作方式、车站调车操作方式和车站操作方式。不同操作方式下,列车调度员和车站值班员对信号设备控制和列车进路、调车进路的操作具有不同的权限。调度集中设备与此三种操作方式不一致的,由铁路局在《行车组织细则》中明确。

根据本规程第 209 条规定,列车或单机在车站时,所有乘务人员应按列车调度员(车站控制时为车站值班员)的指挥进行工作。为便于乘务人员掌握正常情况下哪些车站是车站控制,因此要求车站调度集中基本操作方式由铁路局统一公布。

第 206 条 遇下列情况可转为非常站控模式:

1. 调度集中设备故障;

2. 行车设备施工、维修需要时;

3. 发生危及行车安全的情况需要时。

遇调度集中设备故障或通信中断等情况导致列车调度员(车站值班员)不能通过调度集中设备办理进路时,应将调度集中设备转为非常站控模式,使用联锁设备办理进路。

遇更换 CTC 设备软件、开行轨道车等行车设备施工、维修,可根据需要转入非常站控模式,使用联锁设备或现场人工方式办理进路。

车务应急值守人员发现或接到列车线路上有障碍物等危及行车安全的报告,来不及报告列车调度员须立即对信号设备进行应急处置操作时,可直接按下非常站控按钮转入非常站控模式。

第 207 条 高速铁路车站分为集控站、非集控站。按调度集中基本操作方式,由列车调度员直接办理接发列车作业的车站(线路所)为集控站,其他车站(线路所)为非集控站。

根据车站的基本操作方式对应行车指挥人员的不同,将车站分为集控站和非集控站,是车站性质的一种分类,不随车站调度集中设备控制状态的改变而改变。集控站转为车站控制,由车站值班员直接办理接发列车作业,是调度集中设备操作方式和控制状态的转换,此时车站是转为车站控制的集控站。

第 208 条 列车是指编成的车列并挂有机车及规定的列车标志。动车组列车为自走行固定编组列车。

单机、大型养路机械及重型轨道车,虽未完全具备列车条件,亦应按列车办理。

旅客列车的尾部标志应使用电灯,动车组以外的旅客列车尾部标志灯的摘挂、保管,由车辆部门负责。对中途转向的动车组以外的旅客列车应有备用标志灯,以备转向时使用。

按照列车运行图和《技规》有关规定编挂在一起的车列,并挂有机车及规定列车标志,称为列车。动车组列车为自走行固定编组列车。

单机、大型养路机械及重型轨道车,因运输需要发往区间时,由于其编组内容较一般列车简单,因而部分条件可以简化,不必完全具备列车条件,即没有车列或部分列车标志。但其他运行条件,仍须符合《技规》的规定。并在办理闭塞、接发列车手续和要求上,在服从调度指挥及发生事故处理等方面,均应按照列车运行的规定办理。

为了保证旅客列车的运行安全,便于后续列车确认,列车尾部标志应使用电灯。为了加强灯具的保管、维修,规定动车组以外的旅客列车尾部标志灯的摘挂、保管由车辆部门负责。对中途转向的动车组以外的旅客列车,为了节省换挂标志灯的时间,应有备用标志灯,确保列车能正点运行。动车组尾部标志灯不能摘挂,不需要对尾部标志灯进行摘挂、保管。

第 209 条 行车工作必须坚持集中领导、统一指挥、逐级负责的原则。

局与局间由铁路总公司,局管内各区段间由铁路局,一个调度区段内由本区段列车调度员统一指挥。

高速铁路列车调度台原则上应独立设置。高速铁路与普速铁路间联络线的行车调度指挥原则上纳入高速铁路调度指挥。

集控站由该区段列车调度员直接指挥;转为车站控制时,根据列车调度员指示,由车站值班员指挥。非集控站由车站值班员统一指挥。

列车和单机由司机负责指挥。列车或单机在车站时,所有乘务人员应按列车调度员(车站控制时为车站值班员)的指挥进行工作。

司机等相关人员应直接向列车调度员报告有关行车工作;在非集控站及转为车站控制的集控站,应向车站值班员报告。

铁路行车工作是由多部门、多工种联合进行的,并且是连续不间断的。一个列车往往要经过几个区段,甚至几个铁路局才能到达目的地。如分散领导,多头指挥,各行其是,必然造成行车工作上的混乱和错误,不仅会影响正常工作,降低效率,甚至可能发生行车事故,造成重大损失。为使行车各部门、各工种能够步调一致,协调动作,保证安全、迅速、准确、及时地完成运输任务,所以规定行车工作必须坚持集中领导、统一指挥、逐级负责的原则。

铁路运输调度工作,实行分级管理,统一指挥的原则。铁路总公司调度指挥中心负责全路、铁路局调度所负责本局的日常调度指挥工作。

1. 各铁路局与铁路局之间由铁路总公司调度指挥中心,局管内各区段间由铁路局调度所,每个调度区段内(即调度台的管辖范围)由本区段列车调度员统一指挥。铁路总公司、铁路局各工种调度及有关人员分别由值班处长、值班主任统一指挥。

2. 列车调度员是一个调度区段的日常运输工作的具体组织者、指挥者,负责组织按图行车、应急处置,以及完成运输工作的数量指标和质量指标。所以,本区段有关行车人员均应严格执行列车调度员的命令和口头指示。

3. 高速铁路与普速铁路执行不同的规章制度,高速铁路车站的行车办理人员与普速铁路不同,作业组织方式不同,为便于列车调度员准确掌握行车规章,避免高速铁路与普速铁路规章制度混淆,更好地做好高速铁路列车运行组织工作,高速铁路列车调度台原则上应独立设置。因高速铁路联络线一般设有列控设备,所以其行车调度指挥原则上由高铁调度台负责。

4. 高速铁路设有调度集中设备,列车调度员可以利用设备直接操纵车站(线路所)的道岔和信号,可以适时了解区段内进路、道岔、信号和列车运行等情况,因此集控站由该区段列车调度员直接指挥。集控站转为车站控制以及非集控站,只有车站人员能够操纵车站的道岔和信号,因此行车工作由车站值班员统一指挥。

5. 列车和单机由司机负责指挥。司机的主要职责是对列车安全正点运行负责,如遇列车在区间被迫停车、分部运行等情况时,应与列车调度员联系,正确组织列车防护、救援,确定继续运行的办法。

当列车或单机在车站时,因司机不可能全面了解车站作业、列车运行及设备使用等情况,规定所有乘务人员都应服从列车调度员(车站控制时为车站值班员)的指挥。

6. 调度集中区段,一般由列车调度员直接指挥行车工作,因此司机等相关人员应直接向列车调度员报告有关行车工作;在非集控站及转为车站控制的集控站,由车站值班员指挥行车工作,因此司机等相关人员应向车站值班员报告。

第 210 条 高速铁路的行车时刻,均以北京时间为标准,从零时起计算,实行 24 小时制。

铁路地面固定设备的系统时钟,当具备条件时,应接入铁路时间同步网;不具备条件时,可独立设置卫星授时设备。

铁路行车房舍内和办理行车工作的有关人员均应备有钟表。钟表的时刻应与调度所的时钟校对。

调度所的时钟及各系统的时钟须定期校准。钟表的配置、校对、检查、修理及时钟校准办法，由铁路局规定。

铁路行车时刻的准确和统一，与列车正点运行和行车安全有直接关系，对准确及时地运送旅客有着重要意义。

按国际时间标准，每 15 经度为 1 个时区。我国幅员辽阔，东西方向横跨经度 63°，共跨及 5 个时区，东西两端地区时差 4 个多小时。为统一铁路的行车时刻，特规定以北京时间为标准时间。铁路运输特性为昼夜不间断地工作，实行 24 小时制。

铁路运输调度管理系统（TDMS）、调度集中设备（CTC）、列车调度指挥系统（TDCS）、机务运用安全管理系统等地面设备的系统时钟，当具备条件时，应接入铁路时间同步网；不具备条件时，可独立设置卫星授时设备，逐步接入统一的时间同步网。

为保证铁路行车的准确性，要求铁路行车房舍和办理行车工作的有关人员均应备有钟表，定时与铁路局调度所的时钟校对，以保证行车人员按统一的时间组织作业。校对是将钟表时刻保持与调度所的时钟时刻一致，GPS 授时的方式也属于校对。调度所和各系统的时钟应定期校准。校准是通过更高准确度等级的时间标准装置，来确定时钟所指示量值的准确度。铁路局应根据本局设备及行车管理的实际情况规定哪些行车房舍和人员配置钟表及钟表的校对、检查、修理及时钟校准办法。

第 214 条 列车应设有列车乘务组。列车乘务组按下列规定组成：

1. 动车组列车应有动车组司机，其他列车应有机车乘务人员。

2. 动车组列车应有随车机械师，其他旅客列车应有车辆乘务人员。

3. 旅客列车应有客运乘务组。

根据各种列车的任务、编组内容和运行条件的不同，要求配备不同的列车服务人员，组成列车乘务组。列车乘务组的职责及组成是：

1. 动车组司机负责操纵动车组列车，机车乘务组负责操纵机车，完成列车牵引任务，负责本列车在区间的行车指挥工作。

2. 由于动车组和客车构造比较复杂，运行速度比较高，为便于途中随时进行检修、处理故障，动车组列车应配备随车机械师、其他旅客列车应配备车辆乘务人员。

3. 为了做好旅客服务工作，如组织旅客上、下车，负责车内卫生、提供旅客文化生活、饮食供应以及行李包裹的运送等服务，旅客列车需有客运乘务组。客运乘务组一般由列车长、列车广播员、列车员、列车行李员及餐车工作人员等组成。

第 215 条 动车组列车司机在列车运行中，应做到：

1. 开车前司机要选定机车综合无线通信设备通信模式和运行线路，机车综合无线通信设备、GSM-R 手持终端按规定注册列车车次，并确认正确。装备列车运行监控装置的动车组列车还应按规定输入监控装置有关数据。

2. 遵守列车运行图规定的运行时刻和各项允许及限制速度。彻底瞭望，确认信号，认真执行呼唤应答制度,严格按信号显示要求行车,确保列车安全正点。遇有信号显示不明或危及行车和人身安全时,应立即采取减速或停车措施。

3. 机车信号、机车综合无线通信设备、列车运行监控装置、列控车载设备必须全程运转,严禁擅自关机、隔离。

4. 起动稳,加速快,精心操纵,停车准确,按规定鸣笛。

5. 注意操纵台各种仪表及车载信息监控装置的显示。

6. 正常情况在列车运行方向最前端司机室操纵,非操纵端司机室门、窗及各操纵开关、手柄均应置于断开或锁闭位。关闭非操纵端司机室机车综合无线通信设备电源。

7. 动车组列车停车后,必须使列车保持制动状态。更换动车组司机(同向换乘除外)或司机室操纵端、使用紧急制动停车、重联或解编后再开车前,必须进行相关试验。

8. 等会列车时,不准关闭辅助电源装置,并应按规定显示列车标志。

9. 向列车有关乘务人员传达列车调度员的有关命令、指示。

10. 将列车运行中发生的问题及使用紧急制动装置的情况,及时报告列车调度员。

动车组列车由司机负责指挥,在乘务作业中,应严格执行《技规》和操作规程等规定,良好地完成铁路运输任务。同时又是列车的行车指挥者,负责组织处理列车运行中特殊情况,与车站、调度所进行联系等工作。

1. 机车综合无线通信设备有 450 MHz 和 GSM-R 二种通信模式,与列车当时所在的线路相对应,在同一时间只有采用相同通信模式的无线通信设备方能进行无线通信,因此开车前司机要选定所在区段的通信模式,这样才能保证与列车调度员、车站值班员等进行无线通信。在 GSM-R 区段,列车调度员(车站值班员)通过拨打车次号或机车号与司机进行无线通信,因此司机开车前要按规定注册机车综合无线通信设备及 GSM-R 手持终端的列车车次号并确认正确。装备列车运行监控装置的动车组列车,司机还应在列车运行监控装置中输入车次、列车种类、重量、计长、交路号等有关数据,以便列车运行监控装置能够及时准确记录及控制列车运行。

2. 为了安全、迅速、准确地完成运输任务,动车组列车司机应服从命令,听从指挥,牢固树立安全、正点意识。严格遵守运行图规定的运行时刻和动车组、线路、桥隧、信号容许速度,道岔、曲线和慢行地段等限制速度,以及 ATP 或 LKJ 设定的限制速度。在操纵列车时,必须做到运行不超速,区间不运缓,彻底瞭望,确认信号和执行呼唤应答制度。

信号是指示列车运行的命令,应严格按信号显示的要求行车。遇有信号显示不明、不正确时,必须立即减速或停车,严禁臆测行车。列车运行中,如发现危及行车和人身安全时,也要立即采取减速或停车措施。

3. 机车信号、列车运行监控装置、列控车载设备是控制列车运行、保证列车安全的重要设备,必须全程运转,严禁擅自关机、隔离。机车综合无线通信设备是列车运行时列车调度员(车站值班员)与司机联系的基本通信设备,为保证列车安全和行车信息的传递,要求全程运转,严禁擅自关机。

4. 起动稳，加速快，精心操纵，停车准确，按规定鸣笛。

5. 动车组操纵台各种仪表及车载信息监控装置能够显示重要运行部件和功能是否良好、列车允许和实际运行速度、行车许可、列车牵引和制动能力等重要信息，因此规定司机在列车运行中要密切注意。

6. 动车组两端有司机室，正常情况司机在列车运行方向最前端司机室操纵，非操纵端的机车综合无线通信设备如果不按操作规程规定注销车次功能号码，可能会影响其他列车的机车综合无线通信设备正常运用，因此对非操纵端司机室的机车综合无线通信设备应关闭其供电电源，不得使用。为防止旅客进入非操纵端司机室，因此要求非操纵端司机室门、窗及各操纵开关、手柄均应置于断开或锁闭位。

7. 为防止动车组发生溜逸，造成列车冲突，要求列车停车后，必须使列车保持制动状态。更换乘务组或司机室操纵端、使用紧急制动停车、重联或解编后再开车前，为了确认列车制动功能良好，要求进行相关试验。

8. 为保证动车组照明、电热饮水机、空调装置、通风机等设备的正常使用，等会列车时，不准关闭辅助电源装置。为保证列车安全，要求司机按规定显示列车标志。

9. 动车组列车司机是列车的行车指挥，负责向列车有关乘务人员传达列车调度员的有关命令、指示。

10. 为了便于列车调度员及时掌握列车运行情况，司机还应将列车在运行途中发生的问题以及使用紧急制动装置等情况，向列车调度员汇报。

第 220 条　机车乘务组以外人员登乘机车时，除铁路机车运用管理规则指定的人员外，须凭登乘机车证登乘。登乘动车组司机室须凭动车组司机室登乘证。

登乘机车、动车组司机室的人员，在不影响乘务人员工作的前提下，经检验准许后方可登乘。

为保证司机有良好的工作条件，确保列车运行安全，应严格控制司机以外人员登乘机车、动车组司机室，因此机车乘务组以外人员登乘机车时，除铁路机车运用管理规则指定的人员外，须凭登乘机车证登乘，登乘动车组司机室须凭动车组司机室登乘证。司机应认真查验证件。

第 227 条　严格执行高速铁路主要行车工种岗位准入制度。高速铁路主要行车工种岗位人员的选拔，要按照岗位标准的基本素质要求，严格按条件、程序进行。

高速铁路列车运行速度高、设备复杂，要求铁路行车人员有较高的素质，因此规定动车组司机、随车机械师等行车工种岗位实行准入制度，必须达到岗位标准的基本素质，按规定的条件和程序选拔的行车人员，方能担当高速铁路的行车工作。

第 231 条　驾驶机车、动车组、自轮运转特种设备的人员，必须持有国家铁路局颁发的驾驶证。变更驾驶机（车）型前，必须经过相应的技术培训并考试合格。

实习和学习驾驶机车、动车组、自轮运转特种设备和操纵信号或重要机械、设备及办理行车作业的人员，必须在正式值乘、值班人员的亲自指导和负责下，方准操作。

本条根据《铁路安全管理条例》、《铁路机车车辆驾驶员资格许可办法》规定了驾驶机车、动车组、自轮运转特种设备人员的持证上岗、变更机(车)型的培训及实习或学习驾驶的具体要求。铁路救援起重机虽然也属于自轮运转特种设备，但其一般不单独在铁路线路上运行，驾驶员的操作主要是救援、起重方面的要求，可由铁路运输企业根据有关规定自行颁发驾驶证。

第 233 条 行车有关人员，接班前须充分休息，严禁饮酒，如有违反，立即停止其所承担的任务。

铁路行车工作，事关人民生命财产安全，为保证行车人员精力充沛，能够正确操纵设备，落实有关规章制度，本条规定了行车有关人员作业前休息与严禁饮酒的有关要求。

编 组 列 车

第 237 条 单组动车组运用状态下不得解编，两组短编组同型动车组可重联运行。救援等特殊情况下，两组不同型号的动车组可重联运行。

动车组禁止加挂各型机车车辆(无动力调车时的调车机车、救援机车、无动力回送时的本务机车及回送过渡车除外)，禁止编入其他列车。

超过检修期限的动车组禁止上线运行(经车辆部门鉴定的回送动车组除外)。

动车组为动车和拖车组成的动力分散式的固定编组，不能任意分解和与其他机车车辆混编运行，两组短编组同型动车组可重联运行，遇救援等特殊情况时，两组不同型号的动车组可重联运行。遇有特殊情况须采用机车牵引方式挂运时，应使用过渡车钩整列挂运。

动车组实行以走行公里周期为主、时间周期为辅的计划性预防修。超过了检修期限的，其各部技术状态将会发生变化，可能产生不易发现的隐患，直接威胁行车和人身安全，因此禁止上线运行，但为使动车组尽早入厂、段施修，经车辆部门鉴定走行部等良好后，可上线回送。

第 243 条 列车中车辆的连挂，由调车作业人员负责。软管的连结，有列检作业的始发列车由列检人员负责；无列检作业的，由调车作业人员负责。

动车组采用机车调车作业时，随车机械师或动车段(所)胜任人员负责过渡车钩和专用风管的安装与拆卸、电气连接线的连结与摘解并打开车门，调车人员负责车钩连结与摘解、软管摘结。

动车组无动力回送或被救援时，过渡车钩、专用风管的安装与拆卸由随车机械师负责，司机配合。

考虑列车编组相关作业(调车、列检)程序，明确了车辆与车辆之间车钩连挂、软管连结的工作分工。车辆间的连挂，由调车作业人员负责。车辆软管的连结，凡有列检作业的始发列车，由列检人员负责；无列检作业的由调车作业人员负责。软管指制动软管。

机车与动车组连挂时，须加装过渡车钩，过渡车钩和专用风管的安装与拆卸、电气连接线的连结与摘解均由随车机械师负责，在动车段(所)内调车而无随车机械师时，由动车段(所)指派胜任人员负责。动车组无动力回送或被救援时，过渡车钩、专用风管的安装与拆卸由随车机械师负责，司机配合。

第244条　列车机车与第一辆车的连挂，由机车乘务员负责。单班单司机值乘的由列检人员负责；无列检作业的列车，由车辆乘务员负责；无车辆乘务员的列车，由车站人员负责。

列车机车与第一辆车的车钩摘解、软管摘结，由列检人员负责。无列检作业的列车，车钩、软管摘解由机车乘务员(单班单司机值乘的由车辆乘务员)负责，软管连结由车辆乘务员负责；无车辆乘务员的列车，由机车乘务员(单班单司机值乘的由车站人员)负责。

列车机车与第一辆车电气连接线的连结与摘解由客列检作业人员负责，无客列检作业人员时，由车辆乘务员负责。

旅客列车在途中摘挂车辆时，车辆的摘挂和软管摘结，由调车作业人员负责，密封风挡和电气连接线的连结与摘解由车辆乘务员负责，其他由列检作业人员负责，无列检作业人员时，由车辆乘务员负责，必要时打开车门，以便于调车作业。装有密接式车钩的客车车辆摘挂时，过渡车钩的安装与拆卸由列检人员负责，无列检人员时由车辆乘务员负责。

列车机车与动车组过渡车钩的连结与摘解、软管摘结、电气连接线的连结与摘解，由随车机械师负责。

本条明确了列车中机车与车辆之间车钩连挂、软管(指制动软管)及电气连接线摘结的工作分工。

1. 机车与第一辆车的车钩连挂分工：由机车乘务员负责。但是遇单班单司机值乘的，由列检人员负责；无列检作业的列车，由车辆乘务员负责；无车辆乘务员的列车，由车站人员负责。

2. 机车与列车第一辆车的车钩摘解分工：由列检人员负责。无列检作业的列车，由机车乘务员负责；单班单司机值乘的，由车辆乘务员负责，无车辆乘务员的，由车站人员负责。

3. 机车与第一辆车的软管摘解、连结分工：由列检人员负责。无列检作业的列车，软管摘解由机车乘务员负责，单班单司机值乘的由车辆乘务员负责，无车辆乘务员的，由车站人员负责；软管连结由车辆乘务员负责，无车辆乘务员的列车，由机车乘务员负责，单班单司机值乘的由车站人员负责。

4. 双机或多机挂车：机车重联时，车钩的摘挂及软管的摘结工作，均由前位机车乘务组负责(如3台机车重联，2、3两台间由第2台机车负责，以此类推)。

5. 机车与第一辆车电气连接线的连结与摘解分工：电气连接线是对旅客列车而言，

其摘结由客列检作业人员负责;无客列检作业人员时,由车辆乘务员负责。

6. 列车在途中摘挂车辆:旅客列车在途中因故摘挂车辆时,车辆车钩的摘挂和软管摘结,由调车作业人员负责,密封风挡和电气连接线的连结与摘解由车辆乘务员负责,其他由客列检作业人员负责,无客列检作业人员时,由车辆乘务员负责,必要时应打开相应车门,以便调车作业。

7. 装有密接式车钩的客车车辆摘挂:过渡车钩的安装和拆卸均由客列检人员负责,无客列检作业人员时,由车辆乘务员负责。

8. 列车机车连挂动车组:机车与动车组连挂时,须加装过渡车钩,机车与过渡车钩的连结与摘解、软管摘结、电气连接线的连结与摘解,由随车机械师负责。

列车到达车站停车时,机车乘务员必须使列车保持制动状态。摘开机车前,有关作业人员必须确认列车停妥、车列保持制动状态后,方可摘解软管和提钩摘车。需采取其他防溜措施时,按有关规定办理。

第 245 条 两列动车组重联或解编时,由动车组机械师负责引导,司机确认。动车组重联时,被控动车组应退出占用,主控动车组使用调车模式与被控动车组连接。解编操作时,主控动车组转换为调车模式后,必须一次移动 5 m 以上方可停车。

1. 明确两列动车组重联或解编时,由动车组机械师负责引导,司机确认。

2. 动车组重联后,须重新配置动车组控制系统数据,被控动车组必须退出占用模式后,动车组控制系统的网络单元才能重新配置成功。

3. 为避免重联动车组解编后关闭导流罩时,因距离过近损坏导流罩,规定主控动车组必须移动 5 m 以上后方可停车。

第 250 条 列检作业应按规定范围和技术作业过程进行。应建立车辆故障诊断指导组,对途中车辆故障进行远程诊断、指导和故障处置确认。

动车组运行(含回送)途中不进行客列检作业。

1. 为使车辆经常保持良好的技术状态,必须对列车中的车辆进行技术检查、制动机性能试验和故障修理工作。列检作业应根据列车技术作业性质不同,按规定的检查范围和质量标准进行检查和修理。

2. 为确保沿途故障车辆得到及时抢修恢复运用,车辆段根据实际设置运用故障诊断指导组,利用安全防范系统及信息化手段,对管辖区域内的车辆故障进行及时的诊断、处置指导及处置结果的确认。

3. 动车组检修作业执行特定的检修规程,因此规定动车组运行(含回送)途中不进行客列检作业。

第 252 条 上线运营的动车组须符合出所质量标准。遇下述情况时,须安排动车组试运行:

1. 新型动车组运营、新线开通前;

2. 动车组新造出厂、高级检修修竣后；

3. 临修更换转向架、轮对、万向轴、主变压器、牵引电机后；

4. 重要部件、软件加装、升级后。

为保证动车组运行安全，上线运营的动车组须符合出所质量标准，包括车体及车端连接、转向架、高压牵引系统、辅助电气系统、供风及制动系统、网络控制系统、旅客信息系统、车内环境控制系统、给排水及卫生系统、车内设施、驾驶设施等系统质量符合标准。

遇下述情况时，须先安排动车组进行试运行，再安排动车组正式上线运营。

1. 新型动车组运营、新线开通前须安排动车组进行模拟试运行，主要对动车组与线路、站台设施、接触网供电、通信、信号设备等正式运营线路环境的适应性进行进一步检验，对机务、车务、电务、车辆、客运等运营各专业有关人员进行业务培训，并为开展作业演练、检验作业流程、磨合结合部、优化作业组织提供条件。

2. 动车组新造出厂后须安排进行新造试运行，是在线路上以动车组最高允许速度进行的试运行。主要是调试、整定动车组相关参数，检查各系统功能是否正常，是否满足合同技术规格要求。

3. 动车组高级检修修竣后须安排进行检修试运行，三级检修试运行主要是对动车组走行及专项检修改造部件进行检验，重点检查动车组转向架、制动系统、网络控制系统以及车端连接部位，检验动车组轮对轴箱、牵引电机、齿轮箱、电务车载设备运行状态；四、五级检修试运行主要是对转向架、制动系统、牵引系统、行车安全设备、电务车载设备、网络系统、空调、供电照明、车载设备、给水、卫生、信息等系统及门、窗、座椅等设备及改造部件进行检验。

4. 动车组临修更换转向架、轮对、万向轴、主变压器、牵引电机后须安排进行临修试运行，主要是为了确认动车组主要部件更换后的运转性能符合正式上线运营要求。

5. 动车组重要部件、软件加装、升级后须安排进行专项试运行，是指经铁路总公司审批同意进行动车组部件改造、软件升级后，按铁路总公司批准的专项试验大纲开展的动车组试运行，目的是对重要部件、软件加装、升级后的动车组安全可靠性进行检验和验证。

第256条 动车组制动试验规定：

1. 动车组在出段(所)前或折返地点停留出发前需要进行全部制动试验，一级检修作业后的动车组在出发前不再进行全部制动试验；

2. 动车组列车在始发前需在操纵端进行简略制动试验；

3. 动车组列车更换动车组司机(同向换乘除外)或操纵端后，需进行简略制动试验；

4. 动车组列车在途中重联或解编后，开车前需在操纵端进行简略制动试验；

5. 动车组列车使用紧急制动停车后，开车前需进行简略制动试验；

6. 动车组在采用机车救援、无动力回送连挂机车或回送过渡车时，按动车组无动力回送作业办法进行制动性能确认。

动车组制动装置是保证动车组运行安全的关键设备。在动车组制动试验时,要认真确认动车组制动作用是否良好,制动主管压力是否正常,以便发现故障及时处理。动车组制动试验分为全部试验、简略试验两种。其试验项目、方法和技术要求按照各型动车组制动试验办法执行。

动车组在采用机车救援、无动力回送连挂机车或无动力回送需连挂回送过渡车时,按各型动车组无动力回送作业程序进行制动性能确认。

第 261 条 动车组的长度、重量及最高运行速度按第 16 表规定。

第 16 表 动车组长度、重量及最高运行速度表

动车组类型	换算长度	整备重量(t)	计算重量(t)	最高运行速度(km/h)
CRH1A-200	19.4	430.9	490.6	200
CRH1A-200 重联	38.8	861.8	981.2	200
CRH1A-250	19.4	424.6	484.4	250
CRH1A-250 重联	38.8	849.2	968.8	250
CRH1B	38.6	856	975	250
CRH1E	38.8	887.7	955.2	250
CRH2A	18.3	366.8	415.8	250
CRH2A 重联	36.6	733.5	831.6	250
CRH2B	36.5	724.1	822.5	250
CRH2E	36.5	785.8	839.4	250
CRH5A	19.2	369.7	469.7	250
CRH5A 重联	38.4	739.3	939.4	250
CRH2C 一阶段	18.3	372.8	421.6	350
CRH2C 一阶段 重联	36.6	745.6	843.2	350
CRH2C 二阶段	18.3	392.5	441.3	350
CRH2C 二阶段 重联	36.6	785	882.6	350
CRH3C	18.2	431.9	482.6	350

续上表

动车组类型	换算长度	整备重量（t）	计算重量（t）	最高运行速度（km/h）
CRH3C 重联	36.5	863.8	965.2	350
CRH380A	18.5	402.4	446.9	380
CRH380A 重联	36.9	804.8	893.8	380
CRH380BG	18.2	488.5	535.5	380
CRH380BG 重联	36.5	977	1 071	380
CRH380B	18.5	494.6	542.2	380
CRH380B 重联	36.9	989.2	1 084.4	380
CRH380AL	36.6	818.5	906.4	380
CRH380BL	36.3	872.6	964.1	380
CRH380CL	36.4	889.4	981.7	380

按照 8 辆或 16 辆编组方式，明确动车组重量、换算长度和最高运行速度，其中重量包含整备重量及计算重量。

整备重量包含动车组空车自重和整备品重量；计算重量包含空车自重、整备品重量及额定定员载重。

单组动车组为固定编组，有 8 辆或 16 辆编组；由两组短编组动车组重联而成的 16 辆动车组，基本按照 8 辆编组的长度、重量的两倍进行换算。

调度指挥

第 269 条 指挥列车运行的命令（运行揭示调度命令除外）和口头指示，只能由列车调度员发布。

遇第 17 表所列情况，须发布调度命令。

第 17 表 行车调度命令项目表

序号	命令项目	受令者	
		司机	车站值班员
1	封锁、开通区间		○
2	向封锁区间开行救援列车、路用列车	○	○

续上表

序号	命令项目	受令者	
		司机	车站值班员
3	临时变更或恢复原行车闭塞法		○
4	停止使用基本闭塞法发出列车	○	○
5	双线反方向行车、由双线改为单线或恢复双线行车	○	○
6	变更列车径路	○	○
7	动车组列车在区间被迫停车后返回(退回)后方站	○	○
8	向区间发出停车作业的列车	○	○
9	在车站、区间临时停车上、下人员	○	○
10	列车需临时降弓运行	○	○
11	因行车设备故障、灾害或施工,以及列车中挂有限速的机车车辆等,需要使列车临时限速运行(纳入运行揭示调度命令或本务机车、动车组自身设备原因限速时除外)	○	○
12	动车组列车空调失效需打开部分车门限速运行	○	○
13	车站使用总辅助按钮		○
14	准许列车越过故障的进站、出站、进路信号机或线路所通过信号机(能开放引导信号时除外)	○	○
15	调度日计划以外,临时加开或停运列车(单机除外)	○	○
16	按地面信号显示运行的列车改按天气恶劣难以辨认信号的办法行车或恢复正常行车	○	○
17	动车组列车转入或退出隔离模式(被救援时除外)	○	○
18	动车组列车在列控车载设备控车和 LKJ 控车之间人工转换	○	○
19	越出站界调车	○	○
20	利用天窗施工、维修作业		○
21	施工、维修作业较指定时间延迟结束		○
22	运行揭示调度命令与实际限速、行车方式或设备不符时	○	○
23	正线、到发线接触网停电或送电(接触网倒闸、跳闸后试送电、向中性区送电或弓网故障排查除外)		○
24	正线、到发线接触网停电后准许登顶作业	○	○
25	动车组列车按隔离模式运行需以不超过 80 km/h 的速度越过接触网分相	○	

续上表

序号	命　令　项　目	受令者	
		司机	车站值班员
26	双管供风旅客列车运行途中改为单管供风	○	○
27	列车调度员认为有必要记录的上述以外的命令	有关人员	

注：1. 划○者为受令人员。

2. 受令者为车站值班员的调度命令，不发给集控站车务应急值守人员；集控站转为车站控制由车站值班员指挥行车时应发给车站值班员，并须将前发有关调度命令一并发给车站值班员。

3. 动车组列车改按 LKJ 方式运行需将列控车载设备隔离时，列车调度员仅发布改按 LKJ 方式行车的调度命令。

4. 仅发给车站值班员的命令只涉及集控站时不发布（转为车站控制时除外）。因调车作业动车组控车模式转换，不发布调度命令。

上述调度命令如涉及其他单位和人员时，应同时发给。

根据调度集中统一指挥的原则，一个调度区段内由本区段列车调度员统一指挥，指挥列车运行的命令或口头指示，只能由列车调度员发布（运行揭示调度命令为调度所施工调度室发布）。

一、遇到下列情况必须发布调度命令：

1. 当区间内进行线路、桥隧、接触网等施工或由于自然灾害、设备故障、铁路交通事故等的影响，不能再向该区间发出正常运行的列车，需对区间进行封锁时，以发布调度命令的方式向有关人员明确；当封锁区间的因素消除后开通区间时，也应以调度命令明确。有关人员要严格执行有关规定，确保行车安全。

2. 当区间因施工或自然灾害、设备故障、铁路交通事故等情况的影响封锁后，区间的设备情况和行车条件发生了很大的变化，需向区间内开行一些进行施工作业、抢修、救援的列车，并进行相应的作业，在行车组织办法和作业要求上都发生很大变化，为保证施工作业及抢修、救援的顺利实施和安全，以调度命令的形式，使办理行车工作的有关人员及施工作业、抢修、救援人员明确有关行车要求。

3. 高速铁路采用自动闭塞和自动站间闭塞两种基本闭塞法，以使列车严格按空间间隔运行，在最大的程度上保证列车安全。当行车闭塞法发生变化时，行车凭证、作业要求等方面都发生了变化，为使车站接发车人员明确闭塞法的变化，引起作业人员的重视，采取调度命令的形式告知。当基本闭塞设备恢复正常时，也须发布调度命令，向有关车站明确。

4. 高速铁路为调度集中区段，规定停止使用基本闭塞法发出列车时的行车凭证为调度命令。

5. 双线反方向行车及由双线改为单线行车，属于非正常的行车方式，应以发布调度命令形式告知列车司机、车站值班员等行车有关人员。当双线改为单线行车需恢复双线行车时,也应以调度命令的形式告知有关列车司机、车站值班员等行车有关人员。

6. 列车是按列车运行图等规定的径路运行的,司机熟悉规定运行区段内的线路、信号、车站等设备,旅客列车还有旅客在图定的车站乘降。当因特殊原因列车必须改变运行径路(区间运行线别)时,行车设备发生了变化,涉及范围大,须告知的作业人员多,特别是旅客列车改变运行径路时,还可能涉及旅客的运输组织,因此规定以发布调度命令的形式向改变径路的有关车站、司机等明确改变后的列车运行径路,以便各方面做好准备,妥善安排好旅客,保证列车运行的安全。

7. 因设备故障等特殊情况,确需动车组列车由区间返回后方站或退行至后方站时,行车办法与正常情况下行车不同,必须得到列车调度员同意并发布调度命令。

8. 正常情况下列车运行是从一个车站至另一个车站,在区间内不停车,特殊情况确需列车在区间内停车时,对列车在区间的有关作业、停留地点等都需要进行明确,因此在发出列车前以调度命令的形式明确上述事项,以便完成区间工作任务。

9. 正常情况下,应严格按列车运行图规定组织旅客列车运行,但根据高铁设备故障确认和抢修的需要,特殊情况下需在不停车的车站和区间内停车上、下人员时,必须得到列车调度员同意并发布调度命令对停车地点等有关事项进行明确。

10. 因接触网挂异物或故障等特殊情况,需列车临时降弓通过故障地段时,列车司机须准确掌握降弓地点,做好降弓准备,因此需发布调度命令明确相关事项。

11. 当发生行车设备故障、灾害或在施工后,以及在列车中挂有限速运行的机车、车辆等情况,需要使列车限速运行时,应以调度命令明确列车运行速度限制。列车运行速度限制已纳入运行揭示调度命令时,列车司机已提前收到限速运行命令,不需再发布调度命令;本务机车或动车组自身故障时,列车司机已掌握故障情况,清楚列车运行速度限制,不需列车调度员再发布调度命令告知司机。

12. 为保证动车组列车空调失效时车内通风良好,特殊情况下允许动车组列车打开部分车门运行,为确保开门运行时的旅客人身安全和列车运行安全,列车须限速运行,以调度命令告知列车司机等有关人员及沿途车站。

13. 车站遇轨道电路故障等情况,不能使用正常办理方式改变运行方向时,需使用总辅助按钮办理,此时不论区间是否有列车运行或有遗留车辆,都能改变闭塞设备的发车方向,因此必须发布调度命令,由列车调度员和两端站共同确认区间空闲后,方可使用总辅助按钮,以确保列车运行的安全。列车调度员使用总辅助按钮办理时,不需发布调度命令。

14. 高速铁路为调度集中区段,统一规定高速铁路准许列车越过故障的进站、出站、进路信号机或线路所通过信号机的行车凭证为调度命令(能开放引导信号时除外)。

15. 列车是按运行图和日计划规定的车次开行的,有关运输的各部门都是按日计划开展工作的,比如取送车底、安排人员等,在调度日计划以外临时加开或停运列车时,需要增加或取消上述作业,应以调度命令的形式告知有关人员做好相应工作。单机临时加开、停运组织相对简单,故单机临时加开、停运采取口头指示等方式布置,不再发布调度命令，但应及时下达列车运行调整计划，明确车次、时刻、方向等事项。

16. 当列车按地面信号显示运行，改按天气恶劣难以辨认信号的办法行车或恢复正常行车时，作业办法发生改变并有明确的行车要求，必须发布调度命令告知有关人员。

17. 动车组列车转入或退出隔离模式运行时，行车凭证、作业要求等方面都发生了变化，必须得到列车调度员同意并发布调度命令。动车组列车被救援而转入隔离模式时，因该动车组不再担当牵引任务，不需发布调度命令。

18. 动车组列车在列控车载设备控车和 LKJ 控车之间人工转换时，行车凭证、作业要求等方面都发生了变化，必须得到列车调度员同意并发布调度命令。当动车组列车改按 LKJ 方式运行需将列控车载设备隔离时，列车调度员仅发布改按 LKJ 方式行车的调度命令。

19. 为保证行车安全，规定越出站界调车须经列车调度员同意并发布调度命令，向司机等有关人员明确。

20. 利用列车运行图规定的天窗进行施工、维修作业时，对接发列车、调车作业及列车在区间运行都有一定的要求，同时对施工和维修单位的作业及开始、结束的时间等都有一定的限制，有时还要加开路用列车，涉及单位、人员多，应以调度命令的形式向有关人员明确有关事项。因天窗维修作业前后，列车运行条件不变，因此，天窗维修作业在指定的时间内完成并销记后，列车调度员不再发布维修作业结束恢复行车的调度命令。

21. 由于施工可能改变了列车运行条件、车站办理接发列车的方式及进入区间的行车凭证等，如果施工较规定的时间延迟结束，施工的影响时间将延长，应以调度命令的形式，使受施工影响的车站、有关施工及配合单位均了解施工情况，准许施工单位按新的时间等要求继续组织施工。

22. 为便于车站、列车司机提前学习、掌握行车条件，运行揭示调度命令是提前发布的，并将限速数据写入了 IC 卡，因施工提前、延迟等特殊原因导致实际情况与运行揭示调度命令不符时，行车条件及要求发生了变化，列车调度员应以调度命令的形式将运行速度限制等行车要求告知车站、列车司机等相关人员。

23. 电气化区段的正线、到发线接触网有无电是车站办理接发列车的重要条件，停电或送电时如果作业指挥不当，可能造成电力机车进入无电区或发生弓网事故等，送电时还可能造成作业人员的伤害等，因此电气化区段的正线、到发线接触网停电或送电时均需发布调度命令，明确停送电时间、范围及作业要求等。接触网倒闸、跳闸后试送电、向中性区送电或弓网故障排查时，可不发布调度命令。

24. 电气化区段登顶作业存在人身安全风险，须在正线、到发线接触网已停电并得到列车调度员准许，方可在做好接地等安全防护措施后，办理登顶作业，为慎重起见，规定列车调度员以调度命令的方式准许。

25. 动车组列车按隔离模式运行时，速度不得超过 40 km/h，但在困难地段存在动车组列车以 40 km/h 难以越过电分相的实际情况，因此，规定在通过分相绝缘有困难的特殊情况下,列车调度员根据司机请求发布调度命令,准许列车以不超过 80 km/h 的速度越过分相绝缘。

26. 双管供风旅客列车改为单管供风时,原通过总风管供风的车辆集便装置、塞拉门及空气弹簧,改为通过制动主管供风,并需安排在车站进行有关作业,规定以调度命令的形式告知司机、车辆乘务员、车站值班员等有关作业人员准许办理有关作业。

27. 在指挥行车工作当中,还有可能遇到很多特殊情况和突发事件,为指示有关人员做好与行车相关的工作,列车调度员认为有必要时,可发布的调度命令。

二、集控站车务应急值守人员正常情况下不参与行车作业,因此受令者为车站值班员的调度命令,不发给集控站车务应急值守人员;集控站转为车站控制由车站值班员指挥行车时应发给车站值班员,并须将前发有关调度命令一并发给。

因集控站在正常情况下为列车调度员办理接发列车,因此规定发给车站值班员的命令只涉及集控站时不发布;转为车站控制时,根据列车调度员指示,车务应急值守人员担当车站值班员,办理车站接发列车作业时,此时命令应发给车站值班员。

因调车作业动车组控车模式转换,不发布调度命令。

第 270 条 发布调度命令的基本规定:

1. 调度命令发布前,应详细了解现场情况,听取有关人员的意见,命令内容、受令处所必须正确、完整、清晰。

2. 使用计算机、传真机发布调度命令时,命令接受人员确认无误后应及时反馈回执。

3. 使用电话发收调度命令时,应填记《调度命令登记簿》(附件 2),指定受令人员中一人复诵,并记明发收人员姓名及时刻。

4. 列车调度员应使用调度命令无线传送系统向司机发布书面调度命令,司机应及时签认接收,不再与列车调度员核对,有疑问时,须立即询问列车调度员。调度命令无线传送系统故障时,可按规定使用语音记录装置良好的列车无线调度通信设备发布,司机接到命令后,须与列车调度员核对。由车站交付的调度命令,车站值班员可使用调度命令无线传送系统或按规定使用语音记录装置良好的列车无线调度通信设备向司机转达。

5. 已发布的调度命令,遇有错、漏或变化时,必须取消前发命令,重新发布全部内容的调度命令。

为确保列车运行安全、正点,确保按计划完成施工任务,积极妥善地处理各种突发事件,列车调度员在发布调度命令前应通过现场有关人员充分了解列车的运行情况、现场设备状况、施工计划以及突发事件影响的范围,并听取现场及其他有关人员的意见,确保调度命令准确及时。

使用计算机、传真机发布调度命令时,已有书面记录,命令接受人无需复诵和抄写,但须在确认无误后及时向列车调度员反馈回执,列车调度员必须认真确认回执。

采用电话发布方式时,有关人员必须在《调度命令登记簿》上登记并在命令用纸上抄写交付有关人员，为防止记录错误或口误，须指定受令人员中一人复诵命令内容。

列车调度员应使用调度命令无线传送系统向司机发布调度命令，司机应及时签认接收，因通过调度命令无线传送系统发布的调度命令为书面调度命令，司机不再与列车调度员核对，但当司机对调度命令有疑问时，应询问列车调度员进行确认。当调度命令无线传送系统故障时，列车调度员可按《铁路运输调度规则》等规定使用语音记录装置良好的列车无线调度通信设备向司机发布，因此时不是书面调度命令，为避免错漏，司机应与列车调度员核对调度命令。当由车站向司机交付调度命令时，车站值班员也可使用调度命令无线传送系统或按《铁路运输调度规则》等规定使用语音记录装置良好的列车无线调度通信设备向司机转达。语音记录装置良好是指列车调度台（车站行车室）配备的列车无线调度通信设备的语音记录装置设备正常。

列车调度员发布的调度命令与行车关系密切，命令内容必须准确无误。列车调度员已发布的行车调度命令存在错、漏或现场情况发生变化时，列车调度员必须取消前发命令，重新发布全部内容的调度命令，对有关事项予以明确。

第 271 条 发布行车调度命令的规定：

1. 调度命令必须在列车进入关系区间（站）前交付；在未确认司机已收到调度命令（得到回执）前，不得开放发接该次列车的出站或进站信号。

2. 作为行车凭证的调度命令，在接发列车进路准备妥当后，方可向司机发布（转达）。

3. 使用调度命令无线传送系统传送行车凭证，列车调度员办理接发列车时，由列车调度员传送，车站值班员办理接发列车时，由车站值班员传送。

4. 对跨铁路局（调度台）的列车，接车局（调度台）列车调度员可委托邻局（调度台）列车调度员转发调度命令，接车局（调度台）要将需转发的调度命令号码和内容发给邻局（调度台），邻局（调度台）将受令情况向接车局（调度台）列车调度员通报。

5. 遇调度命令需跨铁路局（调度台）执行时，发布调度命令的列车调度员须发布给列车担当全区段的调度命令，需要列车运行前方各调度指挥区段掌握和执行的调度命令，还应将调度命令抄知相关调度台。

6. 更换机车或变更限速条件时，应由有关铁路局列车调度员重新发给相关调度命令。途中乘务人员换班时，应将调度命令内容交接清楚。

为确保列车运行安全，调度命令必须在列车进入关系区间（车站）前交付给司机，使司机明确有关事项；没有确认司机收到调度命令（得到回执）前，不得开放该次列车进入关系区间（车站）的信号。

行车凭证必须在接发列车进路准备妥当后方可交付，作为行车凭证的调度命令也应符合这一要求，在接发列车进路准备妥当后，方可向司机发布（转达）。

为避免调度命令无线传送系统传送行车凭证时发生误传、漏传，规定谁负责办理接发列车，则由谁负责向司机传送行车凭证。即：列车调度员办理接发列车时，由列车调度员传送,车站值班员办理接发列车时,由车站值班员传送。

因机车乘务员值乘距离长,为减少对运输秩序的影响,对跨局的列车,接车铁路局列车调度员可委托发车铁路局列车调度员发布调度命令,提前交付司机,做好准备。

遇动车组以外的旅客列车挂有限速运行的车辆需跨局(台)运行等特殊情况,调度命令需跨铁路局(调度台)执行,发布调度命令的列车调度员须发布给列车担当全区段的调度命令,需要列车运行前方各调度指挥区段掌握和执行的调度命令,还应将调度命令抄知相关调度台。

遇更换机车或变更限速条件时,为使司机明确有关事项,有关铁路局列车调度员应重新向司机发给相关调度命令。乘务人员在途中换班时,应将调度命令内容交接清楚,防止遗漏。

第 273 条 发布运行揭示调度命令的规定:

1. 运行揭示调度命令是指由调度所施工调度发布的涉及限速、行车方式发生变化和设备变化的调度命令。

2. 运行揭示调度命令应包括时间、地点、因由、速度、行车方式变化、设备变化等内容,机务部门应根据运行揭示调度命令及时将有关内容写入 IC 卡。

3. 发布运行揭示调度命令,不得含有与受令处所无关的内容和命令。

当有计划的施工涉及限速、行车方式发生变化和设备变化时,为使司机提前掌握行车条件,调度所应依据施工日计划和主管业务处提报的申请,发布运行揭示调度命令。因施工日计划由调度所施工调度发布,明确运行揭示调度命令由调度所施工调度发布。

为确保行车安全,运行揭示调度命令必须将时间、地点、因由、速度、行车方式变化、设备变化等内容明确清楚。机务部门须根据运行揭示调度命令将相关内容写入 IC 卡,确保列车运行监控数据准确无误。同时,为便于现场掌握、执行运行揭示调度命令,命令内容不得含有与受令处所无关的内容。

列 车 运 行

第 275 条 车站均须装设基本闭塞设备。行车基本闭塞法采用下列二种:

(1)自动闭塞;

(2)自动站间闭塞。

电话闭塞法是当基本闭塞法不能使用时所采用的代用闭塞法。

基本闭塞设备是控制一个区间(或闭塞分区)同一时间内,只准许一个列车运行的设备。通过调度所、相邻车站、线路所、闭塞分区的设备或人为控制,使列车与列车相互间保持一定间隔,以保证列车安全运行的行车方法,称为行车闭塞法。

我国高速铁路采用的行车基本闭塞法有自动闭塞、自动站间闭塞两种。其中:自动闭塞以闭塞分区作为列车间隔;自动站间闭塞是以站间(所间)区间作为列车间隔;其列车运行间隔均属于空间间隔法。

电话闭塞是在基本闭塞法不能使用条件下，主要靠人工检查确认和联系制度来保证实现列车运行空间间隔的代用闭塞方法。

第 276 条 当基本闭塞法不能使用时，应根据列车调度员的命令采用电话闭塞法行车。

基本闭塞法停用按电话闭塞法行车时，动车组列车司机应根据调度命令将列控车载设备转为 LKJ 方式运行，未装备 LKJ 的动车组列车转为隔离模式运行。

在办理接发列车时，遇行车设备故障、施工、自然灾害等情况造成基本闭塞法不能使用时，应停止使用基本闭塞法采用电话闭塞法行车。列车调度员详细了解现场情况后，按规定向车站发布停止使用基本闭塞法改按电话闭塞法行车的调度命令。

基本闭塞法停用按电话闭塞法行车时，由于基本闭塞设备停用，造成列控车载设备不能正常使用，对装备 LKJ 的动车组列车，由于 LKJ 设有电话闭塞行车相应的控车模式，因此规定动车组列车司机应根据调度命令将列控车载设备转为 LKJ 方式运行；对未装备 LKJ 的动车组列车，只能将列控车载设备隔离，根据调度命令转为隔离模式运行。

第 277 条 遇下列情况，应停止使用基本闭塞法，改用电话闭塞法行车：

(1)基本闭塞设备发生故障导致基本闭塞法不能使用时；

(2)自动站间闭塞区间，出站信号机故障且引导信号不能开放时发车。

当发生下列情况时，应停止使用基本闭塞法，改用电话闭塞法行车：

(1)自动闭塞设备发生故障，不能保证列车按自动闭塞方式行车时，应停止使用改按电话闭塞法行车；自动站间闭塞设备故障，不能保证列车按自动站间闭塞方式行车时，应停止使用改按电话闭塞法行车。

(2)自动站间闭塞区间，当出站信号机故障且引导信号不能开放时，不能按自动站间闭塞方式组织行车，应停止使用改按电话闭塞法行车。

第 279 条 自动闭塞。

1. 自动闭塞区段，正方向行车，列车按自动闭塞运行；反方向行车，列车按自动站间闭塞运行。

使用自动闭塞法行车，动车组列车在完全监控、引导或部分监控模式下运行时，行车凭证为列控车载设备显示的允许运行的速度值。动车组列车按 LKJ 方式运行及动车组以外的列车，在信号机常态点灯的区段，进入闭塞分区的行车凭证为出站或通过信号机显示的允许运行的信号；在信号机常态灭灯的区段，进入区间的行车凭证为出站信号机或线路所通过信号机显示的允许运行的信号，信号机应点灯。

调度集中区段，一个调度区段内可不办理发车预告手续。两相邻调度集中的调度区段间或调度集中区段车站(线路所)向非调度集中区段车站(线路所)发车时，由系统自动办理发车预告，遇设备故障无法自动办理时，人工办理发车预告(相邻调度区段列车运行调整计划一致时可不办理发车预告)。非调度集中区段车站(线路所)向调度集中区段车站(线路所)发车时,车站值班员应向列车调度员(车站控制时为车站值班员)办理发车预告。

2. 在信号机常态点灯的 CTCS-2 级自动闭塞区段,特殊情况下办理发车的行车凭证规定见第 18 表;CTCS-3 级以及信号机常态灭灯的 CTCS-2 级自动闭塞区段,特殊情况下办理发车的行车凭证规定见第 19 表。

第 18 表 信号机常态点灯的 CTCS-2 级自动闭塞区段特殊情况下办理发车的行车凭证表

序号	特殊情况	控车方式	行车凭证	发给行车凭证的依据	附带条件
1	出站信号机(线路所通过信号机)故障时发出列车	LKJ(GYK)控车	调度命令	1. 确认第一个闭塞分区空闲 2. 确认道岔位置正确及进路空闲	以不超过 20 km/h(动车组列车为不超过 40 km/h)速度运行至第一架通过信号机,按其显示的要求执行
2		隔离模式运行		1. 确认区间空闲 2. 确认道岔位置正确及进路空闲	以不超过 40 km/h 速度运行至前方站进站信号机(线路所通过信号机)
3	发车进路信号机故障时发出列车	LKJ(GYK)控车	调度命令	1. 确认发车进路空闲 2. 确认道岔位置正确	以不超过 20 km/h(动车组列车为不超过 40 km/h)速度运行至次一信号机
4		隔离模式运行			以不超过 40 km/h 速度运行至次一信号机
5	区间一架及以上通过信号机故障时发出列车	CTCS-2 级控车	列控车载设备显示的允许运行的速度值	确认区间空闲	
6		LKJ(GYK)控车	出站信号机(线路所通过信号机)显示的允许运行的信号		
7	反方向发出列车	CTCS-2 级控车	列控车载设备显示的允许运行的速度值	1. 确认区间空闲 2. 反方向行车的调度命令	
8		LKJ(GYK)控车	出站信号机(线路所通过信号机)显示的允许运行的信号		

第19表 CTCS-3级以及信号机常态灭灯的CTCS-2级自动闭塞区段特殊情况下办理发车的行车凭证表

<table>
<tr><th>序号</th><th>特殊情况</th><th>控车方式</th><th>地面信号机状态</th><th>行车凭证</th><th>发给行车凭证的依据</th><th>附带条件</th></tr>
<tr><td>1</td><td rowspan="2">开放引导信号发出列车</td><td>CTCS-3级控车
CTCS-2级控车</td><td>灭灯</td><td>列控车载设备显示的允许运行的速度值</td><td>1. 确认第一个闭塞分区空闲(发车进路信号机开放引导信号时，为确认至次一信号机间空闲)
2. 确认道岔位置正确及进路空闲</td><td rowspan="2"></td></tr>
<tr><td>2</td><td>LKJ(GYK)控车</td><td>点灯</td><td>出站信号机(发车进路信号机、线路所通过信号机)显示的允许运行的信号</td><td>1. 确认区间空闲(发车进路信号机开放引导信号时，为确认至次一信号机间空闲)
2. 确认道岔位置正确及进路空闲</td></tr>
<tr><td>3</td><td rowspan="2">出站信号机(线路所通过信号机)故障且引导信号不能开放时发出列车</td><td>LKJ(GYK)控车</td><td rowspan="2">点灯</td><td rowspan="2">调度命令</td><td rowspan="2">1. 确认区间空闲
2. 确认道岔位置正确及进路空闲</td><td></td></tr>
<tr><td>4</td><td>隔离模式运行</td><td>以不超过40 km/h速度运行至前方站进站信号机(线路所通过信号机)</td></tr>
<tr><td>5</td><td rowspan="2">发车进路信号机故障且引导信号不能开放时发出列车</td><td>LKJ(GYK)控车</td><td rowspan="2">点灯</td><td rowspan="2">调度命令</td><td rowspan="2">1. 确认发车进路空闲
2. 确认道岔位置正确</td><td>以不超过20 km/h(动车组列车为不超过40 km/h)速度运行至次一信号机</td></tr>
<tr><td>6</td><td>隔离模式运行</td><td>以不超过40 km/h速度运行至次一信号机</td></tr>
</table>

续上表

序号	特殊情况	控车方式	地面信号机状态	行车凭证	发给行车凭证的依据	附带条件
7	区间一个及以上闭塞分区轨道电路红光带时发出列车	CTCS-3 级控车 CTCS-2 级控车	灭灯	列控车载设备显示的允许运行的速度值	确认区间空闲	
8		LKJ(GYK)控车	点灯	调度命令	1. 确认区间空闲 2. 确认道岔位置正确及进路空闲	
9	反方向发出列车	CTCS-3 级控车 CTCS-2 级控车	灭灯	列控车载设备显示的允许运行的速度值	1. 确认区间空闲 2. 反方向行车的调度命令	
10		LKJ(GYK)控车	点灯	出站信号机(线路所通过信号机)显示的允许运行的信号		

1. 使用自动闭塞法行车，动车组列车按 LKJ 方式运行时及动车组以外的列车，是根据进出站信号机和通过信号机的显示运行的，在运行过程中通过轨道电路检查闭塞分区的占用与空闲，并通过信号机显示的不同颜色的灯光指示列车的运行，由此来自动完成闭塞作用。动车组列车在完全监控、引导或部分监控模式下运行时，行车凭证为列控车载设备显示的允许运行的速度值，在同一区间内开行多列追踪运行的列车时，列控车载设备控制列车与前行列车间有必要的空间间隔，既保证了行车安全又提高了区间通过能力。

目前，我国高速铁路自动闭塞区间通过信号机采用四显示的色灯信号机，当其显示一个绿色灯光时，表示列车运行前方至少有三个闭塞分区空闲，准许列车进入闭塞分区后按规定速度运行；当其显示一个绿色和一个黄色灯光时，表示列车运行前方有两个闭塞分区空闲，准许列车进入闭塞分区后按规定速度运行，要求注意准备减速；当其显示一个黄色灯光时，表示列车运行前方只有一个闭塞分区空闲，要求列车注意或减速运行，按规定速度要求越过该信号机；当其显示一个红色灯光时，要求列车应在该信号机前停车。

2. 使用自动闭塞法行车，动车组列车在完全监控、引导或部分监控模式下运行时，动车组通过轨道电路或无线闭塞中心接收到行车许可信号，并在列控车载设备上自动显示允许运行的速度值，所以规定行车凭证为列控车载设备显示的允许运行的速度值。动车组以外的列车及动车组列车按 LKJ 方式运行时，在信号机常态点灯的区段，虽然列车运行监控装置上能显示机车信号，但机车信号不能作为行车凭证，因此规定了进入闭塞分区的行车凭证为出站或通过信号机显示的允许运行的信号；在信号机常态灭灯的区段，进入区间的行车凭证仍然为出站信号机或线路所通过信号机显示的允许运行的信号，因此，需要将信号机点灯，让司机确认行车凭证。

调度集中区段，一个调度区段内的列车运行均按列车运行调整计划组织行车，所以规定可不办理发车预告手续。两相邻调度集中的调度区段间或调度集中区段车站（线路所）向非调度集中区段车站（线路所）发车时，通过 TDCS/CTC 系统，能自动办理发车预告，当 TDCS/CTC 系统故障造成无法自动办理预告时，应由相邻两站的实际控制人人工办理发车预告；当相邻调度区段列车运行调整计划一致时，虽然无法办理自动预告，但考虑到相邻调度区段列车调度员已进行了相互联系和确认，确保了列车运行调整计划的一致性，因此规定了不办理发车预告。非调度集中区段车站（线路所）向调度集中区段车站（线路所）发车时，由于非调度集中区段车站（线路所）是由车站值班员（信号员）人工开放信号，开放的时机是根据列车实际运行时刻来确定的，是动态的，所以设备上无法控制自动办理发车预告，只能由车站值班员向列车调度员（车站控制时为车站值班员）人工办理发车预告。

3. 在信号机常态点灯的 CTCS-2 级自动闭塞区段，特殊情况下办理发车的行车凭证规定见第 18 表；CTCS-3 级以及信号机常态灭灯的 CTCS-2 级自动闭塞区段，特殊情况下办理发车的行车凭证规定见第 19 表。

第 18 表中第 1、2 项以及第 19 表中第 3、4 项，是在出站信号机不能开放（有引导信号且引导信号不能开放）时发出列车，此时发车进路与信号机间失去了联锁关系或无联锁关系。列车调度员（车站值班员）必须在做好下列工作后，方准发布调度命令，组织发出列车。

（1）确认第一个闭塞分区空闲，当按隔离模式运行时以及在 CTCS-3 级或信号机常态灭灯的 CTCS-2 级区段，须确认区间空闲。

（2）确认进路道岔位置正确及进路空闲。

第 18 表中第 3、4 项以及第 19 表中第 5、6 项，是指发车进路信号机（同一发车进路上一架或多架进路信号机）因故不能开放（有引导信号且引导信号不能开放）的情况下发出列车时，列车调度员（车站值班员）确认发车进路空闲、进路道岔位置正确后，发布调度命令发出列车的作业方式。

第 18 表中第 5、6 项以及第 19 表中第 7、8 项，是指区间一架及以上通过信号机故障或区间一个及以上闭塞分区轨道电路红光带时发出列车，列车调度员（车站值班员）确认区间空闲后，对 ATP 控车的列车，列车以列控车载设备显示的允许运行的速度值作为行车凭证；对 LKJ（GYK）控车的列车，在信号机常态点灯的 CTCS-2 级区段，行车凭证为出站信号机（线路所通过信号机）显示的允许运行的信号，在 CTCS-3 级以及信号机常态灭灯的 CTCS-2 级区段，行车凭证为调度命令。

第 18 表中第 7、8 项以及第 19 表中第 9、10 项，是指列车在正方向运行线路上运行时，可自动追踪运行，在反方向线路上运行时，按站间间隔运行。由于我国铁路在双线区间实行左侧单方向行车制度，反方向行车时，应发布调度命令，在发车前必须确认反方向运行的线路上无迎面列车运行，区间空闲，在控制台上确认区间占用表示灯表示区间空闲后，办理改变列车运行方向手续，排列反方向发车进路，组织反方向发出列车。列车进入区间的行车凭证：对列控车载设备方式控车的列车，列车以列控车载设备显示的允许运行的速度值作为行车凭证；对LKJ(GYK)控车的列车，行车凭证为出站信号机(线路所通过信号机)显示的允许运行的信号。

第19表中第1、2项，是能开放引导信号时，规定列控车载设备控车、LKJ(GYK)控车条件下发车的行车凭证和有关作业要求。

第280条 自动站间闭塞。

1. 使用自动站间闭塞法行车，动车组列车在完全监控、引导或部分监控模式下运行时，行车凭证为列控车载设备显示的允许运行的速度值。动车组列车按LKJ方式运行及动车组以外的列车，进入区间的行车凭证为出站信号机或线路所通过信号机显示的允许运行的信号(在信号机常态灭灯的区段，信号机应点灯)。

自动站间闭塞须与集中联锁设备结合使用，自动检查区间空闲，发车站(线路所)办理发车进路后即自动构成站间闭塞。列车到达接车站(线路所)或返回发车站(线路所)并出清区间后，自动解除闭塞。

人工办理发车进路前，须确认区间空闲、接车站(线路所)未办理同一区间的发车进路。

一个调度区段内可不办理发车预告手续。两相邻调度集中的调度区段间或调度集中区段车站(线路所)向非调度集中区段车站(线路所)发车时，应由系统自动办理发车预告，遇设备故障无法自动办理时，人工办理发车预告(相邻调度区段列车运行调整计划一致时可不办理发车预告)。非调度集中区段车站(线路所)向调度集中区段车站(线路所)发车时，车站值班员应向列车调度员(车站控制时为车站值班员)办理发车预告。

2. 在信号机常态点灯的CTCS-2级自动站间闭塞区段，特殊情况下办理发车的行车凭证规定见第20表；CTCS-3级以及信号机常态灭灯的CTCS-2级自动站间闭塞区段，特殊情况下办理发车的行车凭证规定见第21表。

第20表 信号机常态点灯的CTCS-2级自动站间闭塞区段特殊情况下办理发车的行车凭证表

<table>
<tr><th>序号</th><th>特殊情况</th><th>控车方式</th><th>行车凭证</th><th>发给行车凭证的依据</th><th>附带条件</th></tr>
<tr><td>1</td><td rowspan="2">出站信号机(线路所通过信号机)故障时发出列车</td><td>LKJ(GYK)控车</td><td rowspan="2">调度命令</td><td rowspan="2">1. 确认区间空闲
2. 确认道岔位置正确及进路空闲</td><td></td></tr>
<tr><td>2</td><td>隔离模式运行</td><td>以不超过40 km/h速度运行至前方站进站信号机(线路所通过信号机)</td></tr>
</table>

续上表

序号	特殊情况	控车方式	行车凭证	发给行车凭证的依据	附带条件
3	发车进路信号机故障时发出列车	LKJ(GYK)控车	调度命令	1. 确认发车进路空闲 2. 确认道岔位置正确	以不超过 20 km/h(动车组列车为不超过 40 km/h)速度运行至次一信号机
4		隔离模式运行			以不超过 40 km/h 速度运行至次一信号机
5	反方向发出列车	CTCS-2 级控车	列控车载设备显示的允许运行的速度值	1. 确认区间空闲 2. 反方向行车的调度命令	
6		LKJ(GYK)控车	出站信号机(线路所通过信号机)显示的允许运行的信号		

第 21 表　CTCS-3 级以及信号机常态灭灯的 CTCS-2 级自动站间闭塞区段特殊情况下办理发车的行车凭证表

序号	特殊情况	控车方式	地面信号机状态	行车凭证	发给行车凭证的依据	附带条件
1	开放引导信号发出列车	CTCS-3 级控车 CTCS-2 级控车	灭灯	列控车载设备显示的允许运行的速度值	1. 确认区间空闲(发车进路信号机开放引导信号时,为确认至次一信号机间空闲) 2. 确认道岔位置正确及进路空闲	
2		LKJ(GYK)控车	点灯	出站信号机(发车进路信号机、线路所通过信号机)显示的允许运行的信号		

续上表

<table>
<tr><th>序号</th><th>特殊情况</th><th>控车方式</th><th>地面信号机状态</th><th>行车凭证</th><th>发给行车凭证的依据</th><th>附带条件</th></tr>
<tr><td>3</td><td rowspan="2">出站信号机(线路所通过信号机)故障且引导信号不能开放时发出列车</td><td>LKJ(GYK)控车</td><td rowspan="2">点灯</td><td rowspan="4">调度命令</td><td rowspan="2">1. 确认区间空闲
2. 确认道岔位置正确及进路空闲</td><td></td></tr>
<tr><td>4</td><td>隔离模式运行</td><td>以不超过40 km/h速度运行至前方站进站信号机(线路所通过信号机)</td></tr>
<tr><td>5</td><td rowspan="2">发车进路信号机故障且引导信号不能开放时发出列车</td><td>LKJ(GYK)控车</td><td rowspan="2">点灯</td><td rowspan="2">1. 确认发车进路空闲
2. 确认道岔位置正确</td><td>以不超过20 km/h(动车组列车为不超过40 km/h)速度运行至次一信号机</td></tr>
<tr><td>6</td><td>隔离模式运行</td><td>以不超过40 km/h速度运行至次一信号机</td></tr>
<tr><td>7</td><td rowspan="2">反方向发出列车</td><td>CTCS-3 级控车
CTCS-2 级控车</td><td>灭灯</td><td>列控车载设备显示的允许运行的速度值</td><td rowspan="2">1. 确认区间空闲
2. 反方向行车的调度命令</td><td rowspan="2"></td></tr>
<tr><td>8</td><td>LKJ(GYK)控车</td><td>点灯</td><td>出站信号机(线路所通过信号机)显示的允许运行的信号</td></tr>
</table>

1. 自动站间闭塞是由区间两端站的出站信号机(线路所通过信号机)和轨道检查装置构成联锁关系,采用轨道检查装置自动检查区间空闲,列车以站间(所间)区间为间隔运行,通过办理发车进路和检查列车出清区间的方式,自动实现区间闭塞和区间开通。

2. 使用自动站间闭塞法发出列车时,由于列车按站间(所间)间隔运行,列车进入区间的行车凭证:动车组列车在完全监控、引导或部分监控模式下运行时,行车凭证为列控车载设备显示的允许运行的速度值;动车组以外的列车及动车组列车按 LKJ 方式运行时,进入区间的行车凭证为出站信号机或线路所通过信号机显示的允许运行的信号(在信号机常态灭灯的区段,信号机应点灯)。

3. 由于自动站间闭塞发车前不需办理闭塞手续,排列发车进路开放出站信号后,即可发出列车,同时列车需按站间间隔行车,因此发车站在办理发车进路前,须确认区间空闲和接车站未办理同一区间的发车进路,否则不能开放信号,形成自动站间闭塞。

4. 调度集中区段，一个调度区段内的列车运行均按列车运行调整计划组织行车，所以规定可不办理发车预告手续。两相邻调度集中的调度区段间或调度集中区段车站(线路所)向非调度集中区段车站(线路所)发车时，通过 TDCS/CTC 系统，能自动办理发车预告，当 TDCS/CTC 系统故障造成无法自动办理预告时，应由相邻两站的实际控制人人工办理发车预告；当相邻调度区段列车运行调整计划一致时，虽然无法办理自动预告，但考虑到相邻调度区段列车调度员已进行了相互联系和确认，确保了列车运行调整计划的一致性，因此规定了不办理发车预告。非调度集中区段车站(线路所)向调度集中区段车站(线路所)发车时，由于非调度集中区段车站(线路所)是由车站值班员(信号员)人工开放信号，开放的时机是根据列车实际运行时刻来确定的，是动态的，所以设备上无法控制自动办理发车预告，只能由车站值班员向列车调度员(车站控制时为车站值班员)人工办理发车预告。

5. 在信号机常态点灯的 CTCS-2 级自动站间闭塞区段，特殊情况下办理发车的行车凭证规定见第 20 表；CTCS-3 级以及信号机常态灭灯的 CTCS-2 级自动站间闭塞区段，特殊情况下办理发车的行车凭证规定见第 21 表。

第 20 表中第 1、2 项以及第 21 表中第 3、4 项，是在出站信号机不能开放(有引导信号且引导信号不能开放)时发出列车，此时发车进路与信号机间失去了联锁关系或无联锁关系。列车调度员(车站值班员)必须在做好下列工作后，方准发布调度命令，组织发出列车。

(1)确认区间空闲，在 CTCS-3 级以及信号机常态灭灯的 CTCS-2 级区段，须确认区间空闲并点灯。

(2)确认进路道岔位置正确及进路空闲。

第 20 表中第 3、4 项以及第 21 表中第 5、6 项，是指发车进路信号机(同一发车进路上一架或多架进路信号机)因故不能开放(有引导信号且引导信号不能开放)的情况下发出列车时，列车调度员(车站值班员)确认发车进路空闲、进路道岔位置正确后，发布调度命令发出列车的作业方式。

第 20 表中第 5、6 项以及第 21 表中第 7、8 项，是指在自动站间闭塞区段，列车在反方向线路上运行时的组织方式。由于我国铁路在双线区间实行左侧单方向行车制度，反方向行车时，应发布调度命令，在发车前必须确认反方向运行的线路上无迎面列车运行，区间空闲，在控制台上确认区间占用表示灯表示区间空闲后，排列反方向发车进路，组织反方向发出列车，列车进入区间的行车凭证，对列控车载设备方式控车的列车，列车以列控车载设备显示的允许运行的速度值作为行车凭证；对 LKJ(GYK)控车的列车，行车凭证为出站信号机(线路所通过信号机)显示的允许运行的信号。

第 21 表中第 1、2 项，是能开放引导信号时，规定列控车载设备控车、LKJ(GYK)控车条件下发车的行车凭证和有关作业要求。

第 281 条　电话闭塞。

1. 使用电话闭塞法行车时，列车占用区间的行车凭证为调度命令。

列车调度员办理发车时,应查明区间空闲,接车站(线路所)为车站控制或邻台列车调度员控制时,还应取得其承认的电话记录号码(双线正方向首列后发车为取得前次列车到达的电话记录号码);在发车进路准备妥当后,方可发布作为行车凭证的调度命令。

车站值班员办理发车时,应查明区间空闲,并取得接车站(线路所)承认的电话记录号码,但双线正方向首列后发车为取得前次列车到达的电话记录号码(办理发车及接车的车站、线路所为同一车站值班员指挥时不办理电话记录号码),在发车进路准备妥当后,方可向列车调度员报告,请求发布作为行车凭证的调度命令。

2. 办理电话闭塞时,下列各项应发出电话记录号码(办理发车及接车的车站、线路所为同一车站值班员或列车调度员指挥时除外),并做好记录:

(1)承认闭塞;

(2)列车到达;

(3)取消闭塞。

电话记录号码自每日 0 时起至 24 时止,按日循环编号,编号办法由铁路局规定。

电话闭塞法是当基本闭塞法不能使用时,根据列车调度员命令所采用的代用闭塞法。

由于此种闭塞方法不能从设备上完成闭塞手续,完全由人工办理,所以两站间的闭塞手续,必须在查明区间确实空闲后,方可办理。

使用电话闭塞法行车时,列车占用区间的行车凭证为调度命令。为避免相对方向的两端站同时发出迎面列车,规定单线或双线反方向发车时,除根据《行车日志》等查明区间空闲外,还必须取得接车站的承认后,方可向列车调度员报告,请求发布作为行车凭证的调度命令。双线正方向首列发车时,为保证安全,除查明区间空闲外,也应取得接车站的承认后,方可向列车调度员报告,请求发布作为行车凭证的调度命令。

在双线正方向发车时(首列除外),不必取得接车站的承认,但应根据收到前次发出的列车已到达接车站的电话记录号码,在发车进路准备妥当后,方可向列车调度员报告,请求发布作为行车凭证的调度命令。对办理发车及接车的车站(线路所)为同一车站值班员或列车调度员指挥时,不办理电话记录号码。

办理电话闭塞时,承认闭塞、列车到达、取消闭塞,都须发出电话记录号码(办理发车及接车的车站、线路所为同一车站值班员或列车调度员指挥时除外)。因为,这些都是保证行车安全的关键事项,如不正确及时记录,就无法确认区间空闲或占用,无法掌握和组织列车运行,一旦发生失误,后果严重。所以,对以上电话记录号码要及时、准确地做好记录。

为了便于记录和查看,电话记录号码自每日 0 时起至 24 时止,按日循环编号。编号办法具体由铁路局规定。但在同一区间、同一方向一日内不得使用同一号码,以免发生错误。

第 282 条 动车组列车由列车长确认旅客上下完毕后,通知司机关闭车门;列车进站停车时，司机按动车组停车位置标停车，确认列车停稳、对准停车位置后开启车门。按钮不在司机操作台上的，由列车长通知随车机械师关闭车门；列车到站停稳后，由随车机械师开启车门。如自动开关门装置故障或特殊情况需单独开关车门时，由司机通知列车工作人员手动开关车门。

动车组列车在车站出发，动车组列车司机在确认行车凭证和开车时间，车门关闭后，即可起动列车。

动车组以外的其他列车在车站出发，司机确认行车凭证正确，发车条件完备后，直接起动列车；办理客运业务时，车站客运人员确认旅客乘降、上水、行包装卸完毕后，通过无线对讲设备通知司机，司机须得到车站客运人员的报告后，方可起动列车。

动车组列车车门具备集中控制和手动控制两种，有的车型车门集中控制按钮设置在司机操作台上，有的设置在随车机械师乘务室内。因此，规定了统一由列车长确认旅客上下完毕后，对车门集中控制按钮设置在司机操作台上的动车组，列车长应通知司机关闭车门，列车进站停车时，司机按长、短编动车组在规定的停车位置标停车，确认列车停稳、对准停车位置后开启车门；对车门集中控制按钮设置在随车机械师乘务室内的动车组，列车长应通知随车机械师关闭车门，列车到站停稳后，由随车机械师开启车门。如自动开关门装置故障或特殊情况需单独开关车门时，由司机通知列车工作人员手动开关车门。

为确保动车组列车在车站出发时安全和正点，防止出现门未关或开车时间未到就开车的情况发生，所以规定动车组列车司机在确认行车凭证和开车时间，车门关闭后，即可起动列车。

动车组以外的列车在车站发车前，司机必须确认行车凭证正确。正常情况下必须确认出站信号机显示的允许运行的信号；使用调度命令作为行车凭证时，应确认调度命令内容正确。办理客运业务时，还必须得到客运人员关于客运作业完毕的通知后，方可起动列车。

第 287 条 人工办理时，开放信号机的时机在高速铁路《行车组织细则》中规定。出站信号机已开放或行车凭证已交付，如需取消发车进路，列车调度员（车站控制时为车站值班员）应与司机联系，确认列车尚未起动，收回行车凭证后，再取消发车进路。

严格按规定时机开闭信号机，是保证安全正点接发列车的一项重要工作。因此，在高速铁路《行车组织细则》内应明确规定人工办理时信号开放时机。

信号开放后，即锁闭有关进路上的道岔，信号关闭后，有关道岔即解锁。所以信号开放过早，会提前占用咽喉区，影响调车作业及其他工作；开放过晚，会造成列车在信号机外减速或停车，不仅影响正点率，而且威胁安全。因此，信号机开放时机，应是列车正点到达车站或从车站出发前的一个合理时间。

计算进站信号机开放时机时，主要是确定列车运行进站距离所需的时间，如图 287-1 所示。

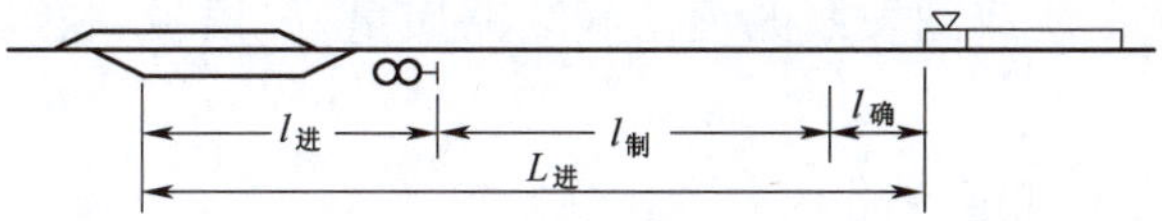

图 287-1 进站信号机开放时机示意图

$l_{确}$——司机确认进站信号机或预告信号机显示时间内所走行的距离(m);

$l_{制}$——该站进站信号机前规定的制动距离(m);

$l_{进}$——进站信号机至接车线末端出站信号机或警冲标的距离(m);

$L_{进}$——列车通过的进站距离(m)。

用分析计算法计算开放进站信号机时机的公式如下:

$$
\begin{aligned}
t_{开} &= t_{到} - t_{进} \\
&= t_{到} - 0.06(l_{确} + l_{制} + l_{进})/v_{进} \\
&= t_{到} - 0.06L_{进}/v_{进}
\end{aligned}
$$

式中 $t_{开}$——列车到达车站前最晚开放进站信号机的时刻;

$t_{到}$——按规定列车到达车站的时刻;

$t_{进}$——列车走完进站距离($L_{进}$)的时间(min);

$v_{进}$——列车走完进站距离的平均速度(km/h);

0.06——将 km/h 转换成 m/min 的系数。

在一般情况下,考虑列车运行可能早到,应附加一定时间,适当提前开放进站信号的时机。

发车时,列车调度员(车站值班员)开放出站信号,应能保证完成包括确认出站信号机的显示等作业所需的时间,使列车由车站按规定时刻出发,这就是开放出站信号机的时机。

遇特殊情况需取消发车进路时,列车调度员(车站控制时为车站值班员)应与司机联系,确认列车尚未起动,待司机明了后,对司机持有行车凭证的应在收回行车凭证后,方可取消发车进路。当出发列车已经起动时,禁止取消发车进路。

第 288 条 接发列车应在正线或到发线上办理,并应遵守下列原则:

1. 旅客列车应接入规定线路。

2. 动车组列车在车站办理客运业务时,须固定股道、固定站台、固定停车位置。动车组列车遇特殊情况需变更办理客运业务的固定股道时,须经调度所值班主任(值班副主任)准许。

3. 通过列车原则上应在正线办理。原规定为通过的旅客列车由正线变更为到发线接车及动车组列车、特快旅客列车遇特殊情况必须变更基本进路时,须经列车调度员准许,并预告司机;如来不及预告时,应使列车在站外停车后,开放信号机,再接入站内。

4. 动车组列车按列控车载设备方式行车时,禁止在未设置列控信息的股道及进路上接发。

为保证安全和正确地接发列车,便于进行列车技术作业,接发列车应在正线或到发线上进行。这是因为正线或到发线的道岔和线路质量好，信号、联锁设备完善，对列车安全地进、出车站有保障。

1. 旅客列车应接入规定线路。

旅客列车在安全和速度方面要求较高。同时，为便于旅客乘降、行包装卸及客车上水等工作，办理客运业务的旅客列车应接入靠近站台的旅客列车到发线。

2. 动车组列车在车站办理客运业务时，须固定股道、固定站台、固定停车位置。动车组列车运行速度及运行等级高，因此对列车运行图公布的动车组列车均须明确固定股道、固定站台、固定停车位置，各站接发办理客运业务动车组列车的固定股道，应在列车运行图文件中一并公布。办理客运业务的动车组列车，应按固定股道办理接发，遇设备故障、自然灾害、列车晚点等不可抗力原因需调整股道时，必须经调度所值班主任（值班副主任）准许，不发布调度命令。

3. 通过列车因运行速度高，应在正线上办理通过。因正线道岔一般处于直向位置，线路条件好，允许通过的速度较高，可以保证司机有良好的瞭望条件，直向通过道岔，能减少轮缘磨耗，保证列车的高速和安全。

4. 原规定为通过的旅客列车由正线变更为到发线接车时，列车要从经道岔直向改为经道岔侧向运行。经道岔直向运行时允许速度高，而经侧向运行时允许速度低，如司机没有思想准备，列车由正线经道岔直向通过改为到发线经道岔侧向接车，可能难以降低到要求的速度，容易超速运行，带来安全隐患。动车组列车、特快旅客列车较其他旅客列车运行速度和等级高，应按基本进路办理，当车站因特殊原因必须变更基本进路时，列车运行进路上的速度要求可能会发生变化，应告知司机提前做好准备。

因此，为保证旅客列车运行安全，原规定为通过的旅客列车由正线变更为到发线停车、通过及动车组列车、特快旅客列车遇特殊情况必须变更基本进路时，必须经列车调度员准许，并预告司机，以便司机做好降低速度的准备。如来不及预告司机时，不得开放进站信号，使列车在站外停车后再开放进站信号，把列车接入站内。

5. 动车组列车按列控车载设备方式行车时，必须要在设置有列控信息的股道及进路上接发，因为当股道及进路上未设置列控信息时，会造成列控车载设备收不到控车信息，从而触发制动，危及动车组运行安全。

第 292 条　进站、接车进路信号机不能使用时，应使用引导信号。引导信号无法使用时，列车调度员应向司机发布调度命令，司机根据调度命令越过该信号机。

引导接车时，列车以不超过 20 km/h（动车组列车为不超过 40 km/h）速度进站，并做好随时停车的准备。

在无联锁的线路上接发列车时，除严格按接发列车手续办理外，并应将进路上无联锁的道岔及邻线上防护道岔加锁。进路上无联锁的分动外锁闭道岔无论对向或顺向，均应对密贴尖轨、斥离尖轨和可动心轨加锁。具体加锁办法，由铁路局规定。

进站、接车进路信号机不能使用，设有引导信号时应开放引导信号接车，当引导信号不能开放或无进站信号机时,车站值班员应报告列车调度员,由列车调度员发布调度命令,司机根据调度命令越过该信号机。引导接车时,列车以不超过 20 km/h(动车组列车为不超过 40 km/h)速度进站,并做好随时停车的准备。

在无联锁的线路上接发列车时,由于无设备保证进路正确及不能锁闭敌对进路,容易发生意外,为了保证列车出入站的安全,进路上无联锁的道岔及邻线上能够进入该进路的无联锁的防护道岔应加锁,进路上有联锁的道岔及邻线上有联锁的防护道岔应在控制台上锁闭,以防意外扳动造成列车进入异线、脱轨或其他机车车辆闯入接车进路发生冲突事故。

为保证高铁接发车的安全,规定在无联锁的情况下,对进路上无联锁的道岔无论顺向、对向,除应确认其开通位置正确外,还须加锁。

对接发列车进路上的分动外锁闭道岔,由于结构不同于普通道岔,可动部分多,锁闭工具、加锁位置也与普通道岔不同,要求在进路上无论对向和顺向,都必须对密贴尖轨、斥离尖轨和可动心轨加锁。具体加锁办法,在《技规》中不作统一规定,由铁路局根据道岔、加锁工具及劳动组织等情况规定。

第 293 条 列车在站内临时停车,待停车原因消除且继续运行时,应按下列规定办理:

1. 司机主动停车时,自行起动列车;

2. 其他列车乘务人员使用紧急制动装置(紧急制动阀)停车时,由随车机械师(车辆乘务员)通知司机开车;

3. 列车调度员(车站值班员)使列车在站内临时停车时,由列车调度员(车站值班员)通知司机开车;

4. 其他原因的临时停车,列车调度员(车站值班员)应组织司机、随车机械师(车辆乘务员)等查明停车原因,在列车具备运行条件后,由列车调度员(车站值班员)通知司机开车。

上述第 1、2、4 项列车停车后,司机应立即报告列车调度员(车站值班员),并说明停车原因。

本条规定了列车在车站临时停车后继续运行时的办法。

1. 司机主动停车:指司机发现危及行车或人身安全的情况等原因主动停车时,等停车原因消除后,由司机自行起动列车,列车调度员(车站值班员)不再通知司机开车。

2. 司机以外的列车乘务人员或其他人员使用紧急制动装置(紧急制动阀)使列车停车,由车辆乘务员(随车机械师)查明情况消除隐患后,通知司机开车,列车调度员(车站值班员)不再通知司机开车。

3. 列车调度员(车站值班员)因设备故障、自然灾害等原因通知司机在站内临时停车的,在停车原因消除后,由列车调度员(车站值班员)通知司机开车。

4. 因其他原因临时停车,由列车调度员(车站值班员)组织司机、随车机械师(车辆乘务员)共同查明原因,恢复运行条件后,由列车调度员(车站值班员)通知司机开车。

上述1、2、4项在临时停车后，司机应立即向列车调度员（车站值班员）报告，并说明停车原因。上述情况车站值班员均应及时报告列车调度员。

第295条 动车组列车按隔离模式由车站（线路所）开往区间时，须按站间组织行车，列车按地面信号显示运行，待该列车到达前方站（线路所）后方可放行后续列车。

动车组列车按隔离模式运行时，完全依靠司机人工控制列车运行，为了确保动车组按隔离模式运行时的安全，因此规定对该列车必须在确认区间空闲后，按站间组织行车，列车运行速度不超过40 km/h，列车按地面信号显示运行（常态灭灯的区段应点灯），待该列车到达前方站（线路所）后方可放行后续列车。按站间组织行车，是指不改变原行车闭塞法，人工控制按站间间隔放行列车。

第296条 列车在区间停车需下车处理时，列车调度员发布邻线列车限速160 km/h及以下的调度命令，限速位置按停车列车位置前后各1 km确定；司机在接到列车调度员已发布相关调度命令的口头指示后，通知有关作业人员办理。需组织旅客疏散时，必须扣停邻线列车；司机在接到列车调度员已扣停邻线列车的口头指示后，通知有关作业人员办理。

列车在区间被迫停车后，司机、车辆乘务员（随车机械师）或其他乘务人员需下车处理时，由于邻线列车运行速度高，为了确保下车人员的人身安全，规定列车调度员应发布邻线列车限速160 km/h及以下的调度命令，限速位置按停车列车位置前后各1 km确定；司机在接到列车调度员已发布相关调度命令的口头指示后，通知有关作业人员办理。需组织旅客疏散时，由于旅客疏散控制难度大，如果邻线再运行列车时，势必危及旅客人身安全，所以必须扣停邻线列车；司机在接到列车调度员已扣停邻线列车的口头指示后，通知有关作业人员办理。

第297条 列车（动车组列车按列控车载设备方式行车时除外）运行限制速度规定见第22表。

第22表 列车运行限制速度表

项　　目	速　　度(km/h)
四显示自动闭塞区段通过显示绿黄色灯光的信号机	在前方第三架信号机前能停车的速度
通过显示黄色灯光的信号机	在次一架信号机前能停车的速度
通过显示一个黄色闪光灯光和一个黄色灯光的信号机	该信号机防护进路上道岔侧向的允许通过速度
通过减速地点标	标明的速度，未标明时为25
推　　进	30
退　　行	15
接入站内尽头线，自进入该线起	30

为了保证列车安全运行，司机在操纵机车时，应注意不使列车超过规定的限制速度。根据信号的显示、机车牵引方式和接车线的特点，分别规定了不同情况下列车运行的限制速度。

1. 根据四显示自动闭塞的灯光排列绿、绿黄、黄及红的顺序，当列车通过显示绿黄灯光的通过信号机时，表述列车运行前方有两个闭塞分区空闲。因此要求列车应以在前方第三架通过信号机前能停车的速度运行。

2. 当列车通过显示黄色灯光的信号机时，由于次一信号机可能在关闭状态，因此，司机应按在次一信号机前能停车的要求掌握列车运行速度。

3. 列车通过一个黄色闪光灯光和一个黄色灯光的信号机时，表示运行前方经过18号及其以上道岔侧向运行，运行速度为该信号机防护进路上道岔侧向的允许通过速度。

4. 当列车通过减速地点标时，应按减速信号牌上标明的速度运行。如减速地点标上未标明速度时，应按不超过25 km/h的速度通过减速地点标。司机应根据牵引的列车长度，由减速地点标开始按限制速度运行，待全列车通过限速地段终点的减速地点标以后，方可加速。

5. 列车推进运行时，因机车在列车后部，车列在前，司机瞭望困难，故规定不得超过30 km/h。

6. 列车退行，其运行方式为向原列车运行方向的反方向运行，并兼有列车推进运行的特点，是列车遇到灾害等情况，被迫采取的运行方式。所以限制速度应比推进运行时更低，不得超过15 km/h。

7. 列车接入站内尽头线时，为防止制动不当，越过线路终端，造成机车、车辆脱轨及建筑物损坏等。所以规定自列车进入该尽头线时起，运行速度不得超过30 km/h。

第298条 动车组列车按隔离模式运行时，运行速度不超过40 km/h。在越过接触网分相有困难的特殊情况下，列车调度员可根据司机请求发布调度命令，列车以不超过80 km/h的速度越过接触网分相。

动车组列车按隔离模式运行时，完全依靠司机人工控制列车运行，为了确保动车组按隔离模式运行时的安全，规定动车组在隔离模式运行时运行速度不超过40 km/h。在困难地段设有接触网分相时，动车组列车以不超过40 km/h的速度运行，可能存在无法越过分相无电区的情况，所以规定在越过接触网分相有困难的特殊情况下，列车调度员可根据司机请求发布调度命令，列车以不超过80 km/h的速度越过接触网分相。

第300条 当未装备LKJ的动车组列车在CTCS-0/1级区段按机车信号模式运行时，列车按地面信号机显示运行，最高运行速度不超过80 km/h。低于80 km/h的限速按调度命令执行，线路允许速度低于80 km/h的区段由司机控制列车运行速度。

未装备列车运行监控装置的动车组在CTCS-0/1级区段按机车信号模式运行时，应严格执行以下要求：

1. 以地面信号机显示为行车凭证，最高运行速度不超过 80 km/h，线路允许速度低于 80 km/h 的区段由司机控制列车运行速度，运行中加强对地面信号瞭望和确认。

2. 遇地面信号机未开放或显示不明时，及时采取停车措施。

3. 运行区段有低于 80 km/h 的运行揭示或临时限速调度命令时，司机应认真确认地面限速标志，人工控制列车运行速度。

第 301 条 动车组列车在 CTCS-2 级区段与 CTCS-0/1 级区段级间自动转换失败时，司机应立即报告列车调度员（车站值班员），并按下述规定办理：

由 CTCS-2 级区段向 CTCS-0/1 级区段运行时，停车后根据调度命令手动转换。

由 CTCS-0/1 级区段向 CTCS-2 级区段运行时，可维持按 LKJ 方式继续运行。

CTCS-2 级区段与 CTCS-0/1 级分界处，设置了级间转换应答器，当应答器故障或动车组自身原因造成在 CTCS-2 级区段与 CTCS-0/1 级区段级间自动转换失败时，司机应立即报告列车调度员或车站值班员，并按下述规定办理：

由 CTCS-2 级区段向 CTCS-0/1 级区段运行时，由于动车组还是在列控车载设备方式控车下，进入 CTCS-0/1 级区段后地面没有控车信息，会触发紧急制动，因此规定司机应停车后根据调度命令手动转换。

由 CTCS-0/1 级区段向 CTCS-2 级区段运行时，当列车进入 CTCS-2 级区段运行时，因为列车仍可按 LKJ 方式运行，因此规定可维持按 LKJ 方式继续运行。

第 302 条 动车组列车在 CTCS-3 级区段与 CTCS-2 级区段级间自动转换失败时，司机应立即报告列车调度员（车站值班员），并按下述规定办理：

由 CTCS-3 级区段向 CTCS-2 级区段运行时，停车后手动转换。

由 CTCS-2 级区段向 CTCS-3 级区段运行时，维持 CTCS-2 级方式继续运行。

CTCS-3 级区段与 CTCS-2 级分界处，设置了级间转换应答器，当应答器故障或动车组自身原因造成在 CTCS-3 级区段与 CTCS-2 级区段级间自动转换失败时，司机应立即报告列车调度员或车站值班员，并按下述规定办理：

由 CTCS-3 级区段向 CTCS-2 级区段运行时，由于动车组还是在 CTCS-3 级列控车载设备方式控车下，是通过无线闭塞中心向动车组传送行车许可，进入 CTCS-2 级区段后不是无线闭塞中心覆盖的范围，动车组列车无法收到行车许可，会触发紧急制动，因此规定司机应停车后手动转换。

由 CTCS-2 级区段向 CTCS-3 级区段运行时，当列车进入 CTCS-3 级区段运行时，因为列车还是按 CTCS-2 级列控车载设备方式控车，能按照司机控制台显示的目标距离、目标速度控制列车运行，因此可维持按 CTCS-2 级继续运行。

第 303 条 高速铁路车站（线路所）向衔接的其他线路车站（线路所）发出列车时，有关行车凭证按高速铁路规定执行；高速铁路衔接的其他线路车站（线路所）向高速铁路车站（线路所）发出列车时，有关行车凭证按其他线路规定执行。

为了统一全路范围内高速铁路车站与衔接的普速铁路及其他铁路车站间的行车凭证,便于车站和司机执行,本条统一明确了有关行车凭证要求。

第 304 条 动车组回送要求:

1. 动车组回送按旅客列车办理,原则上采用自走行方式。无动力回送时可根据回送技术条件加挂回送过渡车,使用客运机车牵引,回送过渡车须挂于机后第一位。8 辆编组的动车组可两列重联回送。未装备 LKJ 的动车组需在 CTCS-0/1 级区段回送时,应采取无动力回送方式。

2. 动车组回送运行时,须安排动车组司机及随车机械师值乘。有动力回送时,非担当区段应指派带道人员。

3. 动车组回送不进行客列检作业。

4. 动车组安装过渡车钩回送时,按规定限速运行,尽可能避免实施紧急制动。发生紧急制动后,本务司机必须通知随车机械师,经随车机械师检查过渡车钩状态良好后方可继续运行。

5. 动车组回送时,相关动车段(所)、造修单位应提出限速、回送方式(有动力、无动力)、可否折角运行等注意事项。

为确保动车组回送运行安全,因此作了如下规定:

1. 动车组回送时接发列车按旅客列车办理,原则上采用自走行方式。无动力回送时,可根据动车组回送技术条件,加挂回送过渡车,并使用客运机车牵引,回送过渡车明确须挂于机后第一位。8 辆编组的动车组可两列重联回送。未装备 LKJ 的动车组需在 CTCS-0/1 级区段回送时,由于动车组没有 LKJ 装备,在 CTCS-0/1 级区段运行只能采取机车信号模式运行,缺少相应的设备安全控制手段,因此规定应采取无动力回送方式。

2. 动车组回送运行时,为了确保及时处置在回送过程中发生的问题,以及满足动车组回送安全的要求,所以须安排动车组司机及随车机械师值乘。有动力回送时,非担当区段应指派带道人员。

3. 动车组均安装自检系统,一旦发生故障后会自动报警,所以规定了回送时不进行客列检作业。

4. 动车组安装过渡车钩回送时,为了防止高速运行中突发紧急制动发生车钩断裂等问题,所以规定了应限速运行,尽可能避免实施紧急制动。发生紧急制动后,本务司机必须通知(或通过动车组司机转告)随车机械师,经随车机械师检查过渡车钩状态良好后方可继续运行。

5. 动车组回送时,由于各种型号的动车组相应的回送技术条件不相同,因此相关动车段、动车运用所、造修单位应向调度所提出相应的回送技术条件,调度所根据提出的限速、回送方式(有动力、无动力)、可否折角运行等注意事项,发布有关调度命令。

限速管理

第305条 需临时限速时，应由有关单位(人员)提出限速申请或由自然灾害及异物侵限监测系统报警提示。列车调度员应按规定发布临时限速调度命令，并设置列控限速(针对某一列车的限速除外)；来不及时，应立即通知司机限速运行，司机按列车调度员通知的限速要求控制列车运行。

列车应按列车运行图规定的线路允许速度和机车车辆构造速度运行，需要临时限速的情形大致有以下几种情况：

1. 固定设备不良，如线路基础、轨道、道岔、桥隧、站台等引起的线路限速，信号通信及接触网供电设备不良、邻线施工作业等引起的限速等。

2. 移动设备不良或达不到规定的技术条件，如机车车辆故障，动车组牵引力或制动力切除、空气弹簧故障、车窗玻璃破损密闭失效等需自身限速运行。

3. 灾害天气、天气不良等情况下，如地震、大风、雨天、冰雪等引起的限速。

4. 如塌方、落石、树木倒伏等影响列车正常运行安全的各种异物侵限引起的限速。

5. 其他情形如列车中特殊车辆、装载货物需要限速，动车组使用过渡车钩无动力回送等需要列车限速运行。

上述第1、3、4种情况需对所有通过该区段的列车限速，第2、5种情况需对该列车限速。

需临时限速时，应由有关单位(人员)提出限速申请或由自然灾害及异物侵限监测系统报警提示。列车调度员接到申请或报警提示后，应立即采取措施使相关列车限速运行，即按规定发布临时限速调度命令并设置列控限速，如来不及发布临时限速调度命令或设置列控限速时，应立即通知司机限速运行，司机按列车调度员通知的限速要求控制列车运行。由于列控限速是通过列控系统对某一范围(区段)内采用列控车载设备(ATP)控制运行的列车实施限速控制，因此前述第2、5种情况和逐级逐列提速等对某一列车的限速不设置列控限速。

第310条 列控限速设置。

1. 列控限速按档分为不同的限速等级，最低为45 km/h。

2. 设置列控限速时，应按照不高于限速值的原则选择相应限速等级进行设置，但低于45 km/h的限速按45 km/h设置。

3. 列控限速的设置和取消按规定流程办理。

列控限速按档分为不同的限速等级。各高速铁路由于建设时间不同，执行的标准有差异，列控限速的档级及设置方式也不相同。区间及站内正线临时限速一般按线路正方向设置，限速值按档设置，最低45 km/h，最长限速区长度为临时限速服务器对应的调度台管界范围。

侧线临时限速以上、下行侧线(不含正线)分别按区设置，临时限速值一般设45 km/h、

80 km/h 两档。

高速铁路一般设有临时限速服务器,每个有源应答器的单向正线临时限速管辖范围内最多允许同时设置 3 处临时限速。侧线限速可按区同时设置。

正线上不得设置区域重叠的限速,出现区域限速重叠时应分段设置。

列控限速的取消命令为立即下达方式。临时限速取消命令须与要取消的临时限速设置命令参数一致,不得对某一限速区进行分段取消或覆盖取消。

列控限速命令应由命令拟定调度台下达、取消和删除。

跨调度台界的临时限速命令需由两侧调度台按管辖分界人工拆分后分别下达。

设置任何列控限速不能影响已存在的临时限速,取消限速命令不能影响其他临时限速。

列控限速的设置和取消,一是要按列控限速命令管理的规定流程办理,二是在 CTC 终端操作时须按系统规定的流程办理。

第 311 条 如调度命令的限速值低于列控车载设备显示的目标速度时,动车组列车司机应按调度命令控制列车运行。遇实际限速与运行揭示调度命令(临时限速调度命令)限速相符,而列控限速归档造成列控限速与运行揭示调度命令(临时限速调度命令)限速不符时,列车调度员不再向动车组列车司机发布临时限速调度命令。

由于列控系统最低档限速值为 45 km/h,对低于 45 km/h 的限速按 45 km/h 设置,此时,调度命令的限速值低于列控车载设备显示的目标速度,动车组列车司机应按调度命令控制列车运行。其他原因(如列车调度员来不及设置或虽已设置但列控车载设备未收到和执行列控限速等)导致的实际调度命令的限速值低于列控车载设备显示的目标速度时,动车组列车司机也应按调度命令的限速值控制列车运行。

由于列控系统有固定的速度等级,实际设置列控限速时按照不高于限速值的原则选择相应限速等级(归档)进行设置,遇实际限速与运行揭示调度命令(临时限速调度命令)限速相符,而列控限速归档造成列控限速与运行揭示调度命令(临时限速调度命令)限速不符时,列车调度员不再向动车组列车司机另行发布临时限速调度命令。

第 312 条 对低于 45 km/h 的限速,装备 LKJ 的动车组列车,限速命令已写入 IC 卡时,动车组列车司机应根据调度命令在限速地段前一站停车改按 LKJ 方式运行,司机按限速调度命令和 LKJ 设置控制列车通过限速地段;未写入 IC 卡时,动车组列车司机应根据限速调度命令人工控制列车通过限速地段。未装备 LKJ 的动车组列车,动车组列车司机应根据限速调度命令人工控制列车通过限速地段。

对于低于 45 km/h 的限速,动车组列车司机按实际限速调度命令的限速值控制列车运行。临时限速已纳入运行揭示命令管理的,已将限速纳入运行揭示和写入 IC 卡。根据设备控制优先的原则,对于装备 LKJ 的动车组列车,列车调度员确认司机已收到运行揭示命令、限速命令已写入 IC 卡后,发布改按 LKJ 方式运行的调度命令,司机在限速地段前一站停车根据调度命令改按 LKJ 方式运行,按限速调度命令和 LKJ 设置控制列车通过限速地段；未装备 LKJ 的动车组列车及虽装备 LKJ 但限速命令未写入 IC 卡的动车组列车，司机应根据限速调度命令人工控制列车限速通过限速地段。

第 313 条 列控限速设置不成功时的处理。

1. 对装备 LKJ 的动车组列车，列控限速设置不成功时，列车调度员应关闭（车站控制时为通知车站值班员关闭）进入该限速地段前一站的出站信号，发布动车组列车改按 LKJ 方式行车的调度命令。司机在该站停车转换为 LKJ 方式，按以下方式运行：

（1）动车组列车司机在出乘前已收到该限速的运行揭示调度命令时，列车调度员与司机核对限速的运行揭示调度命令无误后，方可放行列车，司机按运行揭示调度命令和 LKJ 设置控制列车运行速度，通过限速地段。

（2）动车组列车司机在出乘前未收到该限速的运行揭示调度命令时，列车调度员应向司机发布限速调度命令（最高不超过 40 km/h），核对无误后，方可放行列车。司机按限速调度命令人工控制列车通过限速地段。

2. 对未装备 LKJ 的动车组列车，列控限速设置不成功时，列车调度员应关闭（车站控制时为通知车站值班员关闭）进入该限速地段前一站的出站信号，向司机发布限速调度命令（最高不超过 40 km/h），核对无误后，方可放行列车。司机按限速调度命令人工控制列车通过限速地段。

为确保动车组列车不超速进入限速地段，列控限速应在动车组列车进入该限速地段前一站前设置完成。

列车调度员设置列控限速不成功时，列控车载设备不会收到和执行限速，存在动车组列车超速的隐患，必须采取如下措施确保动车组列车运行安全：

1. 对装备 LKJ 的动车组列车，列车调度员应关闭（车站控制时为通知车站值班员关闭）进入该限速地段前一站的出站信号，使列车在该站停车，发布动车组列车改按 LKJ 方式行车的调度命令。司机在该站停车后转换为 LKJ 方式运行：

（1）动车组列车司机在出乘前已收到该限速的运行揭示调度命令（限速命令已写入 IC 卡）时，列车调度员应与司机核对运行揭示调度命令无误后，方可放行列车，司机按运行揭示调度命令和 LKJ 设置控制列车运行速度，通过限速地段。

（2）动车组列车司机在出乘前未收到该限速的运行揭示调度命令（限速命令未写入 IC 卡）时，为确保列车运行安全，列车调度员向动车组司机发布在该限速地段最高不超过 40 km/h 的限速调度命令，核对无误后，方可放行列车。司机按该限速调度命令人工控制列车通过限速地段。

2. 对未装备 LKJ 的动车组列车，列车调度员应关闭（车站控制时为通知车站值班员关闭）进入该限速地段前一站的出站信号，使列车在该站停车。为确保列车运行安全，列车调度员向动车组司机发布在该限速地段最高不超过 40 km/h 的限速调度命令，核对无误后，方可放行列车。司机按限速调度命令人工控制列车通过限速地段。

本条要求区别于第 305 条“如来不及发布临时限速调度命令或设置列控限速时，应立即通知司机限速运行,司机按列车调度员通知的限速要求控制列车运行"的情形:两条虽然都是由司机人工控制列车限速运行,但本条中的"列车调度员应向司机发布最高不超过 40 km/h 的限速调度命令"是在"列控限速设置不成功"的故障情况下,抛开原限速值,对动车组列车采取的进一步安全速度,必须不超过 40 km/h 并且不高于原限速值,而第 305 条是"来不及发布临时限速调度命令或设置列控限速",规定"列车调度员应立即通知司机限速运行,司机按列车调度员通知的限速要求控制列车运行",其中"通知司机限速运行"的限速值是实际限速值。

调 车 工 作

第 314 条 一般要求。

1. 车站、动车段(所)的调车工作,应按列车运行图、车站或动车段(所)的技术作业过程及调车作业计划进行。参加调车作业有关人员应做到:

(1)及时办理动车组出入段(所)、转线及车底取送等作业,保证按列车运行图的规定时刻发车,不影响接车;

(2)充分运用一切技术设备,采用先进工作方法,用最少的时间完成调车任务;

(3)认真执行作业标准,保证调车有关人员的人身安全及行车安全。

2. 调车作业时,应使用机车综合无线通信设备、调度台(车站)FAS 终端或注册的 GSM-R 手持终端进行联系。

使用机车进行调车作业时,应使用无线调车灯显设备(机车摘挂、转线等不进行车辆摘挂的作业除外),并使用规定频率,其显示方式须符合有关要求。无线调车灯显设备应与列车运行监控装置配合使用,无线调车灯显设备的使用、维修及管理办法由铁路局规定。

无线调车灯显设备正常使用时停用手信号,对灯显以外的作业指令采用通话方式;无线调车灯显设备发生故障时,改用手信号作业。

3. 动车段(所)设动车组地勤司机,负责动车组在动车段(所)内调车、试运行等调移动车组的作业。

4. 禁止溜放调车、手推调车和跟踪出站调车作业。

5. 在作业中,调车作业人员须停车上下。

6. 调车作业必须连结全部软管。摘车时,必须停妥,按规定采取好防溜措施,方可摘开车钩;挂车时,没有连挂妥当,不得撤除防溜措施。

7. 调车作业要准确掌握速度及安全距离,并遵守下列规定:

(1)在空线上牵引运行时,不准超过 40 km/h;推进运行时,不准超过 30 km/h;动车组后端操作时,不准超过 15 km/h。

(2)调动乘坐旅客车辆时,不准超过 15 km/h。

(3)接近被连挂的车辆时,不准超过 5 km/h。

(4)在尽头线上调车时,距线路终端应有 10 m 的安全距离;遇特殊情况,必须近于

10 m 时，要严格控制速度。

(5)电力机车、动车组在有接触网终点的线路上调车时，应控制速度，距接触网终点标应有 10 m 的安全距离；遇特殊情况，必须近于 10 m 时，要严格控制速度。

(6)旅客未上下车完毕，除本务机车、补机摘挂作业外，不得进行旅客列车(车底)的连挂作业。

(7)遇天气不良等非正常情况，应适当降低速度。

8. 调车信号机故障不能开放时，进路准备人员应将相关道岔操纵至所需位置并单独锁闭，在调车进路准备妥当后通知调车指挥人(司机)准许越过故障的调车信号机。

调车工作是铁路运输生产过程中的基本环节，是车站、动车段(所)工作的主要内容之一，高速铁路调车工作主要包括动车组的转线、重联或解编作业，旅客列车车底取送、转线、编组、解体、摘挂作业，以及施工路用列车(机车、自轮运转特种设备及其他施工路用列车)的转线、编组、解体、摘挂等作业。调车工作对及时办理动车组出入段(所)、转线及旅客列车车底取送等作业，按需要调动机车车辆，完成列车技术检查、整备作业，保证按运行图行车、安全正点发车，全面提高服务质量，完成铁路运输的数量与质量指标任务，都有着十分重要的意义。

1. 车站、动车段(所)技术作业过程，是在现有技术设备和一定的行车组织方式条件下，有效地利用各项技术设备，合理安排作业，组织均衡生产，在参加运输工作的各部门密切协同动作的基础上制定的技术作业标准。调车作业计划规定了每批作业的具体任务、内容、方法、顺序、完成时间及注意事项等，是调车作业的依据和具体行动计划。因此，车站、动车段(所)的调车工作必须按车站技术作业过程和调车作业计划进行，并实现以下要求：

(1)及时办理动车组出入段(所)、转线等作业，保证动车组按列车运行图的规定时刻发车，不影响接车。首先明确了接发车与调车的关系，即调车作业要保证发车、不影响接车。必须及时按规定的时间标准完成动车组出入段(所)、转线任务，保证列车按运行图规定的时刻正点发车。因此，车站、动车段(所)组织动车组出入段(所)、转线的顺序及完成时间，应按列车运行图规定的各次列车发车时刻去安排。正确编制动车组出段(所)、转线计划，发车前，按运行图规定及时将动车组调入到发线待发。列车终到后，及时组织进行动车组入段(所)、转线和检修作业，这样既可减少占用到发线时间，又可保证正常接发其他列车。这些作业都必须保证按列车运行图的规定时刻发车，不影响接车。

(2)及时取送旅客列车车底，保证车辆技术检查和客运整备作业所需时间，使旅客列车车底及时出入库，保证旅客列车安全正点始发。旅客列车始发量较大的车站，应从保证旅客列车正点始发的原则出发，加强联系，做到车辆检修、取送车底与出入库兼顾。检修车辆按需要应实行定点、定时取送，以保证客车检修作业的正常进行。

(3)调车工作应充分运用一切技术设备，采用先进工作方法，提高作业效率。一方面要发挥调车人员的积极性，各工种间密切配合、协同动作，不断提高劳动生产率；另一方面要经济合理地运用一切技术设备，采用先进工作方法，周密计划，合理安排，做到及时转线、快取、快送,尽可能组织平行作业,充分挖掘设备潜力,压缩各种非生产时间,提高调车效率,最大限度地发挥技术设备的效能。这是对调车工作的一项基本要求,也是衡量车站行车组织工作水平的一个重要标志。

(4)认真执行作业标准,保证调车有关人员的人身安全及行车安全。调车工作是在动态中进行的,作业组织复杂,多工种联合动作,时常面对恶劣的天气,多变的环境,影响因素诸多,多年来调车事故在行车事故中所占比重最大,所以在调车工作中,必须认真执行规章制度,落实作业标准,遵章守纪,防止一切可能发生的事故,保证调车有关人员的人身安全及行车安全。

2. 调车作业过程中,有关作业人员如列车调度员、司机、随车机械师、车站值班员及其他调车人员等之间的通信联系非常紧密、非常重要,也非常频繁。在通信工具上,高速铁路比普速铁路要先进和丰富许多,如使用机车综合无线通信设备、调度台(车站)FAS终端或注册的GSM-R手持终端进行联系。有列车无线调度通信设备(450 MHz)、无线对讲机或使用无线调车灯显设备作业的车站,也可使用列车无线调度通信设备(450 MHz)、无线对讲机或无线调车灯显设备进行相关联系。

(1)“使用机车进行调车作业时,应使用无线调车灯显设备”,对于以机车为动力的调车作业,应采用无线调车灯显设备进行调车作业指令无线传输和通话联系,不使用灯旗手信号指挥,提高调车效率,消除确认信号困难、联系不彻底等安全隐患。

无线调车灯显设备适用于高速铁路的调车作业,但考虑动车组列车是固定编组,日常调车作业基本限于转线或两列动车组重联、分解作业,而且是自走行作业,一般不设调车指挥人和调车人员。自轮运转特种设备主要担当施工、维修及相关配合作业,进行少量的转线和自身编组的施工、路用车辆的摘挂作业,作业简单,一般是自配或雇佣调车人员担当调车工作。因此,动车组和自轮运转特种设备调车作业不需使用无线调车灯显设备,其自身也未配备无线调车灯显设备控制器。本条规定使用机车进行调车作业时应采用无线调车灯显设备。

(2)“机车摘挂、转线等不进行车辆摘挂的作业除外”。考虑这几类具体调车作业的性质和实际,作业过程简单,没有调车指挥人和调车人员参与,若使用无线调车灯显设备反而需增加设备和作业环节。对于此类不使用无线调车灯显设备即可安全、高效的完成调车任务的情形,不要求采用无线调车灯显设备。

(3)“无线调车灯显设备应与列车运行监控装置(LKJ)配合使用”。随着科技进步,新设备的不断采取,列车运行监控装置实现了对列车运行的监控与记录,要求无线调车灯显设备与列车运行监控装置配合使用,充分体现了科技保安全、设备保安全的理念。

在无线调车灯显设备未与列车运行监控装置配合使用的情况下,在调车作业过程中,由于调车组人员或机车乘务组人员不执行作业标准或无线调车灯显设备发生故障时,列车运行监控装置不能发挥控制调车车列的作用,难以有效防止调车作业事故或问题的发生。为充分发挥设备安全控制作用,所以规定无线调车灯显设备应与列车运行监控装置(LKJ)配合使用。无线调车灯显设备与列车运行监控装置配合使用,就是将无线调车灯显设备的机控器与列车运行监控装置相连，使列车运行监控装置接收无线调车灯显设备发出的指令，并按指令的要求限制调车速度，对调车作业情况进行监控，必要时停车，在调车作业中能够有效地防止调车超速连挂、调车冲突等事故。

无线调车灯显设备的机控器与列车运行监控装置的连接：担任固定调车作业的机车，无线调车灯显设备的机控器应与列车运行监控装置固定连接；由本务机车、小运转机车(含调度机车)担当调车作业时可使用便携式无线调车灯显设备机控器，作业开始前无线调车灯显设备的机控器临时与运行监控装置连接，作业完了由调车人员取回。

(4)“无线调车灯显设备的使用、维修及管理办法由铁路局规定”，要求各铁路局制定无线调车灯显设备的使用、维修、管理办法，保证相关设备的正常使用。

(5)“无线调车灯显设备正常使用时停用手信号，对灯显以外的作业指令采用通话方式；无线调车灯显设备发生故障时，改用手信号作业”。为了避免灯显和手信号同时使用，增加调车作业环节和作业人员负担，形成“双指令”，也给司机带来识别困难，明确规定无线调车灯显设备正常时，调车作业人员应停用手信号，使用该设备指挥调车作业。考虑到目前灯显设备存在部分作业指令和作业联系等无法显示的情况，为了保证作业安全，对此种情况可采用通话方式代替。无线调车灯显设备发生故障时，应暂时停止作业，更换备用灯显设备后再继续作业。考虑一批或一钩作业过程中，难以中途更换备用灯显设备，以及没有良好的备用灯显设备等情形，可恢复手信号作业，完成作业任务。如调车组人员间电台通话功能良好时，作业中仍可使用电台相互联系，但调车长须改用手信号方式指挥司机。

3. 动车组在动车段(所)内有大量转线和出入洗刷、检修线及重联、解编作业，为此，在动车段(所)设动车组地勤司机，专职负责动车组在动车段(所)内调车、试运行等调移动车组的作业。

4. 高速铁路坡度大，且多为动车组列车运行和动车组调车作业，站场条件有限、列车运行速度高、安全标准和要求高，为确保安全，规定高速铁路禁止溜放调车、手推调车和跟踪出站调车作业，调车作业人员须停车上下。

5. 铁路机车车辆绝大多数为滚动轴承车辆，基本阻力小，因此在调车作业时需采取安全措施。在线路上停留时，在重力及风力、振动和冲撞等其他外力作用下，静止的铁路机车车辆有可能溜走，运行中的机车车辆，在势能和运动惯性的作用下，将加快走行速度，而高速铁路坡度普遍较大、运行的是高速动车组列车和旅客列车，安全极其重要。因此高速铁路调车作业必须连结全部软管，以保证按要求减速或停车；必须按规定对停留车采取防溜措施：需要摘下车辆时，必须停妥，没有按规定采取好防溜措施，不得摘开机车，防止因坡道、震动等造成车辆溜逸；连挂车辆时，要先检查防溜措施后再连挂，挂好后再撤除防溜措施，防止因先撤除防溜措施或防溜措施不起作用，在机车连挂过程中因坡道或机车车辆的撞击等造成车辆溜逸。但影响摘挂车的防溜器具，在其他防溜措施作用良好或有人看护并采取好防范措施的情况下，在摘挂车前可先行撤下。

防溜器具是指人力制动机、人力制动机紧固器、防溜铁鞋、止轮器等。

6. 调车作业的最高速度是根据调车作业的特点和安全需要规定的,要求参加调车作业的人员必须认真遵守。

(1)调车作业时,牵出和推进作业交替进行,因此规定在空线上牵引运行时,不得超过 40 km/h。推进运行时,又因车列在前,司机不便于瞭望前方的进路和信号,只依靠车列前端负责瞭望的调车人员向调车指挥人显示信号或发出指令,再由调车指挥人显示减速或停车信号(指令),而中转信号、通信联系等需要时间,一旦发生险情,司机制动的时机将要延迟,容易造成事故,所以从调车速度上加以限制,规定为不得超过 30 km/h。动车组调车作业后端操作时,情形相当于机车推进运行,规定为不准超过 15 km/h。

(2)为了保证旅客的安全和舒适,提高服务质量,规定调动乘坐旅客车辆时,不准超过 15 km/h。

(3)连挂车辆时,为了避免损坏机车车辆,保证所装载的货物不至于发生窜动、倒塌和损坏,必须严格控制速度。根据机车车辆构造和作业安全需要,我国铁路规定接近连挂车辆时,不准超过 5 km/h。

(4)尽头线的终端不是车挡就是尽头站台,一旦掌握速度不当,可能造成前端车辆冲上车挡或与尽头站台发生冲突,所以规定距尽头线的终端要留出 10 m 的安全距离。特殊情况,必须进入 10 m 安全距离以内时,调车长要通知司机严格控制速度,保证安全。

(5)在电气化铁路的部分线路上,根据技术条件和作业需要并未完全挂网,为了区分有电区与无电区,接触网的终点均挂有终点标。为了防止担当调车作业的电力机车或动车组越过终点标进入无电区,造成刮弓、塌网或将高压电带入无电区造成损害等事故,电力机车或动车组在该线路上调车时,调车人员与司机应严格控制速度,距接触网终点标应有 10 m 的安全距离。遇特殊情况,必须近于 10 m 时,要严格控制速度。

(6)为防止调车作业中连挂冲撞、超速连挂等影响旅客上下车平稳、安全,提高服务质量和安全要求,规定在旅客上下车期间,除本务机车、补机摘挂作业外,不得同时进行旅客列车(车底)的连挂作业。

(7)天气不良是不利于调车作业的客观因素,对调车的影响程度很难预先确定,因此可根据气候情况适当降低速度。调车作业中还会遇到很多不正常情况,例如邻线施工或发生事故,人员和机具可能侵入本线限界等,此时,亦可依情况适当降低速度。

7. 调车信号机故障不能开放时,调车指挥人(司机)无法从设备上确认进路和取得允许运行的信号,考虑调车作业是按计划进行,作业大多是在车站、动车段(所)的咽喉和线路间进行,故障发生后不宜长时间停留、等待,影响咽喉能力和调车任务,因此,允许进路准备人员通过 CTC 终端(非常站控时为集中联锁设备)将相关道岔操纵至所需位置并实施单独锁闭,确认调车进路准备妥当后通知调车指挥人(司机)准许越过故障的调车信号机,调车指挥人指挥司机或司机接到通知后越过故障的调车信号机,继续进行作业。

第 317 条 动车组调车作业。

1. 动车组进行调车作业时,原则上采用自走行方式,凭地面信号机的显示运行。

2. 动车组禁止连挂其他机车车辆(救援机车、附挂回送过渡车以及动车组无动力调车时的调车机车、公铁两用牵引车除外)调车。

3. 动车组调车作业时,司机应在运行方向的前端操作,前方进路的确认由司机负责。在不得已情况下必须在后端操作时,应指派随车机械师或其他胜任人员站在动车组运行方向的前端指挥,发现危及行车或人身安全时,应立即使用紧急停车按钮(紧急制动装置)或通知司机停车。

1. 动车组自带动力,基于安全、构造特点、作业方式等原因,一般情况下动车组进行调车作业应采用自走行方式(故障救援、非电化区段调车等必要时才采用动车组无动力调车方式)。司机根据调车作业计划和凭地面信号机的显示进行作业。

2. 动车组是固定编组、单独运用,一般情况下不具备与其他机车车辆连挂的条件,连挂时需使用过渡车钩。为减少使用过渡车钩影响作业效率,防止作业过程中机车车辆的碰撞、冲击对动车组造成损伤,动车组禁止连挂其他机车车辆调车。但是动车组故障时连挂救援机车,动车组连挂回送过渡车以及动车组无动力调车时的调车机、公铁两用牵引车,是特殊情况下的必要方式,不在此禁止之列。

3. 动车组自走行调车作业时,司机应在动车组运行方向的前端操作,前方进路的确认由动车组司机负责。在不得已情况下必须在后端操作时,应指派随车机械师或其他胜任人员站在动车组运行方向的前端指挥,发现危及行车或人身安全时,应立即使用紧急停车按钮(紧急制动装置)使动车组停车或通知司机停车。

动车组调车作业司机在后端操作时,司机无法瞭望前方的进路和信号,只依靠前端负责瞭望的随车机械师或其他胜任人员指挥,而个人反应、通信联系等需要时间,一旦发生险情,司机制动的时机有可能延迟,容易造成事故,所以从调车速度上加以限制,速度不得超过 15 km/h。

第 319 条 在正线、到发线上的作业。

1. 在正线、到发线上调车时,须经过列车调度员(车站控制时为车站值班员)准许。

2. 接发列车时,应按高速铁路《行车组织细则》规定的时间,停止影响列车进路的调车作业和对列车运行安全有影响的其他作业。

3. 接发旅客列车时,与接发列车进路没有隔开设备或脱轨器的线路,不准向能进入接发列车进路的方向调车。本务机车在停留线路内摘挂除外。

4. 同一股道只允许一端调车作业,禁止两端同时向同一股道排列调车进路。

5. 调车作业中,应执行钩钩联系制度:每钩作业前,司机(调车指挥人)应主动向列车调度员(车站负责办理调车进路时为车站值班员或车务应急值守人员)请求进路;进路准备妥当后,列车调度员(车站值班员或车务应急值守人员)方可通知司机(调车指挥人)。

6. 越出站界调车。

(1)越出站界调车时,必须区间(自动闭塞区间正方向为第一个闭塞分区)空闲,单线区间闭塞系统必须在发车位置;由列车调度员发布准许越出站界调车的调度命令后,方可进行。

(2)越出站界调车期间,相邻站(线路所)禁止向该区间放行列车。越出站界调车作业完毕,司机或调车指挥人应报告列车调度员(车站负责办理调车进路时为车站值班员或车务应急值守人员)。车站值班员、车务应急值守人员应及时报告列车调度员,列车调度员通知两端站(线路所)后方可组织行车。

(3)需在未设调车信号机的线路上调车作业时,根据需要可按越出站界调车作业办理,办理列车进路(进、出站信号机常态为灭灯时,应点灯),由列车调度员发布准许越出站界调车的调度命令,司机根据调度命令和进、出站信号机的显示进行调车作业。

1. 车站的正线、到发线主要办理列车接发、通过、会让作业。在正线、到发线上调车时,须经过列车调度员(车站控制时为车站值班员)的准许。列车调度员(车站控制时为车站值班员)负责掌握正线、到发线的使用,了解列车运行情况,对保证不间断地接发列车负有直接责任。因此,占用或影响正线、到发线的调车,必须经过列车调度员(车站控制时为车站值班员)的准许。

2. 在接发列车时,列车调度员(车站控制时为车站值班员)应掌握调车作业的实际情况,并应按高速铁路《行车组织细则》规定的时间,确认影响列车进路的调车作业和对列车运行安全有影响的其他作业已停止,再排列接发车进路,开放信号。

列车进路系指:

(1)接车进路,是指由进站信号机起至接车线末端计算该线有效长的警冲标或出站信号机(若有延续进路,为至延续进路末端)止的一段线路。

(2)发车进路,是指由列车前端起至相对进站信号机或站界标止的一段线路。

(3)通过进路,为该列车通过线路两端进站信号机或站界标间的一段线路。

占用或穿越上述列车进路直接影响接发列车作业,称为影响列车进路的调车作业。

影响列车进路的调车作业,应在高速铁路《行车组织细则》规定的时间前停止,严禁抢钩作业。

3. 在接发旅客列车时,除应遵守正线、到发线及影响列车进路的调车作业相关规定外,为防止调车作业中的机车车辆溜逸、冒进信号闯入接发车进路,与正在进出站的旅客列车发生冲突,规定在接发旅客列车时,与接发列车进路没有隔开设备或脱轨器的线路,不准向能进入接发列车进路的方向调车。

接发旅客列车时,与接发列车进路没有隔开设备或脱轨器的线路,本务机车在停留线路内摘挂作业,由于机车移动范围小,为了尽可能地压缩非生产等待时间,提高效率,允许与接发旅客列车同时进行,但须严格控制速度,只能在本线路内进行。

4. 由于在高速铁路区段,调车作业大多在正线或到发线进行,且许多车站线路地面不设调车信号机,使用列车信号进行调车作业。为确保调车作业安全,同一股道只允许一端调车作业,禁止两端同时向同一股道排列调车进路。

5. 调车作业中,应执行钩钩联系制度:每钩作业前,司机(调车指挥人)应主动向列车调度员(车站负责办理调车进路时为车站值班员或车务应急值守人员)请求进路;进路准备妥当后，列车调度员（车站值班员或车务应急值守人员）方可通知司机（调车指挥人）。

6. 越出站界调车。

越出站界调车是受车站调车设备限制，越过进站信号机或站界标进入区间调车的一种方法。由于是进入区间，不同一般的站内调车作业，为了保证列车运行和调车作业的安全，作出相应规定。

（1）必须在区间（自动闭塞区间正方向为第一个闭塞分区）空闲。

（2）越出站界调车时须由列车调度员向司机发布准许越出站界调车的调度命令，同时发给关系区间两端站（线路所）（列车调度员负责办理调车进路的除外），相邻站（线路所）禁止向该区间放行列车；反方向越出站界调车时，不需要停止基本闭塞法。

（3）需在未设调车信号机的线路上调车作业时，根据需要可按越出站界调车作业办理，办理列车进路。

第321条 机车车辆防溜。

1. 动车组防溜。

（1）动车组无动力停留时，有停放制动装置的动车组，由司机负责将动车组处于停放制动状态；动车组无停放制动装置或在坡度为20‰以上的区间无动力停留时，由司机通知随车机械师进行防溜，防溜时应使用止轮器牢靠固定。

（2）重联动车组在设置止轮器防溜时，仅设置前列。

（3）如需在同一股道内停留两列不重联的动车组时，两列动车组间应间隔不小于20 m的安全防护距离（动车段、动车所内的股道除外），并分别做好防溜。

（4）动车段（所）内动车组防溜办法由铁路局规定。

2. 车辆防溜。

（1）车辆在车站停留时，应连挂在一起，拧紧两端车辆的人力制动机，并以铁鞋牢靠固定。特殊情况下分组停放时，应分别采取防溜措施。

（2）一批作业中临时停留的车辆，须拧紧两端车辆的人力制动机或以铁鞋止轮。

（3）调车作业实行"谁作业、谁防溜（撤除）"的原则，防溜措施的设置和撤除由调车人员（机车及自轮运转特种设备为司机，其他无调车人员的为设备使用单位人员）负责。

3. 机车及自轮运转特种设备在车站停留时，由司机负责将其保持制动（防溜）状态，并按规定采取止轮措施。

4. 施工路用车辆及自轮运转特种设备需在车站停留时，使用单位应派人负责看守。其他车辆在车站到发线停留时，由车站人员（车务应急值守人员或其他胜任人员）对其防溜措施进行检查、确认。

本条规定了机车车辆在车站及动车段（所）停留时的防溜办法。

我国动车组及其他铁路机车车辆绝大多数为滚动轴承，基本阻力小，在线路上停留时，在重力及风力、振动和冲撞等其他外力作用下，静止的动车组及其他机车车辆有可能溜走,必须采取有效的防溜措施。高速铁路车站基本上都是正线、到发线,即使有其他线路如存车线等,也基本上与正线、到发线相衔接。高速铁路列车运行速度高,且大多运行动车组列车,一旦发生机车车辆溜逸,将造成十分严重的后果,所以机车车辆防溜工作至关重要。

1. 动车组防溜。

动车组为固定编组,调车作业大多是自走行作业,除使用机车调车作业外不需要车站人员参与,而且动车组大多带有停放制动装置,可保证动车组无动力停留安全。特殊情况下人工防溜时也需使用动车组自配的专用止轮器。为减少作业环节、消除结合部隐患,统一动车组防溜办法,动车组防溜优先使用停放制动装置,动车组无停放制动装置或在坡度为20‰以上的区间无动力停留时由动车组随车机械师使用止轮器进行防溜。

(1)动车组无动力停留时,有停放制动装置的动车组,由司机负责将动车组处于停放制动状态;动车组无停放制动装置或在坡度为20‰以上的区间无动力停留时,由司机通知随车机械师进行防溜,防溜时应使用止轮器牢靠固定。

(2)重联动车组在设置止轮器防溜时,考虑单列防溜能确保防溜效果,为减少作业环节和作业强度,仅在前列设置止轮器防溜。

(3)如需在同一股道内停留两列不重联的动车组时,两列动车组的间隔应不小于20 m的安全防护距离(动车段、动车所内的股道除外),并分别进行防溜。

(4)由于动车段(所)设备及管理模式不尽相同,动车组在动车段(所)停留时的防溜办法,由铁路局规定。

2. 车辆防溜。本款规定了车辆在车站(含动车段、动车所)停留时的防溜办法。

(1)在车站、动车段(所)停留车辆,无论是停在到发线、存车线还是其他线路上,也无论停留的线路是否有坡道,均应连挂在一起,拧紧两端车辆的人力制动机,并以铁鞋牢靠固定。特殊情况下不能连挂在一起时,应分组做好防溜措施。在分组采取防溜措施时,除两端车组外侧须至少采取二道防溜措施外,其余车组和两端车组内侧可采取一道防溜措施。

由于高速铁路均为电气化区段,部分车辆不能采用人力制动机防溜时,应使用人力制动机紧固器防溜。

人力制动机故障的车辆或车组不能按规定采取防溜措施时,应与人力制动机作用良好的车辆连挂在一起,禁止单独停留。

遇车组最外方车辆人力制动机故障时,可顺延使用下一车辆人力制动机,两端车组外侧仍须采取铁鞋防溜措施。

(2)为提高调车作业效率,同时也为了保证调车作业的安全,一批作业中临时停留的车辆,须拧紧两端车辆的人力制动机或以铁鞋止轮。

(3)各类车辆的防溜措施,均须确认止轮牢固可靠。使用人力制动机或人力制动机紧固器防溜时,须拧紧人力制动机或人力制动机紧固器;使用铁鞋、止轮器防溜时,鞋尖(止轮器)应紧贴车轮踏面,牢靠固定。

(4)为消除结合部隐患、减少作业环节，切实落实防溜责任，调车作业实行“谁作业、谁防溜(撤除)”的原则，防溜措施的设置和撤除由调车人员(机车及自轮运转特种设备为司机，其他无调车人员的为设备使用单位人员)负责。

3. 机车及自轮运转特种设备在车站停留时，由司机负责将其保持制动(防溜)状态，并按规定采取止轮措施。

4. 为确保高速铁路列车运行安全，施工路用车辆及自轮运转特种设备需在车站停留时，除按规定采取防溜措施外，使用单位还应派人负责看守，对其防溜措施进行检查、确认。其他车辆在车站到发线停留时，由车站人员(车务应急值守人员或其他胜任人员)对其防溜措施进行检查、确认。

施工维修

第 329 条 仅运行动车组列车的区间正线不设置移动减速信号防护。在其余区间正线上，使用带“T”字和“减速”字的移动减速信号的防护办法如下：

(1)单线区间施工，设立位置如第 14 图。

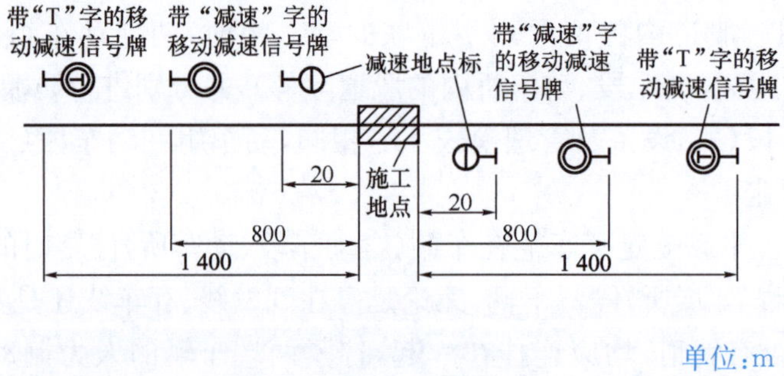

第 14 图

(2)双线区间在一条线上施工，设立位置如第 15 图。

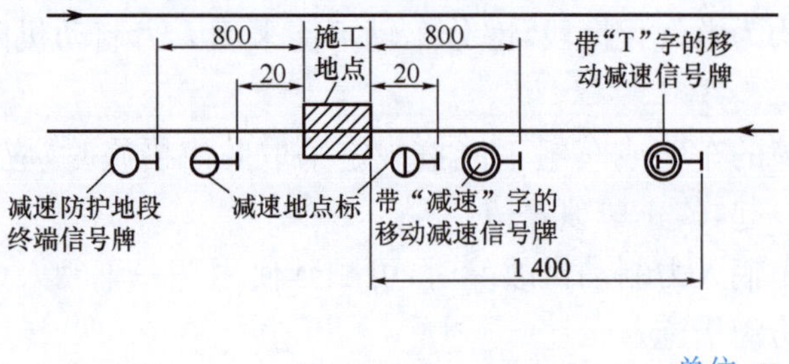

第 15 图

(3)双线区间两条线路同时施工，设立位置如第 16 图。

(4)施工地点距离进站信号机(或反方向进站信号机)小于 800 m 时，设立位置如第 17图。

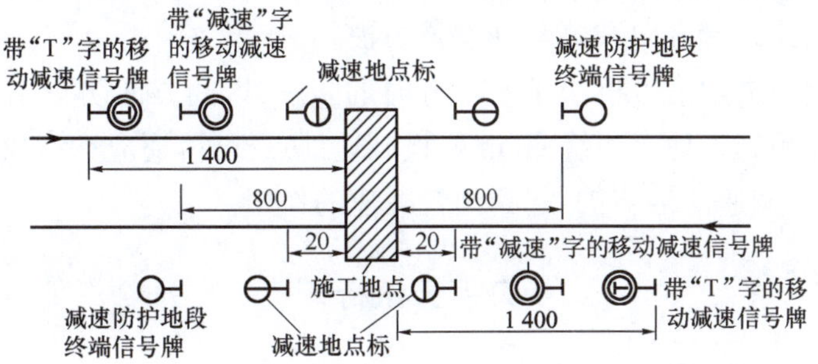

单位:m

第 16 图

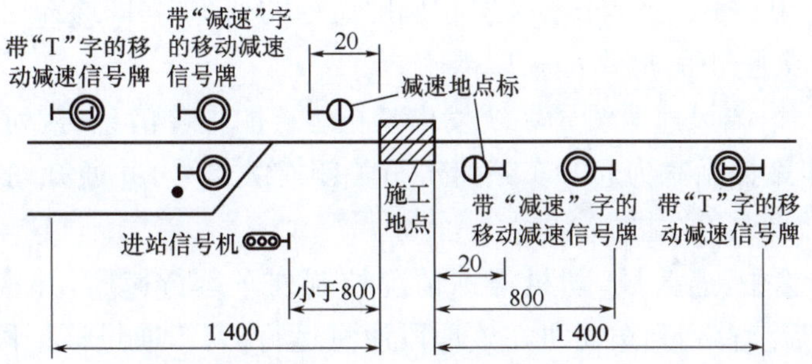

单位:m

第 17 图

注:1. 当站内正线警冲标距离施工地点小于 800 m 时,按 800 m 设置移动减速信号牌;
2. 当站内正线警冲标距离施工地点大于或等于 1 400 m 时,不设置带"T"字的移动减速信号牌。

在区间线路上施工后,常常需要列车减速通过施工地段,这是保证列车运行安全的重要措施。

仅运行动车组列车的区段,在 ATP 控车方式下,列车运行以车载信号为主,并实现了自动控制,因此地面防护信号可予取消,不设置移动减速信号防护(下同)。

在其余线路上,列车运行仍以地面信号为主,故本线地面防护信号需保留。为避免阶梯提速施工频繁更换标注慢行速度的移动减速信号牌对运输秩序的干扰,本规程高速铁路部分采用带"减速"字的移动减速信号防护,机车乘务员看到此信号时,应按运行揭示或调度命令的要求减低速度,保证行车安全。使用带"T"字和"减速"字的移动减速信号的防护办法如下:

(1)单线区间施工的防护:自施工地段边缘两端各 20 m 处,设减速地点标,800 m 处设移动减速信号,1 400 m 处增设带"T"字的移动减速信号牌,均设在来车方向线路左侧。(下同)

(2)双线区间在一条线上施工的防护:施工线路上的防护与单线施工防护距离相同,只是按列车运行方向的左侧设减速防护地段终端信号牌。

(3)双线区间两条线路同时施工的防护:与双线区间一线施工时施工线路上的防护相同,只是按各该线运行方向左侧分别设置防护。

(4)施工地点距进站信号机小于800 m时的防护:区间方向防护与单线区间防护相同,对车站方向除距施工地点边缘20 m处设减速地点标外,还应在有关发车线警冲标处和线路左侧设移动减速信号防护,起到预告减速的作用。

灾害天气行车

第342条 接到自然灾害及异物侵限监测系统风速监测子系统大风报警信息时的处置。

1. 遇风速监测子系统提示大风报警信息时,列车调度员根据报警提示向相关列车发布限速运行的调度命令。对来不及发布调度命令的列车,立即通知司机限速运行。司机接到调度命令或通知后,应立即采取措施。

2. 遇大风天气,当风速监测子系统发出禁止运行的报警信息时,列车调度员应及时关闭有关信号(车站控制时为通知车站值班员关闭有关信号)并通知司机停车。司机接到通知后,应立即采取停车措施。

3. 列车运行途中,遇大风,司机根据情况控制列车运行速度,并报告列车调度员。列车调度员通知后续首列列车司机在该地段注意运行;列车通过该地段后,司机应及时向列车调度员报告。

4. 遇大风天气,列车调度员按风速监测子系统报警提示发布限速调度命令,遇风速不稳或同一地段多处风速报警时,列车调度员可合并设置,按最低限速值发布限速调度命令。

5. 风速监测子系统限速报警解除后,列车调度员应及时取消前发限速调度命令,恢复正常行车。

高速运行的列车,在大风特别是侧向风环境中,运行稳定性降低,车体侧向偏移量加大不利于行车安全,必须根据不同的风速采取相应的安全措施。列车调度员接到自然灾害及异物侵限监测系统风速监测子系统大风报警信息时,应及时进行处置:

(1)遇风速监测子系统提示大风报警信息时,列车调度员根据报警限速提示及时组织列车临时限速运行,向相关列车发布临时限速调度命令。对已进入或即将进入限速区段,来不及发布调度命令的列车,列车调度员应立即通知司机限速运行。司机接到限速运行的通知或收到限速调度命令后,均应按要求采取降速措施。

(2)当风速监测子系统发出禁止运行的报警信息时,列车调度员(车站控制时为列车调度员通知车站值班员)及时关闭有关信号,拦停、扣停列车,对于在区间运行的列车应立即通知司机停车,司机接到通知后,应立即采取停车措施。

(3)考虑列车调度员对风速监测子系统报警的处置需要一定的时间,加之风速监测子系统监测点是固定设置,没有全部覆盖监测所有地点,为确保列车运行安全,要求列车运行途中,司机遇大风后,应根据情况控制列车运行速度,并报告列车调度员。列车调度员通知后续首列列车司机在该地段注意运行;司机控制列车驶离大风区域后,应及时向列车调度员报告情况,以便列车调度员掌握大风区域和风速情况,组织后续列车安全运行。

(4)在大风天气,列车调度员按风速监测子系统报警提示发布限速调度命令,遇风速不稳或同一地段多处风速报警时,为消除限速重叠、不一致和交叉的问题,迅速进行处置,列车调度员可合并设置,按最低限速值发布限速调度命令。

第346条 列车通过防洪重点地段时,司机要加强瞭望,并随时采取必要的安全措施。

动车组列车运行中,司机发现积水高于轨面时,应立即停车,根据现场情况与随车机械师共同确认行车条件或请求救援,并立即报告列车调度员(车站值班员),车站值班员报告列车调度员。列车调度员(车站值班员)立即通知已进入区间的后续列车停车(避免停在隧道内),不再向该区间放行列车。

当洪水漫到路肩时,列车应按规定限速运行;遇有落石、倒树等障碍物危及行车安全时,司机应立即停车,排除障碍并确认安全无误后,方可继续运行。

列车遇到线路塌方、道床冲空等危及行车安全的突发情况时,司机应立即采取应急性安全措施,并立刻通知追踪列车、邻线列车及列车调度员(邻近车站)。配备列车防护报警装置的列车应立即使用列车防护报警。

工务部门应根据现场环境、气候特点、设备状况等并结合历年防洪经验,确定并公布防洪重点地段,防洪重点地段多是汛期灾害多发区域,如洪水、泥石流、山体滑坡、塌方落石等,线路、桥隧、路基、道床等稳定性会受到影响。日常当列车通过防洪重点地段时,司机要加强瞭望,并随时采取必要的安全措施。

动车组列车运行中,司机发现积水高于轨面时,应立即停车,根据现场情况与随车机械师共同确认行车条件或请求救援,并立即报告列车调度员或车站值班员,车站值班员报告列车调度员。列车调度员(车站值班员)立即通知已进入区间的后续列车停车,并禁止向该区间放行列车。司机接到通知应立即采取停车措施,应根据实际情况尽量避免停在隧道内等有潜在危险的地段。

当洪水漫到路肩时,列车司机应按规定控制列车限速运行,并立即报告列车调度员或车站值班员,车站值班员报告列车调度员。列车调度员(车站值班员)立即通知已进入区间的后续列车注意运行;遇有落石、倒树等障碍物危及行车安全时,司机应立即停车,并报告列车调度员,列车调度员立即通知已进入区间的后续列车停车,并禁止向该区间放行列车。经救援或检查、排除障碍并确认安全无误后,方可恢复运行。

列车遇到线路塌方、道床冲空等危及行车安全的突发情况时,司机应立即停车或根据实际情况采取其他应急处置措施,并立刻通知追踪列车、邻线列车及列车调度员(邻近车站值班员或应急值守人员),配备列车防护报警装置的列车应立即使用列车防护报警。追踪列车、邻线列车司机得到通知或接收到防护报警后应根据本列车位置和报警列车位置立即采取措施。列车调度员得到报告应立即通知后续、邻线列车采取停车等相应的安全措施。邻近车站值班员或应急值守人员得到报告应立即报告列车调度员并通知后续、邻线列车采取停车等相应的安全措施。

第 355 条 接到天气恶劣报告时的处置。

遇天气恶劣，信号机显示距离不足 200 m 时，司机或车站值班员须立即报告列车调度员。列车按地面信号显示运行时，列车调度员应及时发布调度命令，改按天气恶劣难以辨认信号的办法行车。

对于以地面信号作为行车凭证的列车，遇天气恶劣时，地面信号达不到规定的显示距离，司机难以辨认地面信号，无法及时根据地面信号的显示要求执行，所以必须有安全、可行的应对办法。此时应由列车调度员发布调度命令，执行天气恶劣难以辨认信号的办法。

第 356 条 天气恶劣难以辨认信号行车办法：

1. 列车按机车信号的显示运行。当接近地面信号机时，司机应确认地面信号，遇地面信号与机车信号显示不一致时，应立即采取减速或停车措施。

2. 当无法辨认出站(进路)信号机显示时，在列车具备发车条件后，司机凭机车信号的显示起动列车，在确认出站(进路)信号机显示正确后，再行加速。

3. 天气转好时，应及时报告列车调度员发布调度命令，恢复正常行车。

以地面信号作为行车凭证的列车，天气恶劣难以辨认信号时：

1. 列车按机车信号显示运行，当运行中接近地面信号机时，司机应确认地面信号机的显示。二者显示一致时，正常运行；当地面信号显示与机车信号不一致时，列车应减速或停车。

2. 当无法辨认出站(进路)信号机显示时，在列车具备发车条件后，司机凭机车信号的显示起动列车，列车接近地面信号机并确认出站(进路)信号机显示正确后，再行加速。

3. 天气转好时，司机、车站值班员应及时报告列车调度员，列车调度员发布调度命令，恢复正常行车。

设备故障行车

第 357 条 动车组列车运行中遇列控车载设备故障并导致列车停车后，司机应报告列车调度员(车站值班员)，并通知随车机械师。车站值班员报告列车调度员。司机转换冗余切换开关(开关不在司机室时，司机通知随车机械师进行转换)启动冗余设备或将列控车载设备断电 30 s 后重新启动，设备恢复正常时，报告列车调度员，继续运行。

动车组列车运行中遇列控车载设备故障并导致列车停车后，为了使列车调度员(车站值班员)掌握该列车的运行情况，及时调整列车运行，司机应报告列车调度员或车站值班员，车站值班员接到报告后应报告列车调度员。为了使随车机械师掌握动车组列车停车情况及做好相关配合工作，司机应通知随车机械师。同时，由于在列控车载设备故障的情况下，装备 LKJ 的动车组列车与未装备 LKJ 的动车组列车的行车办法不同，部分动车组列车装备有 LKJ，为了便于列车调度员(车站值班员)正确掌握动车组列车是否装备 LKJ，采用正确的行车办法，司机还应报告列车调度员或车站值班员动车组列车是否装备了 LKJ。动车组列车列控车载设备均设有冗余设备，遇列控车载设备故障可采用转换冗余切换开关启动冗余设备，或者将列控车载设备断电 30 s 后重新启动，重启后，列控车载设备进行系统重新检测和复位，有可能使系统恢复正常。断电 30 s 后重新启动是为了保护车载安全计算机，防止造成车载安全计算机损坏。

第 358 条 已在区间内运行的装备 LKJ 的动车组列车因列控车载设备故障，不能恢复正常运行但能提供机车信号时，司机应报告列车调度员(车站值班员)，车站值班员报告列车调度员。在信号机常态点灯的 CTCS-2 级区段，列车调度员发布改按 LKJ 方式行车的调度命令，动车组列车改按 LKJ 方式运行。在 CTCS-3 级及信号机常态灭灯的 CTCS-2 级区段，列车调度员在确认该列车至前方站(线路所)间空闲后，发布改按 LKJ 方式行车的调度命令，动车组列车改按 LKJ 方式运行。

已在区间内运行的动车组列车列控车载设备故障不能恢复正常运行但能提供机车信号时，司机应报告列车调度员或车站值班员，车站值班员报告列车调度员。列车调度员(车站值班员)根据动车组列车是否装备了 LKJ 以及其运行区间的信号设备不同，采用不同的行车办法。

对于装备 LKJ 的动车组列车，采用 LKJ 设备控车，在信号机常态点灯的 CTCS-2 级区段，动车组列车按地面信号显示运行；在 CTCS-3 级及信号机常态灭灯的 CTCS-2 级区段，由于区间未设地面通过信号机，为保证列车运行安全，列车调度员在确认该列车至前方站(线路所)间空闲后，发布改按 LKJ 方式行车的调度命令，动车组列车改按 LKJ 方式运行(前方车站进站信号机或线路所通过信号机需点灯)，后续按列控车载设备方式控车的动车组列车可以继续追踪运行。

第 359 条 已在区间内运行的未装备 LKJ 的动车组列车列控车载设备故障，不能恢复正常运行时，司机应报告列车调度员(车站值班员)，车站值班员报告列车调度员。列车调度员(车站值班员)不再向该区间放行列车，并通知已进入区间的后续列车立即停车。确认该列车至前方站(线路所)间空闲后，列车调度员发布改按隔离模式运行的调度命令，列车改按隔离模式，按地面信号显示以不超过 40 km/h 的速度运行至前方站(线路所)。该列车到达前方站(线路所)后，列车调度员方可通知后续列车恢复运行。

已在区间内运行的动车组列车列控车载设备故障不能恢复正常运行但能提供机车信号时，司机应报告列车调度员或车站值班员，车站值班员报告列车调度员。列车调度员(车站值班员)根据动车组列车是否装备了 LKJ 以及其运行区间的信号设备不同，采用不同的行车办法。

对于未装备 LKJ 的动车组列车，由于该列车列控车载设备故障，只能改按隔离模式运行。动车组列车按隔离模式运行时一般情况下最高运行速度不超过 40 km/h，而在高速铁路上列车运行速度高，如动车组列车正常情况下运行速度一般为 200 km/h 以上，速度差异过大，所以规定列车调度员（车站值班员）接到报告后不再向该区间放行列车，并通知已进入区间的后续列车立即停车，该区间后方站（线路所）为车站控制时，列车调度员还应通知车站值班员不再向该区间放行列车。在确认该列车至前方站（线路所）间空闲后，列车调度员发布改按隔离模式运行的调度命令，列车改按隔离模式，按地面信号显示以不超过 40 km/h 的速度运行至前方站（线路所）。该列车到达前方站（线路所）后，列车调度员方可通知后续列车恢复运行。

第 360 条　动车组列控车载设备故障不能恢复正常运行在车站出发时，装备 LKJ 的动车组列车改按 LKJ 方式运行，未装备 LKJ 的动车组列车改按隔离模式运行。

动车组列控车载设备故障不能恢复正常运行在车站出发时，对装备 LKJ 的动车组列车，列车调度员发布改按 LKJ 方式运行的调度命令，在 CTCS-3 级及信号机常态灭灯的 CTCS-2 级区段，信号机应点灯；对未装备 LKJ 的动车组列车，列车调度员发布改按隔离模式运行的调度命令，动车组列车按隔离模式运行，运行速度不超过 40 km/h，在 CTCS-3 级及信号机常态灭灯的 CTCS-2 级区段，信号机应点灯。

第 361 条　因设备故障，动车组列控车载设备在 CTCS-3 级与 CTCS-2 级间进行转换时，司机应报告列车调度员。

因设备故障，动车组列控车载设备在 CTCS-3 级与 CTCS-2 级间进行转换时，为了让列车调度员掌握动车组列车运行情况，组织列车运行，司机应报告列车调度员。

第 362 条　动车组列车改按 LKJ 方式运行，在自动闭塞区间内遇机车信号或 LKJ 故障时，司机应报告列车调度员（车站值班员），车站值班员报告列车调度员。列车调度员（车站值班员）不再向该区间放行列车，并通知已进入区间的后续列车立即停车。列车调度员确认该列车至前方站（线路所）间空闲后通知司机，列车按地面信号显示以不超过 40 km/h 的速度运行至前方站（线路所）。该列车到达前方站（线路所）后，列车调度员方可通知后续列车恢复运行。

按 LKJ 方式运行的动车组列车在自动闭塞区间内遇机车信号或 LKJ 故障时，动车组列车不能通过 LKJ 设备控车，为了保证列车运行安全，所以规定司机应报告列车调度员或车站值班员，车站值班员报告列车调度员。列车调度员（车站值班员）不再向该区间放行列车，并通知已进入区间的后续列车立即停车，该区间后方站（线路所）为车站控制时，列车调度员还应通知车站值班员不再向该区间放行列车。列车调度员确认该列车至前方站（线路所）间空闲后通知司机，列车按地面信号显示以不超过 40 km/h 的速度运行至前方站（线路所），运行中司机要加强对地面信号显示的确认。该列车到达前方站（线路所）后，列车调度员方可通知后续列车恢复运行。

第 363 条 按 LKJ 方式运行的动车组列车遇机车信号或 LKJ 故障在车站出发时，改按隔离模式运行。

按 LKJ 方式运行的动车组列车遇机车信号或 LKJ 故障在车站出发时，只能改按隔离模式运行。列车调度员发布改按隔离模式运行的调度命令，动车组列车按隔离模式运行，运行速度不超过 40 km/h。在 CTCS-3 级及信号机常态灭灯的 CTCS-2 级区段，信号机应点灯。

第 370 条 进站(接车进路)信号机故障或接车进路上道岔失去表示、轨道电路非列车占用红光带。

1. 列车调度员(车站控制时为车站值班员)通知设备管理单位进行检查处理，在《行车设备检查登记簿》内登记。

2. 设备故障修复，列车调度员(车站控制时为车站值班员)根据设备管理单位的销记，开放进站(接车进路)信号办理接车。

3. 设备故障暂时无法修复，具备放行列车条件时，列车调度员(车站控制时为车站值班员)根据设备管理单位登记的行车限制条件组织行车。

(1)进站(接车进路)信号机引导信号能够开放时，在确认接车进路空闲、进路准备妥当后，开放引导信号办理接车。

(2)进站(接车进路)信号机引导信号不能开放时，在确认接车进路空闲、进路准备妥当后，列车调度员发布准许越过该信号机的调度命令，司机凭调度命令越过该信号机。动车组列车在进站(接车进路)信号机前停车后，装备 LKJ 的动车组列车将列控车载设备隔离，按 LKJ 方式运行，速度不超过 40 km/h；未装备 LKJ 的动车组列车改按隔离模式进站停车。动车组以外的列车按 LKJ(GYK)方式运行，速度不超过 20 km/h。

第 371 条 出站(发车进路)信号机故障或发车进路上道岔失去表示、轨道电路非列车占用红光带。

1. 列车调度员(车站控制时为车站值班员)通知设备管理单位进行检查处理，在《行车设备检查登记簿》内登记。

2. 设备故障修复，列车调度员(车站控制时为车站值班员)根据设备管理单位的销记，开放出站(发车进路)信号机办理发车。

3. 设备故障暂时无法修复，具备放行列车条件时，列车调度员(车站控制时为车站值班员)根据设备管理单位登记的行车限制条件组织行车。

(1)出站信号机不能开放时：

①出站信号机引导信号能够开放时，在确认第一个闭塞分区空闲(CTCS-3 级及信号机常态灭灯的 CTCS-2 级自动闭塞区间对 LKJ 或 GYK 控车的列车和自动站间闭塞区间为确认区间空闲)和发车进路空闲，进路准备妥当后，开放引导信号办理发车。

②出站信号机未设引导信号或引导信号不能开放时，按以下方式办理发车：

在 CTCS-3 级及信号机常态灭灯的 CTCS-2 级自动闭塞区段，信号机应点灯，在确认区间空闲和发车进路空闲，进路准备妥当后，列车调度员发布准许进入区间的调度命令，司机凭调度命令进入区间。装备 LKJ 的动车组列车将列控车载设备隔离，按 LKJ 方式运行至前方站进站信号机(线路所通过信号机)，按其显示的要求执行；未装备 LKJ 的动车组列车改按隔离模式运行至前方站进站信号机(线路所通过信号机)，按其显示的要求执行；动车组以外的列车按 LKJ(GYK)方式运行，运行至前方站进站信号机(线路所通过信号机)，按其显示的要求执行。

在信号机常态点灯的 CTCS-2 级自动闭塞区段，确认第一个闭塞分区空闲(未装备 LKJ 的动车组列车为确认区间空闲)和发车进路空闲，进路准备妥当后，列车调度员发布准许进入区间的调度命令，司机凭调度命令进入区间。装备 LKJ 的动车组列车将列控车载设备隔离，按 LKJ 方式运行，以不超过 40 km/h 的速度运行至区间第一架通过信号机，按其显示的要求执行；未装备 LKJ 的动车组列车改按隔离模式运行至前方站进站信号机(线路所通过信号机)，按其显示的要求执行；动车组以外的列车按 LKJ(GYK)方式运行，以不超过 20 km/h 的速度运行至区间第一架通过信号机，按其显示的要求执行。

自动站间闭塞区段，在确认区间空闲后，应停止使用基本闭塞法改按电话闭塞法行车，确认发车进路空闲和进路准备妥当后，发布调度命令，司机凭调度命令进入区间。装备 LKJ 的动车组列车(需将列控车载设备隔离)、动车组以外的列车，按 LKJ(GYK)方式运行至前方站进站信号机(线路所通过信号机)，按其显示的要求执行；未装备 LKJ 的动车组列车改按隔离模式运行至前方站进站信号机(线路所通过信号机)，按其显示的要求执行。

(2)发车进路信号机不能开放时：

①发车进路信号机能开放引导信号时，在确认发车进路空闲和进路准备妥当后，开放引导信号办理发车。

②列车由车站开往区间，发车进路信号机未设引导信号或引导信号不能开放时，在确认发车进路空闲和进路准备妥当后，列车调度员发布准许越过该信号机的调度命令，司机凭调度命令越过该信号机。装备 LKJ 的动车组列车将列控车载设备隔离，按 LKJ 方式，以不超过 40 km/h 的速度运行至次一信号机前停车，转回列控车载方式控车；未装备 LKJ 的动车组列车改按隔离模式，运行至次一信号机前停车，转回列控车载方式控车；动车组以外的列车按 LKJ(GYK)方式，以不超过 20 km/h 的速度运行至次一信号机，按其显示要求执行。

4. 出站信号机不能开放时，除按规定交付行车凭证外，对通过列车应预告司机。装有进路表示器或发车线路表示器的出站信号机，当该表示器不良时，由列车调度员(车站控制时为车站值班员)通知司机；司机发现表示器不良时，应及时报告列车调度员(车站值班员)。

第 372 条 线路所通过信号机故障或进路上道岔失去表示、轨道电路非列车占用红光带。

1. 列车调度员(车站控制时为车站值班员)通知设备管理单位进行检查处理,在《行车设备检查登记簿》内登记。

2. 设备故障修复,列车调度员(车站控制时为车站值班员)根据设备管理单位的销记,恢复正常组织行车。

3. 设备故障暂时无法修复,具备放行列车条件时,列车调度员(车站控制时为车站值班员)根据设备管理单位登记的行车限制条件组织行车。

(1)线路所通过信号机引导信号能够开放时,在确认第一个闭塞分区空闲(CTCS-3级及信号机常态灭灯的CTCS-2级自动闭塞区间对LKJ或GYK控车的列车和自动站间闭塞区间为确认区间空闲)和进路空闲,进路准备妥当后,开放引导信号办理行车。

(2)线路所通过信号机引导信号不能开放,列车开往CTCS-3级及信号机常态灭灯的CTCS-2级自动闭塞区间时,信号机应点灯,在确认区间空闲和进路空闲,进路准备妥当后,列车调度员发布准许越过该信号机的调度命令,司机凭调度命令越过该信号机。装备LKJ的动车组列车将列控车载设备隔离,改按LKJ方式运行,运行至前方站进站信号机(线路所通过信号机),按其显示的要求执行;未装备LKJ的动车组列车改按隔离模式运行,运行至前方站进站信号机(线路所通过信号机),按其显示的要求执行;动车组以外的列车按LKJ(GYK)方式运行,运行至前方站进站信号机(线路所通过信号机),按其显示的要求执行。

线路所通过信号机引导信号不能开放,列车开往信号机常态点灯的CTCS-2级自动闭塞区间时,在确认区间第一个闭塞分区空闲(未装备LKJ的动车组列车为确认区间空闲)和进路空闲,进路准备妥当后,列车调度员发布准许越过该信号机的调度命令,司机凭调度命令越过该信号机。装备LKJ的动车组列车将列控车载设备隔离,按LKJ方式运行,以不超过40 km/h的速度运行至区间第一架通过信号机,按其显示的要求执行;未装备LKJ的动车组列车改按隔离模式运行,运行至前方站进站信号机(线路所通过信号机),按其显示的要求执行;动车组以外的列车按LKJ(GYK)方式运行,以不超过20 km/h的速度运行至区间第一架通过信号机,按其显示的要求执行。

线路所通过信号机引导信号不能开放,列车开往自动站间闭塞区间时,在确认区间空闲后,应停止使用基本闭塞法改按电话闭塞法行车,确认进路空闲和进路准备妥当后,发布调度命令,司机凭调度命令越过线路所通过信号机。装备LKJ的动车组列车(需将列控车载设备隔离)、动车组以外的列车,按LKJ(GYK)方式运行至前方站进站信号机(线路所通过信号机),按其显示的要求执行;未装备LKJ的动车组列车改按隔离模式运行至前方站进站信号机(线路所通过信号机),按其显示的要求执行。

为便于理解,第370条、第371条、第372条一并解释。

1. 进站、出站、进路信号机、线路所通过信号机故障或车站(线路所)道岔失去表示、轨道电路非列车占用红光带,都会造成信号机不能正常开放。列车调度员(车站控制时为车站值班员)应根据信号机是否安装了引导信号确定进路准备方式,能够开放引导信号的开放引导信号办理接发列车,不能开放引导信号的,按规定准备进路。

2. 未设引导信号或引导信号不能开放时，由于进路正确性不能通过开放信号来保证，需采取人工方式准备、确认进路，司机也不能通过列控车载设备或地面信号的显示确认进路的正确，为了保证接发列车的安全，应通过严格的行车手续，在确认进路空闲、进路准备妥当后，列车调度员发布准许越过该信号机的调度命令，司机凭调度命令越过该信号机。

3. 为了防止在信号(含引导信号)未开放的情况下，动车组司机误操作闯过信号机，在进站(接车进路)、出站(发车进路)、线路所通过信号机外方的有源应答器发送的报文中包含“绝对停车”包，当信号(含引导信号)未开放且未将列控车载设备隔离的情况下，动车组列车经过该应答器接收到该应答器报文后，会触发紧急制动停车。为了避免司机按目视等行车模式越过未开放的进站(接车进路)、出站(发车进路)、线路所通过信号机而造成的紧急制动停车，所以规定，在上述信号机未设引导信号或引导信号不能开放时，动车组列车在该信号机前停车后，装备 LKJ 的动车组列车将列控车载设备隔离改按 LKJ 方式运行，未装备 LKJ 的动车组列车改按隔离模式运行。

(1)发车进路信号机未设引导信号或引导信号不能开放时，动车组列车在该信号机前停车后，装备 LKJ 的动车组列车将列控车载设备隔离改按 LKJ 方式运行，未装备 LKJ 的动车组列车改按隔离模式运行。

动车组列车按上述方式越过发车进路信号机后如次一信号机正常，考虑到高速铁路站间距较大，动车组列车如按原控车模式继续运行，势必因运行速度低而影响列车运行秩序，所以规定，动车组列车在次一信号机前停车，转回列控车载方式控车，恢复正常运行。

(2) 进站(接车进路)信号机引导信号不能开放时，为保证列车运行安全，动车组列车应以不超过 40 km/h(动车组以外的列车不超过 20 km/h)的速度进站，并做好随时停车的准备，以防进路准备错误或进路上有障碍物时发生脱轨、冲突，司机发现异常情况后可以立即停车。

(3)出站信号机未设引导信号或引导信号不能开放时，为了使司机提前掌握，对通过列车应预告司机，列车调度员(车站值班员)按规定交递行车凭证，列车可不停车通过车站。出站信号机的进路表示器的显示，不作为行车凭证，只表示列车应经由的进路及其准备状况。发车线路表示器，只是在一个线群中数条股道共用一个出站信号机时，用来指示线群内哪一股道的列车可以出发，也不是行车凭证。因此，当上述这两种表示器发生故障时，列车调度员(车站值班员)只需口头通知司机即可。

(4)线路所通过信号机未设引导信号或引导信号不能开放时，根据其开往区间的闭塞设备类型、信号设备类型、列车装备的列控设备的不同，采用不同的行车办法。

列车开往 CTCS-3 级及信号机常态灭灯的 CTCS-2 级自动闭塞区间时，信号机应点灯，在确认区间空闲和进路空闲，进路准备妥当后，列车调度员发布调度命令，司机凭调度命令越过该信号机。装备 LKJ 的动车组列车将列控车载设备隔离，改按 LKJ 方式运行，运行至前方站进站信号机(线路所通过信号机)，按其显示的要求执行；未装备 LKJ

的动车组列车改按隔离模式运行,运行至前方站进站信号机(线路所通过信号机),按其显示的要求执行;动车组以外的列车按LKJ(GYK)方式运行,运行至前方站进站信号机(线路所通过信号机),按其显示的要求执行。

列车开往信号机常态点灯的CTCS-2级自动闭塞区间时,在确认区间第一个闭塞分区空闲(未装备LKJ的动车组列车为确认区间空闲)和进路空闲,进路准备妥当后,列车调度员发布调度命令,司机凭调度命令越过该信号机。装备LKJ的动车组列车将列控车载设备隔离,按LKJ方式运行,以不超过40 km/h的速度运行至区间第一架通过信号机,按其显示的要求执行;未装备LKJ的动车组列车改按隔离模式运行,运行至前方站进站信号机(线路所通过信号机),按其显示的要求执行;动车组以外的列车按LKJ(GYK)方式运行,以不超过20 km/h的速度运行至区间第一架通过信号机,按其显示的要求执行。

列车开往自动站间闭塞区间时,在确认区间空闲后,应停止使用基本闭塞法改按电话闭塞法行车,确认进路空闲和进路准备妥当后,列车调度员发布调度命令,司机凭调度命令越过该信号机。装备LKJ的动车组列车(需将列控车载设备隔离)、动车组以外的列车,按LKJ(GYK)方式运行至前方站进站信号机(线路所通过信号机),按其显示的要求执行;未装备LKJ的动车组列车改按隔离模式运行至前方站进站信号机(线路所通过信号机),按其显示的要求执行。

第374条 区间通过信号机(闭塞分区非列车占用红光带)故障暂时无法修复,具备放行列车条件时,根据设备管理单位登记的行车限制条件组织行车。待故障地点(发生两处及以上故障时,为运行方向第一故障地点)前的列车运行至前方站(线路所),对区间内已进入故障地点及尚未经过故障地点的列车,列车调度员确认列车至前方站(线路所)间空闲后,通知列车司机故障闭塞分区起止里程及防护该闭塞分区的通过信号机号码,逐列恢复运行至前方站(线路所),指示后列恢复运行前必须确认前列已完整到达前方站(线路所)。列车恢复运行时,司机在该闭塞分区通过信号机(区间信号标志牌)前停车等候2 min后,以遇到障碍能随时停车的速度,最高不超过20 km/h(动车组列车不超过40 km/h),越过该闭塞分区,按次一通过信号机显示(列控车载设备显示)运行,司机应加强瞭望。司机在停车等候同时,必须与列车调度员联系,如确认前方闭塞分区内有列车时,不得进入。

区间空闲后,按站间组织行车。

1. 区间内通过信号机故障(包括显示停车信号及显示不明或灯光熄灭)或闭塞分区非列车占用红光带的原因主要有以下几项:

(1)通过信号机显示红色灯光时,可能是前方闭塞分区内有列车或机车、车辆占用;也可能是由于线路上有障碍物引起轨道电路短路或钢轨折断;还可能是轨道电路故障或通过信号机的灯泡断丝而引起的灯光转移等原因所致。

(2)通过信号机信号显示不明,可能是因天气关系,如灯光被飘雪、扬沙所遮盖等;也可能是自动闭塞设备发生故障。

(3)通过信号机灯光熄灭,可能是灯泡断丝或灯泡松动,也可能是临时断电。

(4)闭塞分区非列车占用红光带,可能是由于线路上有障碍物引起轨道电路短路,也可能是钢轨折断,还可能是轨道电路故障等原因所致。

由于区间通过信号机故障或闭塞分区轨道电路非列车占用红光带存在行车安全隐患,所以发现及得到区间通过信号机故障或闭塞分区非列车占用红光带的信息时,列车调度员(车站值班员)应立即通知区间内已进入故障地点及尚未经过故障地点的列车司机立即停车。由于故障原因有可能是电务设备故障,也有可能是工务设备故障,所以列车调度员(车站值班员)要通知工务、电务设备管理单位。

2. 工务部门未在《行车设备检查登记簿》内登记确认可以放行列车;电务部门未登记停用或影响范围,未确认具备放行列车条件时,列车调度员不得放行列车。设备管理单位如有行车限制条件,应在《行车设备检查登记簿》内登记。

3. 区间通过信号机故障、列控车载设备显示停车信号时,列车如果贸然进入前方闭塞分区,有危及行车安全的可能性,因而列车必须在该信号机(区间信号标志牌)前停车。经检查,具备放行列车条件后,列车调度员要通知列车司机故障闭塞分区起止里程(可根据电务部门提供的信号机里程的技术资料或电务人员在《行车设备检查登记簿》内登记的闭塞分区起止里程通知司机)及防护该闭塞分区的通过信号机号码,目的是通知司机故障地点,提醒司机注意。

为了与普速铁路司机遇到相同故障现象的处置方式一致,同时也是为了进一步确认故障闭塞分区故障或占用情况,因此规定,列车恢复运行时,司机在该闭塞分区通过信号机(区间信号标志牌)前停车等候 2 min 后,以遇到障碍能随时停车的速度,最高不超过 20 km/h(动车组列车不超过 40 km/h)越过该故障闭塞分区,按故障闭塞分区次一信号机显示(列控车载设备显示)运行,司机应加强瞭望。

司机在停车等候的同时,必须要使用列车无线调度通信设备与列车调度员进行联系,如确认前方闭塞分区内有列车时,不得进入。高铁通信条件好,司机停车后暂时未与列车调度员联系上时,同样也不得进入,应继续与列车调度员进行联系。

要求列车在发生问题的闭塞分区内以最高不超过 20 km/h(动车组列车不超过 40 km/h)的速度运行,在发生问题或遇到危险时,可随时停车,不致发生事故。

在这种情况下,列车限速进入闭塞分区后,必须在整个闭塞分区内限速运行。只有在列车尾部全部越过该闭塞分区后,才能按信号机或列控车载设备显示的要求运行。

列车在故障的通过信号机(区间信号标志牌)前停车等候的同时,司机必须与列车调度员进行联系,确认前方闭塞分区内有无列车占用,列车调度员要查明前次列车已到达前方站,通过 CTC/TDCS 设备确认该闭塞分区内有无列车,如确认该闭塞分区有列车占用,列车调度员须通知司机不得进入该闭塞分区。

4. 设备故障未修复前,对已进入区间的列车,要保证列车至前方站间空闲后方准运行,区间空闲后,按站间组织行车。

5. 异物侵限灾害报警时,报警点所在闭塞分区出现的红光带按本规程第十七章“异物侵限报警”的规定办理。

第 380 条 GSM-R 故障。

1. 列车调度员(车站值班员)得到 GSM-R 故障的报告后,应立即通知通信部门检查处理,在《行车设备检查登记簿》内登记。车站值班员接到报告后应及时报告列车调度员,列车调度员报告调度所值班主任(值班副主任)。

2. 根据通信部门在《行车设备检查登记簿》内登记的停用内容、影响范围及行车限制条件,按下列规定办理:

(1)GSM-R 故障导致 CTCS-3 级降为 CTCS-2 级时,按 CTCS-2 级行车。

(2)影响调度命令无线传送功能时,向司机发布的调度命令,按规定采用列车无线调度通信设备发布、转达或采用人工书面交递方式。

(3)遇无进路预告信息,司机须报告列车调度员(车站值班员),列车由正线通过改为侧线接车时,列车调度员(车站控制时为车站值班员)应提前预告司机。

3. 设备故障修复后,列车调度员(车站值班员)根据通信部门在《行车设备检查登记簿》内的销记,恢复设备正常使用。

第 381 条 机车综合无线通信设备故障。

1. 司机报告列车调度员(车站值班员),车站值班员报告列车调度员。

(1)影响调度命令无线传送功能时,向司机发布的调度命令,按规定采用列车无线调度通信设备发布、转达或采用人工书面交递方式。

(2)遇无进路预告信息,司机须报告列车调度员(车站值班员),列车由正线通过改为侧线接车时,列车调度员(车站控制时为车站值班员)应提前预告司机。

(3)机车综合无线通信设备不能通话时,司机应立即使用 GSM-R 手持终端报告列车调度员(车站值班员)。如 GSM-R 手持终端也不能进行通话时,司机应在前方站停车报告;机车综合无线通信设备或 GSM-R 手持终端修复(更换)后,方准继续运行。

2. 设备故障修复后,恢复设备正常使用。

为便于理解,第 380 条、第 381 条一并解释。

1. 因高速铁路的列车运行密度大、调度台管辖多个车站,在调度台 FAS 均故障时,列车调度员无法通过 FAS 快捷地与车站和司机联系,无法及时发布口头指示和指挥行车,所以要尽快利用其他通信工具指示车务应急值守人员转为车站控制办理行车。

2. GSM-R 从功能上可分为数据传输单元、电路域数据传输和语音通信功能。GSM-R 分组数据传输功能失效时,会影响调度命令无线传送和进路预告信息发送功能。此时,向司机发布的调度命令,按《铁路运输调度规则》等规定准许采用列车无线调度通信设备以语音通信方式发布、转达或以书面方式人工交递。电路域数据传输功能失效时,将会导致装备 CTCS-3 级列控的动车组列车通信连接超时,降级为 CTCS-2 级。GSM-R 智能网功能失效无法使用车次功能号呼叫时,列车调度员、车站值班员和列车司机间可使用电话号码(ISDN和MSISDN)进行呼叫。

3. 机车综合无线通信设备(CIR)从功能上可分为数据传输单元和语音单元。数据传输单元故障时,将不能通过无线方式接收调度命令和进路预告信息。语音单元故障时,司机可使用GSM-R手持终端进行通话。在机车综合无线通信设备或GSM-R手持终端均故障不能通话的情况下,司机可临时借用列车上其他工作人员的GSM-R手持终端并向列车调度员报告,在借用的GSM-R手持终端也故障的情况下,由于没有了可靠的联系手段,一旦区间发生危及安全的情况(如异物侵限、线路晃车、区间轨道电路红轨、接触网挂异物、占用丢失、区间被迫停车等),列车调度员(车站控制时为车站值班员)将无法及时通知司机并采取措施,所以,为保证列车运行的安全,该列车应运行到前方站停车报告;待机车综合无线通信设备或GSM-R手持终端修复或更换性能良好的设备,或者司机临时借用车站或车站通信工区的GSM-R手持终端后,方准继续运行,确保列车运行中司机与列车调度员、车站值班员间的联系畅通。

4. 提前掌握前方进路情况,司机才能做到心中有数、提前准备,所以一旦司机未收到进路预告信息时,要及时报告列车调度员(车站控制时为车站值班员),以便于列车调度员(车站值班员)掌握有关情况。

5. 在列车无进路预告信息的情况下,列车由正线通过改为侧线接车时,列车要从经道岔直向改为经道岔侧向运行,列车调度员(车站控制时为车站值班员)应提前预告司机,目的就是使司机提前了解前方站进路情况,提前做好控车降速准备。

6. 列车调度员、车站值班员因无线通信设备故障均无法与司机取得联系时,一旦有危及安全的紧急情况将无法与司机联系,所以规定在这种情况下不得向区间放行列车。该处无线通信设备系指能保证列车调度员、车站值班员与司机间在站内及区间保持可靠联系的通信联系设备,高速铁路一般为FAS和GSM-R手持终端。

第383条 遇接触网停电时,司机应立即停车并降弓,报告列车调度员(车站值班员)停车原因及停车位置,通知随车机械师(车辆乘务员)、列车长,车站值班员报告列车调度员。供电调度员发现接触网停电时,应立即确认停电范围并通知列车调度员。

接触网停电后,动车组列车及电力机车失去了牵引动力,为保证列车运行安全,要求列车司机立即停车并降弓。接触网停电后,列车调度员与供电调度员要相互通知,以便列车调度员尽快掌握接触网停电范围,列车调度员(车站值班员)接到接触网停电的报告后,要及时扣停未进入停电区域的有关列车。确定接触网停电范围后,列车调度员(车站值班员)要在CTC终端上设置停电标识,充分发挥设备保安全的功能,防止人为作业疏漏,将列车放入停电区域。

第387条 司机在运行中发现本线或邻线接触网上挂有异物时,应立即采取措施并向列车调度员(车站值班员)汇报异物情况和故障地点,列车调度员(车站值班员)及时通知供电部门检查处理,在《行车设备检查登记簿》内登记,车站值班员报告列车调度员。列车调度员转报供电调度员。

第 388 条 本线挂有异物时,如异物情况不影响行车,司机按正常行车方式通过。本线降弓可以通过时,司机按降弓方式通过该地点,列车调度员向该线后续列车发布限速 160 km/h 降弓通过故障地点的调度命令(不设置列控限速),限速降弓位置原则上按司机汇报故障地点前后各 2 km 确定。不能降弓通过时司机应立即停车并报告,列车调度员(车站值班员)应立即通知本线后续列车停车,不得再向该区间放行列车。

第 389 条 邻线挂有异物时,如司机汇报邻线异物不能降弓通过,列车调度员(车站值班员)应立即通知邻线尚未经过该地点的列车停车,不得再向邻线该区间放行列车。如司机汇报邻线异物可降弓通过或异物情况不影响行车,邻线按第 388 条规定执行。

如司机汇报不能确定异物是否影响邻线行车,列车调度员应立即向邻线尚未经过该地点的首列列车司机发布口头指示限速 80 km/h 注意运行,限速位置原则上按司机汇报故障地点前后各 2 km 确定。司机应注意观察接触网设备状态。根据该司机确认情况,后续处理按第 388 条规定执行。

为便于理解,第 387 条、第 388 条、第 389 条一并解释。

1. 接触网上挂有异物是高速铁路常见的故障现象,但因接触网上挂有异物的具体情况不同,在供电人员到达现场确认前,主要依靠司机根据挂异物的具体情况来掌握行车,根据不同情况采取正常运行、降速运行、降弓运行、停车等处置方式。

2. 当前行列车以降弓方式通过故障地点时,司机应报告列车调度员或车站值班员。为了防止后续列车因速度过高而不便准确掌握降弓时机,所以规定列车调度员向该线后续列车发布限速 160 km/h 降弓通过故障地点的调度命令。考虑到司机在高速运行中报告的故障地点可能有一定的误差,所以规定限速降弓位置原则上按司机汇报故障地点前后各 2 km 确定,列车调度员立即向后续列车发布限速 160 km/h 降弓通过故障地点的调度命令。

司机不能降弓通过时,为保证列车运行安全,司机应立即停车并报告,列车调度员(车站值班员)应立即通知本线后续列车停车,不得再向该区间放行列车。

3. 如司机汇报不能确定异物是否影响邻线行车时,规定列车调度员应立即向邻线尚未经过该地点的首列列车司机发布口头指示限速 80 km/h 注意运行,主要是考虑在限速 80 km/h 运行的情况下,一是司机能够清楚地观察接触网设备的状态,二是一旦司机发现接触网设备有异常时,也能够及时采取措施。考虑到司机在高速运行中报告的故障地点可能有一定的误差,所以规定限速位置原则上按司机汇报故障地点前后各 2 km 确定。

4. 考虑到高铁站间距较大,为了便于供电抢修人员尽快赶到现场,供电人员可根据需要申请添乘动车组列车快速赶赴现场进行处置,列车调度员应及时安排。

第 391 条 列车运行途中,司机接到受电弓挂有异物通知时,应立即降弓、停车,向列车调度员(车站值班员)报告,车站值班员报告列车调度员。需下车检查或登顶作业时,司机(动车组列车为随车机械师通过司机)及时向列车调度员提出请求。

第 393 条 司机在接到邻线列车限速 160 km/h 及以下调度命令已发布的口头指示后，下车检查（动车组列车为司机通知随车机械师下车检查）。司机根据准许登顶作业的调度命令和邻线列车限速 160 km/h 及以下调度命令已发布的口头指示登顶作业（动车组列车为司机通知随车机械师登顶作业）。

第 394 条 异物处理完毕后，司机应报告列车调度员，列车调度员与供电调度员办理接触网送电手续，通知该停电供电臂内的列车升起受电弓，取消邻线限速，恢复正常行车。需限速运行时，司机（动车组列车根据随车机械师的通知）限速运行。

第 395 条 司机（动车组列车为随车机械师）现场检查发现受电弓滑板及托架有损伤或接触网有异状时，应及时报告列车调度员，列车调度员扣停后续列车，并通知供电部门对接触网设备进行检查处理，根据供电部门在《行车设备检查登记簿》内登记的行车限制条件组织行车。

为便于理解，第 391 条、第 393 条、第 394 条、第 395 条一并解释。

1. 受电弓挂有异物运行时，可能造成受电弓或接触网损坏。所以，司机接到受电弓挂有异物通知或发现受电弓挂有异物时，立即降弓、停车。接到受电弓挂有异物的报告时，为了保证后续列车的运行安全，列车调度员（车站值班员）应立即通知区间内后续列车停车，不得再向该区间放行列车。

2. 需下车检查或登顶作业时，由司机（动车组列车为随车机械师通过司机）向列车调度员提出申请。为保证司机（随车机械师）下车检查时的人身安全，列车调度员应发布邻线列车限速 160 km/h 及以下调度命令并设置列控限速。为保证司机（随车机械师）登顶作业时的人身安全，列车调度员通知该供电臂内的列车停车并降弓，与供电调度员办理接触网停电手续，得到供电调度员接触网停电的通知后，发布准许登顶作业的调度命令。司机（随车机械师）登顶作业前，应进行验电、接地，确认接触网无电后方准登顶。

3. 如司机（动车组列车为随车机械师）现场检查发现受电弓滑板及托架有损伤或接触网有异状时，说明接触网设备实际或可能已发生损伤，列车调度员接到报告后应扣停后续列车，并通知供电部门对接触网设备进行检查处理，根据供电部门检查情况和在《行车设备检查登记簿》内登记的行车限制条件组织行车。

第 396 条 列车在运行途中，因不明原因降弓，司机应立即切断主断路器并停车，同时查看降弓地点公里标，向列车调度员（车站值班员）报告，车站值班员报告列车调度员。列车调度员（车站值班员）应立即通知区间内后续列车停车，不再向该区间放行列车，列车调度员将降弓情况转报供电调度员。动车组列车随车机械师应根据故障信息记录，及时向司机反馈故障发生时间等信息，由司机报告列车调度员，列车调度员及时转报供电调度员。

第 397 条 列车调度员根据司机（动车组列车为随车机械师通过司机提出的）下车检查或登顶作业的请求，发布邻线列车限速 160 km/h 及以下调度命令；需登顶作业时，列车调度员还应通知该供电臂内的列车停车并降弓，与供电调度员办理接触网停电手续,得到供电调度员接触网已停电的通知后,发布准许登顶作业的调度命令。

第398条 司机在接到邻线列车限速160 km/h及以下调度命令已发布的口头指示后,下车检查(动车组列车为司机通知随车机械师下车检查)。司机根据准许登顶作业的调度命令和邻线列车限速160 km/h及以下调度命令已发布的口头指示登顶作业(动车组列车为司机通知随车机械师登顶作业)。

第399条 经检查处理,列车恢复运行后,司机应立即报告列车调度员,列车调度员应立即向本线尚未经过该地点的首列列车发布口头指示限速80 km/h注意运行,限速位置原则上按司机汇报故障地点前后各2 km确定。司机应注意观察接触网设备状态,发现影响行车异常情况时应立即停车并向列车调度员报告,列车调度员立即通知尚未经过异常地点的后续列车停车,不再向该区间放行列车,并立即通知供电部门检查处理,列车调度员按供电部门登记的行车限制条件组织行车。无异常时,司机在通过限速地点后立即向列车调度员报告,列车调度员根据司机确认无异常的报告组织后续列车正常运行。

为便于理解,第396条、第397条、第398条、第399条一并解释。

1. 接触网设备异常打碰受电弓或受电弓自身状态不良均可能导致动车组(电力机车)自动降弓。发生自动降弓时,在未查明原因前,为防止故障的进一步扩大,要求自动降弓的列车立即停车,列车调度员(车站值班员)应立即通知区间内后续列车停车,不再向该区间放行列车。列车调度员将降弓情况转报供电调度员,以便供电调度员及时处置。

需下车检查或登顶作业时,由司机(动车组列车为随车机械师通过司机)向列车调度员提出申请。为保证司机(随车机械师)下车检查时的人身安全,列车调度员应发布邻线列车限速160 km/h及以下调度命令并设置列控限速。为保证司机(随车机械师)登顶作业时的人身安全,列车调度员通知该供电臂内的列车停车并降弓,与供电调度员办理接触网停电手续,得到供电调度员接触网停电的通知后,发布准许登顶作业的调度命令。司机(随车机械师)登顶作业前,应进行验电、接地,确认接触网无电后方准登顶。

2. 故障列车经检查处理恢复运行后,接触网设备可能存在异常情况。为确认接触网状态,列车调度员应向本线尚未经过该地点的首列列车司机发布口头指示限速80 km/h注意运行,主要是考虑在限速80 km/h运行的情况下,一是司机能够清楚地观察接触网设备的状态,二是一旦司机发现接触网设备有异常时,也能够及时采取措施。

考虑到司机在高速运行中报告的故障地点可能有一定的误差,所以规定限速位置原则上按司机汇报故障地点前后2 km确定。

3. 考虑到高铁站间距较大,为了便于供电抢修人员尽快赶到现场,供电人员可根据需要申请添乘动车组列车快速赶赴现场进行处置,列车调度员应及时安排。

第401条 司机发现不能自动过分相时,应立即报告列车调度员(车站值班员),列车调度员(车站值班员)接到报告后,通知后续列车注意运行,通知设备管理单位检查处理，在《行车设备检查登记簿》内登记；设备管理单位发现自动过分相地面设备故障时，应立即报告列车调度员（车站值班员），同时在《行车设备检查登记簿》内登记，写明行车限制条件。

在故障修复前，列车调度员（车站值班员）根据设备管理单位的登记，通知司机采用手动过分相。

1. 自动过分相地面设备（应答器、地磁感应器、磁枕等）分属不同设备管理单位。接到司机不能自动过分相的报告时，列车调度员（车站值班员）应通知各设备管理单位分别确认所属设备运行状态。

2. 列车调度员（车站值班员）接到司机无法自动过分相或设备管理单位发现自动过分相地面设备故障的报告时，应通知后续列车司机注意运行，改为手动过分相，避免带电过分相烧损接触网。

第 403 条 空调失效超过 20 min 不能恢复但列车能够正常运行时，列车长可视情况通知司机向列车调度员提出在前方最近客运站停车的请求，列车调度员安排列车在前方最近客运站停车。列车在停车站安装好防护网、打开部分车门后，列车调度员根据司机的报告，向司机（救援时还包括救援司机）及沿途各站发布打开车门限速 60 km/h（通过邻靠高站台的线路时限速 40 km/h）运行的调度命令。

第 404 条 列车因故停车不能维持运行且空调失效超过 20 min 不能恢复时，列车长应及时与司机、随车机械师沟通，视情况做出打开车门决定，并通知司机转报列车调度员。

为便于理解，第 403 条、第 404 条一并解释。

1. 动车组列车在运行过程中，因接触网故障停电、动车组内空调设备故障等原因，会造成空调不能工作。由于动车组列车车厢封闭严密，空调故障后，空气流通不畅，特别是在夏季，车厢内温度会逐渐升高，旅客会感觉身体不适，严重时还可能会引发旅客群体情绪波动，造成更大影响。为了更好服务旅客和保证旅客安全，空调失效超过 20 min 不能恢复时，动车组列车由列车长视情况在停车状态下安装防护网、打开车门进行通风换气后，按规定限速运行。

2. 由于车门处于开放状态，为了保证旅客人身和列车运行的安全，列车调度员应发布调度命令，限速 60 km/h 运行。由于在打开车门的状态下，外开式车门及动车组车门的脚踏板距高站台边缘的安全空间较正常车门关闭状态下小，考虑到列车运行时的摆动，所以规定列车在打开车门的情况下通过邻靠高站台的线路时限速 40 km/h。

3. 为保证人身安全，安装防护网位置为运行方向左侧（非会车侧）。防护网安装完毕，打开车门后，为保证旅客人身安全，由列车长组织列车工作人员值守，直到车门关闭。

4. 在站内不邻靠站台的线路或区间组织旅客下车或换乘时，因组织工作复杂、旅客乘降不便，一般情况下不采用。特殊情况下必须采用时，需经铁路局主管运输副局长（总调度长）批准，有关部门、单位要严密部署、精心组织，确保旅客乘降安全。

第407条 动车组列车运行途中发生车辆故障应急处理:

1. 动车组列车运行中出现故障,司机应按车载信息监控装置的提示,按规定及时处理;需要由随车机械师处理时,司机应通知随车机械师。经处置确认无法正常运行时,司机应按车载信息监控装置的提示和随车机械师的要求,选择维持运行或停车等方式,并报告列车调度员(车站值班员),车站值班员报告列车调度员。

2. 司机发现或得到基础制动装置故障致使车轮抱死不缓解的报告时,应立即停车,报告列车调度员(车站值班员)停车原因和停车位置,车站值班员报告列车调度员。列车调度员(车站值班员)应立即通知区间内后续列车停车,不再向该区间放行列车。司机在接到列车调度员已发布邻线列车限速 160 km/h 及以下调度命令的口头指示后,通知随车机械师下车检查处理。当动车组列车制动系统故障须切除单车制动力时,随车机械师应将切除制动力的情况及限速要求通知司机,司机报告列车调度员(车站值班员)后,按限速要求运行;车站值班员接到报告后,应及时报告列车调度员,列车调度员及时通知本调度区段相关车站值班员,跨调度区段运行时还应通知邻台列车调度员。

全列车制动不缓解,司机、随车机械师按故障应急手册或车载信息系统的提示处理;全列常用制动不施加,司机立即将制动手柄拉到紧急制动位或按压紧急停车按钮,使动车组紧急停车。动车组停车后,司机复位紧急制动,由随车机械师进行故障处理。司机在开车前必须进行一次完整的制动试验,确认制动系统功能正常。动车组发生制动系统失效情况时,由司机请求救援。

3. 动车组车窗玻璃破损导致车厢密封失效时,列车长或随车机械师应通知司机,司机控制动车组列车限速 160 km/h 运行并报告列车调度员(车站值班员),车站值班员报告列车调度员。

4. 动车组空气弹簧故障时,随车机械师应通知司机限速要求(CRH2/CRH380A/AL 型限速 120 km/h,其余车型限速 160 km/h),司机控制动车组列车限速运行并报告列车调度员(车站值班员),车站值班员报告列车调度员。

5. 当车载信息监控装置提示轴承温度超过报警温度时,司机应立即停车,报告列车调度员(车站值班员)停车原因和停车位置,通知随车机械师处理,车站值班员报告列车调度员。列车调度员(车站值班员)应立即通知区间内后续列车停车,并不得再向该区间放行列车。随车机械师检查后,需要限速运行时,通知司机限速要求,司机报告列车调度员(车站值班员)后,按限速要求运行。不能继续运行时,及时请求救援。

6. 发现或接到转向架监测故障、车辆下部异音、异状的通知时,司机(列车工作人员)应立即采取紧急停车措施,司机向列车调度员(车站值班员)报告,车站值班员报告列车调度员。列车调度员(车站值班员)应立即通知区间内后续列车停车,不再向该区间放行列车。司机在接到列车调度员已发布邻线列车限速 160 km/h 及以下调度命令的口头指示后,通知随车机械师下车检查处理。随车机械师检查后,需要限速运行时,通知司机限速要求,司机报告列车调度员(车站值班员)后,按限速要求运行。不能继续运行时,及时请求救援。

在动车组控制系统启动状态下，监控系统对动车组设备有监控功能，监控系统检测到设备发生问题，在司机室车载信息监控装置上显示设备故障信息，并对司机和随车机械师作业进行提示。

动车组在运行中，发生动车组车轮抱死不缓解故障时，为避免轮对、钢轨擦伤危及行车安全，司机应立即停车处置。为保证随车机械师下车检查时的人身安全，司机在接到列车调度员已发布邻线列车限速 160 km/h 及以下调度命令的口头指示后，通知随车机械师下车检查处理。当动车组列车制动系统故障须切除单车制动力时，随车机械师应将切除制动力的情况及限速要求通知司机，司机报告列车调度员或车站值班员后，按限速要求运行，列车调度员不再发布动车组列车限速运行的调度命令。《技规》第 286 条规定，在接发列车的同时，接入制动力部分切除的动车组列车，而接车线末端无隔开设备时，禁止办理相对方向同时接车和同方向同时发接列车。为了保证列车调度员、车站值班员准确掌握这个行车限制条件，司机要报告列车调度员或车站值班员；车站值班员接到报告后，应及时报告列车调度员，列车调度员及时通知本调度区段相关车站值班员，跨调度区段运行时还应通知邻台列车调度员，防止错误办理相对方向同时接车和同方向同时发接列车。动车组发生全列制动不缓解故障时，按照《CRH 型动车组途中应急故障处理手册》和动车组司机车载信息系统监控的提示处置。全列常用制动不施加，司机可采用制动手柄或司机室内的紧急停车按钮，使动车组紧急停车。为确认动车组制动系统故障处置结果，须进行动车组制动试验。因动车组制动系统失效时，无法保证动车组列车运行安全，故必须请求救援。

动车组车窗玻璃破损，将导致车厢密封失效和动车组运行平稳性降低，高速运行时影响动车组运行安全，所以需降低运行速度。司机得到列车长或随车机械师动车组车窗玻璃破损导致车厢密封失效时，控制动车组列车限速 160 km/h 运行，列车调度员不再发布动车组列车限速运行的调度命令。

动车组空气弹簧故障时，动车组运行平稳性降低，高速运行时影响运行安全，所以需降低运行速度(CRH2/CRH380A/AL 型限速 120 km/h，其余车型限速 160 km/h)，列车调度员不再发布动车组列车限速运行的调度命令。

动车组车载信息监控装置对动车组每个轴端进行温度监控，检测到轴端温度超出设定值将报警，并在车载信息监控装置上显示报警位置和处置要求。当车载信息监控装置提示轴承温度超过报警温度时，司机应立即停车，报告列车调度员或车站值班员停车原因和停车位置，通知随车机械师处理，车站值班员报告列车调度员。列车调度员(车站值班员)应立即通知区间内后续列车停车，不再向该区间放行列车。随车机械师检查后，需要限速运行时，通知司机限速要求，司机报告列车调度员或车站值班员后，按限速要求运行。不能继续运行时，及时请求救援。

时速 300 km 动车组对转向架具有监测功能，对动车组转向架运行安全参数进行监测，发生异常时报警，在发现或接到转向架监测故障、车辆下部异音、异状的通知时，为保证动车组运行安全，须停车对动车组转向架和有关设备进行检查。发现或接到转向架监测故障、车辆下部异音、异状的通知时,司机(列车工作人员)应立即采取紧急停车措施,司机向列车调度员或车站值班员报告,车站值班员报告列车调度员。列车调度员(车站值班员)应立即通知区间内后续列车停车,不再向该区间放行列车。司机在接到列车调度员已发布邻线列车限速 160 km/h 及以下调度命令的口头指示后,通知随车机械师下车检查处理。随车机械师检查后,需要限速运行时,通知司机限速要求,司机报告列车调度员或车站值班员后,按限速要求运行。不能继续运行时,及时请求救援。

非正常行车组织及救援

第 410 条 列车反方向运行时,列车调度员应发布调度命令。列车调度员(车站控制时为车站值班员)确认反方向区间空闲。

在双线区段,由于正常情况下列车按左侧正方向运行,当需要反方向行车时,为使司机及有关人员掌握行车方式变化,严格办理程序,所以规定要发布调度命令,使有关人员按规定作业,确保行车安全。

列车反方向运行时,按站间间隔运行,所以在发车前必须确认反方向运行的线路上无迎面列车运行,区间空闲。

第 411 条 动车组列车反方向运行时,在 CTCS-3 级区段,CTCS-3 级列控系统最高允许速度为 300 km/h,CTCS-2 级列控系统最高允许速度为 250 km/h;在 CTCS-2 级区段,在 250 km/h 线路上最高允许速度为 200 km/h,在 200 km/h 线路上最高允许速度为 160 km/h。

为确保高速铁路反方向行车安全,对反方向最高允许速度进行了规定。

第 412 条 列车在区间被迫停车不能继续运行时,司机应立即使用列车无线调度通信设备通知列车调度员(两端站)及随车机械师(车辆乘务员),报告停车原因和停车位置,根据需要迅速请求救援。

1. 随车机械师(车辆乘务员)、客运乘务组均应听从司机指挥,处理有关行车、列车防护和事故救援等事宜。

2. 列车调度员(车站值班员)接到司机通知后,应将区间内列车运行情况通知司机,并立即使用列车无线调度通信设备通知区间内后续列车停车,在停车原因消除前不得再向区间内放行列车。

3. 对已请求救援的列车,不得再行移动,并按规定对列车进行防护。

4. 列车在区间被迫停车后,应保证就地制动,防止列车溜逸。如遇自动制动机故障,动车组以外的旅客列车司机应通知车辆乘务员立即组织列车乘务人员拧紧全列人力制动机;其他列车司机应立即采取安全措施,并向列车调度员报告。

5. 需要防护时,列车前方由司机负责,列车后方由随车机械师(车辆乘务员)负责,配备列车防护报警装置的列车应首先使用列车防护报警装置进行防护。单班单司机值乘的列车防护作业办法由铁路局规定。

列车在区间被迫停车是指，列车在区间因线路中断、接触网停电、动车组（电力机车）停在分相无电区、制动失效及其他机车车辆故障等原因，导致列车不能按信号显示（行车凭证）继续向前运行的情况。列车在区间因作业需要、信号（包括地面信号和车载信号）显示停车信号或显示不明、接到停车的通知而停车，以及发现线路上有行人、异物等而临时停车，不属于列车在区间被迫停车。列车被迫停车不能继续运行时，司机应立即使用列车无线调度通信设备通知列车调度员（或两端站车站值班员）及随车机械师（动车组以外的旅客列车为车辆乘务员），报告停车原因及停车位置。司机应根据需要立即请求救援。需要防护时，列车前方由司机负责，列车后方由随车机械师（动车组以外的旅客列车为车辆乘务员）负责，配备列车防护报警装置的列车应首先使用列车防护报警装置进行防护。单班单司机值乘方式不具有全路普遍性，列车防护作业办法由铁路局结合本局实际情况进行规定。

列车调度员（车站值班员）在接到司机被迫停车的报告后，应将该区间内运行列车的情况通知被迫停车司机，并立即通知该区间内后续列车停车，在被迫停车列车停车原因消除前不得再向该区间放行列车。

已请求救援的列车，不得移动位置，并按规定进行防护。

列车在区间被迫停车后，应保证就地制动，防止列车溜逸。被迫停车后，如遇自动制动机发生故障时，动车组以外的旅客列车司机应立即通知车辆乘务员，迅速组织列车乘务人员拧紧全列车辆的人力制动机，以使列车就地制动。其他列车的司机，应立即采取一切安全措施，如放置铁鞋、拧紧人力制动机等，并向列车调度员报告。

第413条 列车被迫停车可能妨碍邻线时，司机应立即使用列车无线调度通信设备通知邻线上运行的列车和列车调度员（两端站），与随车机械师（车辆乘务员）分别在列车头部或尾部附近对邻线来车方向短路轨道电路，配备列车防护报警装置的列车应首先使用列车防护报警装置进行防护。司机应亲自或指派人员沿邻线一侧对列车进行检查，发现妨碍邻线时，应立即报告列车调度员（两端站）。如发现邻线有列车开来时，应鸣示紧急停车信号。列车调度员（车站值班员）接到列车被迫停车可能妨碍邻线的通知后，应立即通知邻线有关列车停车，在原因消除前不得向邻线放行列车。

单班单司机值乘的列车防护作业办法由铁路局规定。

列车在区间发生脱轨、颠覆等事故或其他原因被迫停车时，司机及随车机械师（车辆乘务员）应认真观察，注意是否妨碍邻线。可能妨碍邻线时：

1. 配备列车防护报警装置的列车应首先使用列车防护报警装置进行防护。

2. 司机应立即用列车无线调度通信设备通知邻线上运行的列车，并通知列车调度员（或两端站车站值班员）。

3. 司机与随车机械师（动车组以外的旅客列车为车辆乘务员）分别在列车头部或尾部附近对邻线来车方向短路轨道电路。

4. 司机亲自或指派人员沿邻线一侧对列车进行检查,发现妨碍邻线时,立即报告列车调度员(或两端站车站值班员),如发现邻线有车开来时,司机应鸣示紧急停车信号。

5. 列车调度员(或两端站车站值班员)接到列车被迫停车可能妨碍邻线的通知后,应立即通知邻线有关列车停车,在妨碍邻线行车的原因消除前不得向邻线放行列车。

单班单司机值乘方式不具有全路普遍性,列车防护作业办法由铁路局结合本局实际情况进行规定。

第 414 条 列车在区间被迫停车后,根据下列规定防护:

1. 已请求救援时,从救援列车开来方面(不明时,从列车前后两方面),距离列车不小于 300 m 处放置响墩防护;在仅运行动车组列车的线路上,列车在区间被迫停车后已请求救援时,由随车机械师在救援列车开来方面,距离列车不小于 300 m 处人工进行防护,不再放置响墩防护。

2. 列车分部运行,机车进入区间挂取遗留车辆时,应从车列前方距离不小于 300 m 处放置响墩防护。

3. 防护人员设置的响墩在停车原因消除后,由防护人员撤除。

由于动车组轴重轻、运行速度高,响墩防护对动车组列车运行存在安全隐患,因此规定仅运行动车组列车的线路上,不放置响墩防护;对于其他线路设置响墩防护时,在停车原因消除后,由防护人员撤除响墩防护。

第 415 条 列车在区间退行。

1. 在不得已情况下,列车必须在区间退行时,列车调度员须扣停后续列车,并确认退行距离内的闭塞分区空闲后通知司机允许退行。随车机械师(车辆乘务员)或指派的胜任人员应站在列车尾部注视运行前方,发现危及行车或人身安全时,应立即使用紧急制动装置(紧急制动阀)或通知司机,使列车停车。列车退行速度不得超过 15 km/h。

2. 列车若需退行至站内,列车调度员还应确认列车至后方站间已空闲。列车调度员(车站控制时为车站值班员)根据线路占用情况,可开放进站信号机或按引导办法将列车接入站内。动车组列车若需退行至站内,列车调度员应发布调度命令。

3. 动车组列车退行时,改按隔离模式退行。

4. 在降雾、暴风雨雪及其他不良条件下,难以辨认信号时,列车不准退行。

列车在区间因自然灾害、发生事故或其他原因必须退行时,应执行下列要求:

1. 列车必须在区间退行时,列车调度员须扣停后续列车,并确认退行距离内的闭塞分区空闲后通知司机允许退行。退行时,随车机械师(车辆乘务员)或指派的胜任人员应站在列车尾部,注视运行前方(不显示信号),发现危及行车或人身安全情况时,应立即使用紧急制动装置(紧急制动阀),或使用列车无线调度通信设备通知司机,使列车停车。因列车退行时,司机在后端操作,为确保退行安全,列车退行速度不得超过 15 km/h,以便发现情况能随时停车。

2. 列车若需退行至站内,列车调度员还应确认列车至后方站间已空闲。列车调度员(车站值班员)根据线路占用情况,可开放进站信号机或按引导办法将列车接入站内。前端人员在进站前,及时将进站信号或引导信号显示状态通知司机,司机根据信号运行。动车组列车若需退行至站内,列车调度员应发布调度命令。

3. 动车组列车退行时,司机根据调度命令选择隔离模式退行。

4. 在降雾、暴风雨雪及其他不良条件下,难以辨认信号,也不利于瞭望确认,所以不准退行。

第 416 条 动车组列车由区间返回。

动车组列车在区间被迫停车后须返回后方站时,列车调度员必须确认动车组列车至后方站间已空闲,方可发布调度命令。司机根据调度命令,在动车组列车运行方向(折返)前端操作,列车改按隔离模式返回,运行速度不得超过 40 km/h。

动车组列车在区间被迫停车后须返回后方站时,首先必须确保动车组列车至后方站间空闲,确认空闲后列车调度员发布调度命令。由于动车组列车前后两端均设有司机室,为便于司机控车和瞭望,保证运行安全,在运行方向前端司机室设备正常的情况下,应采用换端牵引方式运行。此时,司机应根据调度命令,将列控车载设备转为隔离模式运行,运行速度不得超过 40 km/h。进站时,凭进站信号机显示的允许运行的信号进站。

第 422 条 运行途中列车司机发现晃车时,应立即减速运行并向列车调度员(车站值班员)报告晃车地点及晃车时列车运行速度,待本列无异常状况后恢复常速运行。车站值班员报告列车调度员。

司机在运行途中列车发现晃车时,必须立即采取减速运行的措施,确保本列运行安全,本列运行无异常状况后恢复常速运行。为保证后续列车运行安全,应立即向列车调度员或车站值班员报告,以便对后续列车采取措施。车站值班员接到司机有关晃车的报告应报告列车调度员。

第 425 条 电力机车牵引的列车和动车组列车停在接触网分相无电区不能继续运行时,司机应立即降弓,并报告列车调度员(车站值班员),车站值班员报告列车调度员。列车调度员(车站值班员)立即通知已进入区间的后续列车停车,不再向该区间放行列车。

电力机车牵引的列车、动车组停在分相无电区时,司机应立即降弓,同时应报告列车调度员或车站值班员。列车调度员或车站值班员立即通知区间内的后续列车停车,并不再向该区间放行列车,以便列车运行调整和后续救援工作。

第 426 条 具备采用换弓、退行闯分相等方式自救时,司机应准确报告电力机车(动车组)停车位置,由列车调度员、供电调度员、机车调度员(动车司机调度员)共同根据电力机车(动车组)类型、停车位置、牵引供电设备状况等确定自救方案,组织自救。

由于电力机车、动车组有两个或多个受电弓，当停在分相无电区时，可以根据具体的停车位置、本身的设备条件、牵引供电设备状况等，确定是否可以采用换弓、退行闯分相等方式自救。当具备自救条件时，司机应准确报告电力机车(动车组)停车位置，由列车调度员、供电调度员、机车调度员(动车司机调度员)共同根据电力机车(动车组)类型、停车位置、牵引供电设备状况等确定自救方案，组织自救。

第428条 列车运行中碰撞异物影响行车安全时，司机应立即采取停车措施，并向列车调度员(车站值班员)报告碰撞异物地点、碰撞异物情况及停车地点，动车组列车司机还应通知随车机械师。车站值班员报告列车调度员。列车调度员(车站值班员)立即通知本线已进入区间的后续列车停车，不再向该区间放行列车。需下车检查时，列车调度员根据司机请求及时发布邻线限速160 km/h及以下的调度命令，司机在接到列车调度员已发布相关调度命令的口头指示后，下车检查(动车组列车为通知随车机械师下车检查)。

1. 经检查列车可以继续运行时，恢复运行(动车组列车按随车机械师的要求运行)，司机向列车调度员报告检查情况。如检查未发现异常情况，列车调度员向本线后续首列发布口头指示限速160 km/h运行，限速位置按碰撞异物地点前后各2 km确定，列车司机应加强瞭望，确认线路和接触网有无异常状态，在通过限速地点后立即向列车调度员报告，列车调度员在得到司机无异常的报告后，组织本线后续列车恢复正常运行；有影响行车异常情况时，列车调度员根据司机报告，扣停后续列车或组织后续列车限速运行，及时通知有关部门按规定上道检查处理。

2. 经下车检查确认不能继续运行时应及时请求救援，并按规定进行防护。

当列车运行中碰撞异物影响行车安全时，为确保本列运行安全，司机应立即采取停车措施，并向列车调度员(车站控制时为车站值班员)报告碰撞异物地点、碰撞异物情况及停车地点，动车组列车司机还应通知随车机械师对列车进行检查。车站值班员接到司机的报告后应报告列车调度员。为防止后续列车再次发生碰撞，同时考虑到发生碰撞的列车不能正常运行等情况，列车调度员或车站值班员应立即通知本线已进入区间的后续列车停车，并不再向该区间放行列车。需下车检查时，司机(动车组为随车机械师通过司机)向列车调度员申请邻线限速160 km/h及以下，司机在接到列车调度员已发布相关调度命令的口头指示后，下车检查(动车组列车为司机通知随车机械师下车检查)。

经检查列车可以继续运行时，本列恢复运行，其中动车组列车司机按随车机械师的要求运行，司机及时向列车调度员报告检查情况。如检查未发现异常情况，由于原因不明，为确保后续列车运行安全，列车调度员向后续首列列车发布160 km/h限速运行的口头指示，限速位置按碰撞异物地点前后各2 km确定。后续首列列车司机运行时应加强瞭望，确认线路和接触网有无异常状态，在通过限速地点后立即向列车调度员报告，列车调度员在得到司机无异常的报告后，再组织本线后续列车恢复正常运行；如果有影响行车异常情况时，列车调度员根据司机报告的具体情况，采取扣停后续列车或组织后续列车限速运行的措施，通知有关部门按规定上道检查处理。

如经下车检查确认不能继续运行时，司机及时请求救援，并按规定进行防护。

第 433 条 重联动车组列车需解编时，由随车机械师负责引导，司机确认并拉开安全距离。解编后，动车组应分别按规定采取防溜措施。

动车组以外的列车需要分隔甩车时，应根据风向等情况而定。一般为先甩下列车后部的未着火车辆，再甩下着火车辆，然后将机后未着火车辆拉至安全地段。对甩下的车辆，在车站由车站人员负责采取防溜措施；在区间由司机、车辆乘务员负责采取防溜措施。

对重联动车组解编、动车组以外的列车需分隔甩车时的处置做出了规定。动车组以外的列车，停车后应利用当地条件就地灭火，需要分隔甩车时，应根据风向确定分隔甩车位置。根据经验，一般为先甩下列车后部的未着火车辆，再甩下着火车辆，然后将机次未着火车辆拉至安全地段。对甩下的车辆，在车站由车站人员负责采取防溜措施；在区间由司机、车辆乘务员负责采取防溜措施。

第 441 条 使用机车救援动车组时，应进行制动试验，制动主管压力采用 600 kPa。具备升弓供电条件时，允许动车组升弓供电。当使用电力机车担当救援机车，如动车组升弓，由动车组司机通知救援机车司机，救援机车司机在通过分相区前通知动车组司机断电并降弓。

连挂前，司机须与列车调度员联系，在得到列车调度员已发布邻线限速 160 km/h 及以下的调度命令（妨碍邻线及组织旅客疏散时为已扣停邻线列车）的口头指示后，方可开始作业。

救援机车司机在救援作业过程中，要严格遵守有关限速规定，与动车组司机保持联系。救援运行中尽可能避免实施紧急制动。

使用机车救援动车组时，在机车和动车组间要加装过渡车钩和专用风管，开闭相关塞门。为保证制动主管贯通，要进行制动试验。动车组日常运行时，制动主管压力采用 600 kPa，因此在制动试验和继续运行时，列车制动主管压力采用 600 kPa。

部分动车组当蓄电池电压低于规定值时，会自动抱死车轮，造成动车组无法运行，同时，动车组不升弓取电会影响动车组内空调、照明、电热饮水机等用电设备正常使用。因此，使用机车救援时，动车组具备升弓供电条件时，允许升弓供电。使用电力机车担当救援，如动车组升弓，机车受电弓与动车组两受电弓间距离不能满足通过接触网分相的要求，因此动车组司机需升弓时，要通知救援机车司机，以便救援机车司机在通过分相前通知动车组司机断电并降弓。

使用机车救援动车组连挂作业时，为保证作业人员人身安全，作业人员要根据现场情况申请邻线列车限速 160 km/h 及以下，如妨碍邻线或需组织旅客疏散，要在扣停邻线列车后，方可开始作业。

救援机车司机在救援作业过程中，要严格遵守有关限速规定，保证救援安全，并与动车组司机保持联系，如有异常情况及时采取减速或停车措施，救援运行中尽可能避免实施紧急制动。

第 442 条 动车组由机车牵引继续运行时，列车调度员根据随车机械师提出的限速要求，向救援机车司机发布限速运行的调度命令。

使用机车救援动车组，由于安装了过渡车钩或车辆自身等原因需限速运行时，由随车机械师通过司机报告列车调度员限制速度，列车调度员发布限速调度命令。

第 443 条 使用机车救援动车组时，动车组列控车载设备转入或退出隔离模式不发布调度命令。

在使用机车救援动车组或救援后动车组列车能够恢复运行时，被救援动车组转入或退出隔离模式，列车调度员不发布调度命令，由动车组司机自行转换。

第 447 条 列车调度员及时发布有关调度命令。担当救援的动车组司机接到救援命令后，必须认真确认。命令不清、停车位置不明确时，不准动车。

确定救援方案后，列车调度员要及时下达相应的调度命令。救援动车组在关系站进入封锁区间前，列车调度员要下达救援列车进入封锁区间救援的调度命令。调度命令应指明救援列车进入封锁区间往返的运行车次、被救援列车停车地点、任务及注意事项等。

司机接到救援命令后，应认真确认调度命令内容，明确救援任务。对命令中确定的停车地点要做到心中有数。

第 448 条 向封锁区间发出救援动车组时，不办理行车闭塞手续，以列车调度员的命令，作为进入封锁区间的许可。

向封锁区间发出救援列车时，因为区间已发生事故或行车设备故障，不能按正常闭塞手续办理行车，必须以列车调度员的命令，作为进入封锁区间的许可。

第 449 条 救援列车的出发或返回，均应通知列车调度员及对方站(与本站为同一人办理时除外)。如事故现场设有临时线路所时，列车调度员(车站控制时为车站值班员)应于发车前，商得线路所车站值班员的同意。

为使列车调度员准确掌握救援进度，安排救援人员和材料，及时做好区间开通后的列车运行计划，救援列车开往封锁区间或由封锁区间返回车站时，车站控制的车站应向列车调度员报告。为使封锁区间对方站掌握有关情况，亦应将上述内容通知对方站，如本站和邻站为列车调度员(车站值班员)同一人办理时除外。

如因救援需要现场设有临时线路所，该线路所车站值班员负责与相邻站(所)或列车调度员办理行车手续。车站向线路所开行救援列车时，必须取得线路所车站值班员同意，以便线路所及时做好接车前的准备工作。线路所向区间两端车站发车时，亦必须取得接车站的同意。

第 451 条 在故障动车组前部救援时，担当救援的动车组按隔离模式进入区间，在接近被救援列车 2 km 时，以在瞭望距离内能够随时停车的速度运行，最高不超过 20 km/h，在距被救援列车不小于 300 m 处一度停车，与被救援列车联系确认后进行作业；在故障动车组尾部救援时，开放出站信号，担当救援的动车组按完全监控模式进入区间，在行车许可终点停车，与被救援列车联系确认后，按目视行车模式进入前方闭塞分区，以在瞭望距离内能够随时停车的速度运行，最高不超过 20 km/h，在距被救援列车不小于 300 m 处一度停车（行车许可终点距被救援列车不足 300 m 时除外），与被救援列车联系确认后进行作业。

连挂前，司机须与列车调度员联系，在接到列车调度员已发布邻线限速 160 km/h 及以下的调度命令（妨碍邻线及组织旅客疏散时为已扣停邻线列车）的口头指示后，方可开始作业。

在故障动车组前部救援时，区间闭塞方向与救援动车组运行方向相反，列车进入区间后，列控车载设备会收到停车信号，因此需将动车组列控车载设备转为隔离模式。救援动车组进入封锁区间后，司机要注意运行，在接近被救援列车 2 km 时，以在瞭望距离内能够随时停车的速度运行，最高不超过 20 km/h，在距被救援列车不少于 300 m 处一度停车，与被救援列车联系确认后进行作业。在故障动车组尾部救援时，为使救援列车尽快运行至救援地点，列车调度员应提前通知担当救援的动车组司机担当救援任务，在排列列车进路、开放出站信号后，向担当救援的动车组司机发布调度命令。担当救援的动车组司机在收到允许运行的信号和列车调度员发布的调度命令后，方可按完全监控模式进入区间，在行车许可终点停车，与被救援列车联系确认后，按目视行车模式进入前方闭塞分区，以在瞭望距离内能够随时停车的速度运行，最高不超过 20 km/h，在距被救援列车不少于 300 m 处一度停车，与被救援列车联系确认后进行作业。如行车许可终点距被救援列车不足 300 m 时，在行车许可终点停车后，与被救援列车联系确认后进行作业。

连挂作业时，为保证作业人员人身安全，作业人员要根据现场情况申请邻线列车限速 160 km/h 及以下，如妨碍邻线或需组织旅客疏散，要在扣停邻线列车后，方可开始作业。

第 452 条 被救援动车组转入或退出隔离模式不发布调度命令。

在救援过程中或救援后动车组列车能够恢复运行时，被救援动车组转入或退出隔离模式，列车调度员不发布调度命令，由动车组司机自行转换。

第 453 条 当故障动车组处理后可继续运行时，列车调度员应根据司机请求，取消前发救援调度命令。

遇动车组发生故障等情况申请救援后，如在救援前故障修复可继续运行时，被救援动车组司机要向列车调度员报告,列车调度员根据司机报告,取消前发救援命令,组织列车恢复运行。司机在未得到列车调度员的准许前,不得动车。

第 459 条 在区间组织旅客换乘时,列车调度员组织担当换乘任务的动车组列车进入邻线指定位置停车。担当换乘任务的列车到达邻线指定位置停妥后,司机向列车调度员报告。列车调度员通过申请换乘的列车司机通知列车长组织旅客换乘。担当换乘任务的列车长确认旅客换乘完毕后通知司机,司机得到列车长通知,确认车门关闭,具备开车条件后起动列车,并向列车调度员报告。

在区间组织旅客换乘时,列车调度员组织担当换乘任务的动车组列车进入邻线指定位置停车。司机停车位置应尽量使热备动车组车门与故障动车组车门对齐,以便安装紧急用渡板,组织旅客换乘。担当换乘任务的列车到达邻线指定位置停妥后,司机向列车调度员报告。列车调度员通过申请换乘的列车司机通知列车长组织旅客换乘。担当换乘任务的列车长确认旅客换乘完毕后通知司机,司机得到列车长通知,确认车门关闭,具备开车条件后起动列车,并向列车调度员报告。

第三节 信号显示

基本要求

第 463 条 非列控车载设备控车的列车在高速铁路运行时,遇地面信号机显示一个黄色闪光和一个黄色灯光时,表示要求列车按限速要求(最高不超过 45 km/h)越过该信号机;遇机车信号机显示一个双半黄色闪光时,表示要求列车按限速要求(最高不超过 45 km/h)越过接近的地面信号机。

本条针对非列控车载设备控车的列车在高速铁路运行时,遇特殊场景限速运行作出了规定。

《高速铁路设计规范(试行)》(TB 10621—2009)第 14.2.9 条规定:"车站及线路所列车信号机应常态灭灯。列车未安装列控车载设备或列控车载设备停用时,相应的列车信号机应经人工确认后转为点灯状态。"

本规程第 469 条规定:高速铁路区段,常态点灯的进站信号机以及常态灭灯的进站信号机转为点亮状态时,其显示一个黄色闪光和一个黄色灯光均表示"准许列车经 18 号及以上道岔侧向位置进入站内准备停车,且进路允许速度不低于 80 km/h。"

本规程第 477 条规定:1. 连续式机车信号显示一个双半黄色闪光表示"要求非列控车载设备控车的列车限速运行(最高不超过 45 km/h),表示列车接近的地面信号机开通经 18 号及以上道岔侧向位置的进路,且进路允许速度不低于 80 km/h"。2. 列控车载设备的"机车信号"显示一个双半黄色闪光表示"列车接近的地面信号机开通经 18 号及以上道岔侧向位置的进路,且进路允许速度不低于 80 km/h。"

在地面信号机显示“黄闪黄”或机车信号显示“双半黄闪”的场景下,《技规(普速铁路部分)》对应的条文除指出经18号及以上道岔侧向接车外,还明确规定次一架信号机已开放直向进路或经18号及以上道岔侧向位置的进路。

由此可知,对于上述信号显示,《技规》(普速铁路部分)给出的显示含义更加严格。这是因为:由机车牵引的列车(尤其是货物列车)与动车组列车的制动性能存在较大差异,在相同制动初速度(如80 km/h)、线路状况等条件下,后者的制动距离更短。所以,在高速铁路区段,即使次一架信号机关闭,接车进路长度(咽喉区与股道长度之和)可以满足动车组列车由80 km/h制动到停车的要求。近年来高速铁路的工程实践也证明了这一点。

对于非列控车载设备控车的非动车组列车,其制动性能不能按照正常的动车组来考虑。

因为控制地面信号机点灯的联锁设备和控制轨道电路发码的设备难以判别列车的种类及其控车模式等情况,在地面信号系统给出的同一种场景下,不能按各种列车给出变化的信号显示或机车信号信息码。如统一按照《技规》(普速铁路部分)规定的方式,则不能有效发挥18号及以上道岔的优势,也影响线路的通行能力。

因非列控车载设备控车的列车在高速铁路运行的情况非常特殊,考虑此种场景下的行车安全,作出本条规定。

第464条 区间不设通过信号机、在闭塞分区分界处设置区间信号标志牌的CTCS-2/CTCS-3级区段车站的进站、出站、进路信号机以及线路所的通过信号机常态灭灯,仅起停车位置作用。遇下列情况上述信号机应转为点亮状态:

1. 接发未装设列控车载设备的列车时;
2. 接发列控车载设备故障的动车组列车时;
3. 需越出站界调车时。

本条对区间不设通过信号机、在闭塞分区分界处设置区间信号标志牌的CTCS-2/CTCS-3级区段车站的信号机灭灯和点亮作出了规定。

在上述CTCS-2/CTCS-3级区段,主要运行由列控车载设备控车的动车组列车,其运行速度很高,司机确认地面信号显示变得很困难,故进站信号机、出站信号机、进路信号机以及线路所的通过信号机常态为灭灯状态。

《高速铁路设计规范(试行)》(TB 10621—2009)对此作了相关规定:

第14.2.9条规定:“车站及线路所列车信号机应常态灭灯。列车未安装列控车载设备或列控车载设备停用时,相应的列车信号机应经人工确认后转为点灯状态。”

第14.2.11条规定:“调车信号机及动车段(所)列车信号机应常态点灯。”

第14.2.12条规定:“区间不设通过信号机的客运专线与区间设通过信号机的客运专线的衔接车站,应按照股道的主要接发车方向分别设置信号机构。主要接发车方向为区间设置通过信号机的股道应采用普通信号机构并常态点灯,主要接发车方向为区间不设置通过信号机的股道应采用客专信号机构并常态灭灯。”

第 14.5.12 条规定:“常态灭灯的车站(含无配线车站)出站信号机和防护区间道岔的通过信号机开放允许信号时应检查站间空闲条件。”

遇“接发未装设列控车载设备的列车”、“接发列控车载设备故障的动车组列车”、“需越出站界调车”等特殊情况,列车运行速度较低,且不是列控车载设备控车,需以地面信号作为行车凭证,故需将上述信号机转为点亮状态。

由于区间不设通过信号机,对于未装设列控车载设备或列控车载设备故障的列车(包括以 LKJ 控车时),需按站间闭塞方式组织行车。

本条规定参考了《高速铁路设计规范(试行)》(TB 10621—2009)的相关规定。

第 465 条 常态灭灯的信号机转为点亮状态时,以及其他常态点灯的信号机的定位显示规定如下:

1. 进站、出站、进路、调车信号机均以显示停车信号为定位。

2. 线路所的通过信号机以显示停车信号为定位,其他通过信号机以显示进行信号为定位。

本条根据不同信号机的用途,规定了其处于点亮状态时的定位显示状态。

本条与《技规》(普速铁路部分)第 411 条对应。

高速铁路均为自动闭塞区段,且不设计自动通过进路。相应地,本条未规定接近信号机、预告信号机、臂板信号机、驼峰信号机、驼峰辅助信号机、遮断信号机、复示信号机等主要属普速铁路的内容,并不再描述自动通过作业时信号机定位显示的内容。

进站信号机、接车进路信号机、接发车进路信号机、调车信号机、线路所的通过信号机的显示是指示列车由区间进入分界点(车场)或防护处所起防护作用的信号机。

出站信号机、发车进路信号机是起防护作用的信号机,其显示是指示列车能否向区间(或车场)发车。

调车信号机是起防护作用的信号机,其显示是指示调车车列能否向信号机防护的进路调车。

上述各种信号机,对行车安全有着重要作用,所以规定点亮状态时均以显示停车信号为定位。

通过信号机主要有两类:区间一般的通过信号机、线路所的通过信号机。

1. 区间一般的通过信号机设于闭塞分区的分界处,不防护区间道岔,采用“绿—红—黄”三灯位机构型式。一般未加特殊说明者,“通过信号机”所指即为该类。

2. 设有分歧道岔的线路所可实现列车转线运行,并使用通过信号机进行防护。该类通过信号机设于闭塞分区与线路所的分界处,采用进站信号机的机构型式。该类通过信号机应由列车调度员(车站值班员)办理方可开放允许信号。

除线路所的通过信号机外,其他通过信号机均是其后方信号机的预告信号机。它是根据列车运行在不同闭塞分区而自动变换信号显示的。为提高通过能力,保证列车经常能在绿色灯光下运行，故该信号机以显示进行信号为定位。

信号机的定位，是指无列车运行的条件下，处于点亮状态的信号机经常保持的显示状态。使用完毕后须立即恢复到规定的显示状态，即定位显示。

停车信号也称禁止信号，是指禁止列车或调车车列越过信号机的信号。

进行信号也称允许信号，是指准许列车或调车车列运行的各种信号显示的总称。

第 466 条 常态点灯的信号机的关闭时机规定如下：

1. 进站、进路、出站、通过信号机，当列车或动车组第一轮对越过该信号机后自动关闭。

2. 调车信号机在调车车列全部越过调车信号机后自动关闭；当调车信号机外方不设轨道占用检查装置或虽设轨道占用检查装置而占用时，应在调车车列全部出清调车信号机内方第一轨道区段后自动关闭，根据需要也可在调车车列第一轮对进入调车信号机内方第一轨道区段后自动关闭。

3. 引导信号应在列车头部越过信号机后及时关闭。

特殊站(场)执行上述规定有困难时，由铁路局规定。

常态灭灯的进站、进路、出站、通过信号机转为点亮状态且开放允许信号或显示引导信号时，当列车或动车组第一轮对越过该信号机后自动关闭(点亮红灯)，当其防护的进路解锁后红灯自动熄灭。

本条针对常态点灯的信号机和常态灭灯的信号机转为点亮状态时，其关闭时机作出了规定。

本条与《技规》(普速铁路部分)第 412 条对应。

高速铁路均为自动闭塞区段，车站均为集中联锁。相应地，本条未规定非集中联锁等内容。

根据本规程第 464 条规定及工程实践，高速铁路区段的列车信号机可分为“常态点灯”和“常态灭灯”两类。后者正常状态不显示，仅起停车位置作用；遇特殊情况转为点亮状态。相应地，本条描述了“常态点灯”的信号机以及“常态灭灯”的信号机转为点亮状态并显示允许信号时，其关闭时机的内容。

信号机关闭的时机，与行车安全、效率有直接关系。

1. 第 1 款

在车站及区间均设有轨道占用检查装置(如轨道电路)，当动车组(或机车车辆)第一轮对越过进站信号机、进路信号机、出站信号机、通过信号机等列车信号机，进入其内方轨道区段时，信号机即自动关闭，以确保行车安全。

本款中的“通过信号机”包括线路所的通过信号机和一般的区间通过信号机。

2. 第 2 款

调车作业比较复杂，可能有推送作业，调车机车乘务员瞭望运行前方的调车信号机显示应处于开放状态，因此调车信号机应在调车车列全部越过调车信号机后自动关闭；

取送车列作业时,在股道上(可能未设轨道占用检查装置)有可能遗留车列,而设备本身无法判断"调车车列全部越过调车信号机"这一过程,因此当调车信号机外方不设轨道占用检查装置或虽设轨道占用检查装置而占用时,在调车车列全部出清调车信号机内方第一轨道区段后自动关闭。根据需要也可在调车车列第一轮对进入调车信号机内方第一轨道区段后自动关闭,例如在专用的机走线和动车段(所)出口处以及机待线上的调车信号机。

由本规程第 475 条可知,起阻挡列车运行作用的调车信号机,可能增加红色灯光(即具有红、蓝、白三个灯位)。对于此种调车信号机,当列车越过时,其蓝色灯光将自动变为红色灯光,该变化时机执行的是本条第 1 款的规定(即"机车或车辆第一轮对越过")。

3. 第 3 款

引导信号也是指挥行车的列车信号,其关闭的时机与第 1 款要求相同,应在列车头部越过信号机后及时关闭。

4. 常态灭灯的信号机

对于正常状态不显示的信号机,当其转为点亮状态且开放允许信号或显示引导信号时,当列车或动车组第一轮对越过该信号机后点亮红灯,其防护的进路解锁后红灯自动熄灭,恢复灭灯的常态。

5. 需要说明的问题

在情况复杂的大站(场)执行上述规定有困难时,信号机恢复定位的时机难以统一规定,应由铁路局规定。

本条文中所述"信号自动关闭"以"动车组(或机车车辆)第一轮对"、"列车头部"越过信号机作为判定,主要是考虑了司机行车时的实际操作习惯。

在信号控制电路中,以轨道占用检查装置的输出条件与信号自动关闭发生联锁,这就涉及信号机的安装位置和轨道区段边界点之间的相互关系。

轨道区段边界点(钢轨绝缘)与信号机并列安装,对于列车运行、维护管理,以及信号系统确定轨道区段的联锁关系等,均较为有利。但在工程实践中,钢轨绝缘受钢轨结构类型、轨道电路技术参数等影响,信号机的设置位置则受安装限界、显示距离等影响,两者有时难以做到严格并置。

为避免和减少安装信号机时串轨、换轨和锯轨等工作,《铁路信号设计规范》(TB 10007—2006)等相关文件规定:进站信号机、接车进路信号机、接发车进路信号机及自动闭塞区间并置的通过信号机处,钢轨绝缘可设在信号机前方 1 m 或后方 1 m 的范围内;出站信号机(包括出站兼调车)或发车进路信号机、自动闭塞区间单置通过信号机处,钢轨绝缘可设在信号机前方 1 m 或后方 6.5 m 的范围内;调车信号机处的钢轨绝缘可设在其信号机前方或后方各 1 m 的范围内,当该信号机设在到发线上时,钢轨绝缘可设在信号机前方 1 m 或后方 6.5 m 的范围内。在区间,采用无绝缘移频轨道电路(以 ZPW-2000A 为例),通过信号机设于调谐区的起点、距调谐单元(BA)1 m 处。

在 6502 继电联锁中,考虑司机与列车第一轮对的前后关系,站内列车信号机的列车信号继电器(LXJ)励磁后遇关闭条件时，设置了一定的缓放时间(2.5 s～3 s)适度后延信号机关闭的时间，以避免低速运行的列车越过信号机的允许信号时，司机可能短时间看见过早显示红灯的信号。计算机联锁亦沿用了该设计思路。

综上，本条规定的“信号机的关闭时机”考虑了上述工程实践情况。

第 467 条 常态点灯的进站、进路、出站、通过信号机，以及常态灭灯的进站、出站、进路信号机以及线路所的通过信号机需转为点亮状态时，遇灯光熄灭、显示不明或显示不正确时，均视为停车信号。

本条针对常态点灯的信号机和常态灭灯的信号机转为点亮状态后，遇灯光熄灭、显示不明或显示不正确时，其显示含义作出了规定。

本条与《技规》(普速铁路部分)第 413 条对应。

高速铁路均为自动闭塞区段，相应地，本条未规定接近信号机、预告信号机等内容。

根据本规程第 464 条规定及工程实践，高速铁路区段的列车信号机可分为“常态点灯”和“常态灭灯”两类。后者正常状态不显示，仅起停车位置作用；遇特殊情况转为点亮状态。相应地，本条描述了“常态点灯”的信号机和“常态灭灯”的信号机点亮后，遇灯光熄灭、显示不明或显示不正确时，均视为停车信号的内容。

进站信号机、出站信号机、进路信号机、通过信号机等，对车站(场)、区间或铁路线路平面交叉处所起防护作用。以地面信号显示作为行车凭证时(如非列控车载设备控车的列车)，防护区间、车站等处所的信号机没有清晰准确的指示可以进入时，均不准列车进入该信号机内方，否则将可能造成严重后果。所以规定当以上信号机的灯光熄灭、显示不明或显示不正确时，均应视为停车信号，列车不准越过该信号机，以保证行车安全。

固定信号

第 469 条 进站色灯信号机显示下列信号：

1. 常态点灯的进站色灯信号机

(1)一个绿色灯光——准许列车按规定速度经道岔直向位置进入或通过车站，表示运行前方至少有三个闭塞分区空闲(如第 25 图所示)；

(2)一个绿色灯光和一个黄色灯光——准许列车按规定速度经道岔直向位置进入站内，表示次一架信号机经道岔直向位置开放一个黄灯(如第 26 图所示)；

(3)一个黄色灯光——准许列车按限速要求经道岔直向位置进入站内正线准备停车(如第 27 图所示)；

(4)一个黄色闪光和一个黄色灯光——准许列车经 18 号及以上道岔侧向位置进入站内准备停车，且进路允许速度不低于 80 km/h(如第 28 图所示)；

(5)两个黄色灯光——准许列车按限速要求越过该信号机，经道岔侧向位置(但不满足上述第(4)项条件)进入站内准备停车(如第 29 图所示)；

(6)一个红色灯光——不准列车越过该信号机(如第 30 图所示)。

第 25 图

第 26 图

第 27 图

第 28 图

第 29 图

第 30 图

2. 常态灭灯的进站色灯信号机转为点亮状态时

(1)一个绿色灯光——准许列车按规定速度经道岔直向位置通过车站,表示运行前方区间空闲;或准许列车按规定速度经道岔直向位置进入车站,表示运行前方至少有三个闭塞分区空闲(如第 25 图所示);

(2)一个绿色灯光和一个黄色灯光——准许列车按规定速度经道岔直向位置进入站内,表示次一架信号机经道岔直向位置开放一个黄灯(如第 26 图所示);

(3)一个黄色灯光——准许列车按限速要求经道岔直向位置进入站内正线准备停车(如第 27 图所示);

(4)一个黄色闪光和一个黄色灯光——准许列车经 18 号及以上道岔侧向位置进入站内准备停车,且进路允许速度不低于 80 km/h(如第 28 图所示);

(5)两个黄色灯光——准许列车按限速要求越过该信号机,经道岔侧向位置(但不满足上述第(4)项条件)进入站内准备停车(如第 29 图所示);

(6)一个红色灯光——不准列车越过该信号机(如第 30 图所示)。

本条对进站色灯信号机的各种显示含义作了详细描述。

本条与《技规》(普速铁路部分)第 415 条对应。

高速铁路均为(四显示)自动闭塞区段,相应地,本条未规定三显示自动闭塞、半自动闭塞、自动站间闭塞区段等内容。

根据本规程第464条规定及工程实践,高速铁路区段的列车信号机可分为"常态点灯"和"常态灭灯"两类。后者正常状态不显示,仅起停车位置作用;遇特殊情况转为点亮状态。相应地,本条描述了"常态点灯"的进站信号机和"常态灭灯"的进站信号机信号机点亮后,其显示含义的内容。

进站信号机、接车进路信号机、接发车进路信号机以及防护区间分歧道岔的线路所通过信号机均采用"双机构带引导"的机构型式。以下条文说明中的"接车信号机"泛指上述各类信号机。

对于非列控车载设备控车的列车,接车信号机信号显示的速度含义见表469-1。

表469-1　接车信号机信号显示的速度含义

信号显示	绿	绿黄	黄	黄闪黄	黄黄	红白	红
速度意义	$v_{规}/v_{规}$	$v_{规}/v_{黄}$	$v_{黄}/0$ 或 $v_{黄}/v_{岔}$	$v_{大}/$—	$v_{岔}/$—	$v_{引}/$—	0/—

表中:

$v_{规}$——规定速度(规定的允许最高速度);

$v_{黄}$——黄灯限速;

$v_{大}$——18号或以上道岔侧向限速(18号道岔侧向限速一般为80 km/h);

$v_{岔}$——道岔侧向限速;

$v_{引}$——引导限速(动车组列车40 km/h,其他列车20 km/h);

$v_{规}/v_{规}$——始端速度/终端速度,其他类同。

由本规程第461条的条文说明,进站信号机指示列车按"规定速度"运行时,是指由不同条件或场景给出的最高限速值中的最低值。

进站信号机的显示具有速度含义。其显示方式即是根据上表的原则确定的,这样司机就可以根据不同显示作出判断,按不同速度运行。

1. 第1款:常态点灯的进站信号机

(1)第(1)项:一个绿色灯光指示列车经正线直向越场接车或通过车站,运行前方至少有三个经直向进路空闲的闭塞分区。

对于规模不大的车站,如运行前方第三个"经直向进路空闲的闭塞分区"延伸至车站前方的区间(包括出站第一离去区段),则该显示指示的是"经正线直向通过车站";对于规模较大的车站,如运行前方第三个"经直向进路空闲的闭塞分区"的末端仍为站内信号机,则该显示指示的是"经正线直向越场接车"。

因此,进站信号机显示"绿"与出站信号机是否开放或开放的进路"直弯"没有必然联系。

(2)第(2)项:一个绿色灯光和一个黄色灯光指示列车经正线直向越场接车,运行前方有两个经直向进路空闲的闭塞分区。

实际上,该显示也可反映列车运行前方第三个"闭塞分区"的状态:其防护信号机关闭或开通经由道岔侧向位置的进路(故"次一架信号机"显示"黄");如果列车运行前方第三个“闭塞分区”的防护信号机亦经直向进路开放，则属“绿”的显示含义范畴。

因此，进站信号机显示“绿黄”时，可明确指示列车运行前方次一架信号机开放直向进路，但与出站信号机是否开放或开放的进路“直弯”没有必然联系。

(3)第(3)项：一个黄色灯光指示进站直向接车。

这通常是指进入站内正线停车；有时经正线直向接车后不需停车，而是经由道岔侧向位置的进路继续发车(进直出弯)。只要发车进路经过道岔侧向，不论道岔的辙叉号多大，均视为“准备停车”。

“黄灯”是限速信号，要求通过该信号机时降到规定的黄灯限速以下。

(4)第(4)项：一个黄色闪光和一个黄色灯光指示经由18号及以上道岔侧向接车。

在普速铁路，车站(线路所)设置18号及以上道岔，主要是为提高列车侧向通过车站的运行速度。其通常的运行方式是不停车通过车站，故对次一架信号机的开放作出了要求。

在高速铁路，车站(线路所)设置18号及以上道岔，主要是为提高动车组列车侧向接车的运行速度。其运行方式既可能是不停车通过车站、也可能是侧线停车后再发车。高速铁路区段运行的主要是动车组列车，根据理论计算和近年来高速铁路的工程实践，接车进路长度(咽喉区与股道长度之和)可以满足动车组列车由80 km/h制动到停车的要求。为缩短列车追踪运行时间间隔，对次一架信号机的开放未作要求。

相对于“双黄”，“黄闪黄”表达了更高的运行速度许可(如80 km/h)，考虑司机的操作方式和列控车载设备的工作模式，当进路允许速度低于80 km/h时，需降级为“双黄”显示。

对于非列控车载设备控车的非动车组列车，其制动性能较动车组差，故本规程第463条规定，遇此情况应限速运行(最高不超过45 km/h)。

(5)第(5)项：两个黄色灯光指示进站侧向接车。

一般是在到发线上停车，但有时是经道岔侧向进入站内正线停车或通过，但只要是经辙叉号18号以下的侧向接车或接车进路允许速度低于80 km/h，不论次一架信号机开放与否，均为两个黄色灯光，以与“黄闪黄”显示相区别。

(6)第(6)项：一个红色灯光指示列车禁止进入其所防护的车站。需在进站信号机外方停车。

2. 第2款：常态灭灯的进站信号机转为点亮状态时

(1)第(1)项：一个绿色灯光指示列车经正线直向通过或进入车站，运行前方至少有三个经直向进路空闲的闭塞分区。

在一般的中间站，列车正线运行的径路上只有进站信号机和正线出站信号机。根据本规程第464条规定，常态灭灯的进站信号机转为点亮状态，是因为接近车站的列车不是“由列控车载设备控车的动车组”，如不在本站停车，则出站信号机亦应转为点亮状态并开放信号。根据《高速铁路设计规范(试行)》(TB 10621—2009)的规定，此时应检查站间空闲条件。由此，进站信号机的绿灯通常是指示列车经正线直向通过车站。

对于较大的车站，当进站信号机和出站信号机之间设有进路信号机时，其显示含义与常态点灯的进站信号机的绿灯显示含义类似。

(2)第(2)项：一个绿色灯光和一个黄色灯光指示列车经正线直向越场接车，运行前方有两个经直向进路空闲的闭塞分区。

如上述，对于列车正线运行径路上仅有进站信号机和正线出站信号机的普通车站，当进站、出站信号机均转为点亮状态时，出站信号机开放时需检查站间空闲条件(通常显示一个绿色灯光)，相应地，进站信号机显示一个绿色灯光(进直出直)或一个黄色灯光(进直出弯)，没有"绿黄"显示。

对于较大的车站，当在进站信号机和出站信号机之间设有进路信号机时，其显示含义与常态点灯的进站信号机的"绿黄"显示含义类似。

(3)第(4)项：一个黄色闪光和一个黄色灯光虽然指示"进路允许速度不低于 80 km/h"，但非列控车载设备控车的列车并不允许达到该速度值，而是不能高于 45 km/h，这是因为：

①从安全角度来看，高速铁路车站咽喉区长度和股道长度均较普速铁路车站要短，由机车牵引的普通客车的制动性能相对动车组列车要差，在 80 km/h 的制动初速度条件下，接车进路长度(咽喉区与股道长度之和)难以满足制动距离要求。

②控制信号机点灯和地面发码的信号设备难以判别列车的种类及其控车模式等情况，在地面信号系统给出的同一种场景下，不能按各种列车给出变化的信号显示和机车信号信息码。如统一降级显示，则不能有效发挥 18 号及以上道岔的优势，也影响线路的通行能力。

考虑到非列控车载设备控车的列车在高速铁路运行较为特殊，考虑此种场景下的行车安全，本规程第 463 条作出了类似的规定。

(4)其他显示[第(3)项"黄"、第(5)项"双黄"、第(6)项"红"]与常态点灯的进站色灯信号机显示含义相同。

3. 需要说明的问题

车站有连续多架进路信号机时，进站信号机显示"绿"不能表示已经开放出站信号机准许列车通过车站。如不具备"至少三个经直向进路空闲的闭塞分区"，即使出站信号机已经开放，也不能显示"绿"。

如次一架信号机开放的是经道岔侧向位置的进路时，进站信号只能显示"黄"，不能显示"绿黄"。其原因与普速铁路四显示自动闭塞区段类似，主要是考虑当以地面信号为行车凭证时，该相邻两架信号机之间的距离不能满足列车由 160 km/h 降至道岔侧向限速(如 45 km/h)的制动距离要求。

上述说明中的举例针对的是较为典型的场景，未列举实践中的所有情况。

本条文中所指的信号机"开放"，不包括其显示引导信号。

条文所示插图为示意图。进站信号机的信号机构及灯光配置可参见《铁路信号设计规范》(TB 10007)、《高速铁路设计规范(试行)》(TB 10621)等相关标准的规定。某些特殊情况下，现场实际的进站信号机机构及灯光配置可能与所示插图有所不同。

本条规定参考了《高速铁路设计规范(试行)》(TB 10621—2009)的相关规定。

第 470 条 出站色灯信号机显示下列信号：

1. 常态点灯的出站色灯信号机

(1)一个绿色灯光——准许列车由车站出发，表示运行前方至少有三个闭塞分区空闲(如第 31 图所示)；

(2)一个绿色灯光和一个黄色灯光——准许列车由车站出发，表示运行前方有两个闭塞分区空闲(如第 32 图所示)；

(3)一个黄色灯光——准许列车由车站出发，表示运行前方有一个闭塞分区空闲(如第 33 图所示)；

(4)两个绿色灯光——准许列车由车站出发，开往半自动闭塞或自动站间闭塞区间(如第 34 图所示)；

(5)一个红色灯光——不准列车越过该信号机(如第 35 图所示)；

(6)在兼作调车信号机时，一个月白色灯光——准许越过该信号机调车(如第 36 图所示)。

第 31 图

第 32 图

第 33 图

第 34 图

第 35 图

第 36 图

2. 常态灭灯的出站色灯信号机转为点亮状态时

(1)一个绿色灯光——准许列车由车站以站间闭塞方式出发，表示运行前方区间空闲(如第 37 图所示)；

(2)一个红色灯光——不准列车越过该信号机(如第 38 图所示)；

(3)在兼作调车信号机时，一个月白色灯光——准许越过该信号机调车(如第 39 图所示)。

3. 动车段(所)的出站色灯信号机

(1)一个黄色灯光——准许列车由动车段(所)出发，表示发车进路建立且出站第一离去区段空闲(如第 40 图所示)；

(2)一个红色灯光——不准列车越过该信号机(如第 38 图所示)；

(3)在兼作调车信号机时，一个月白色灯光——准许越过该信号机调车(如第 39 图所示)。

第 37 图

第 38 图

第 39 图

第 40 图

本条对出站色灯信号机的各种显示含义作了详细描述。

本条与《技规》(普速铁路部分)第 417 条对应。

高速铁路均为(四显示)自动闭塞区段，相应地，本条未规定半自动闭塞、自动站间闭塞、三显示自动闭塞区段等内容。

根据本规程第 464 条规定及工程实践，高速铁路区段的列车信号机可分为“常态点灯”和“常态灭灯”两类。后者正常状态不显示，仅起停车位置作用；遇特殊情况转为点亮状态。相应地，本条描述了“常态点灯”的出站信号机和“常态灭灯”的出站信号机信号机点亮后，其显示含义的内容，并描述了动车段(所)的出站信号机的显示含义的内容。

《高速铁路设计规范(试行)》(TB 10621—2009)对此作了相关规定：

第 14.2.4 条规定："车站出站信号机及发车进路信号机采用'红、绿、白'三灯位矮型信号机。出站开放引导信号时，点亮红色灯光和月白色灯光……"

第 14.2.12 条规定："区间不设通过信号机的客运专线与区间设通过信号机的客运专线的衔接车站，应按照股道的主要接发车方向分别设置信号机构。主要接发车方向为区间设置通过信号机的股道应采用普通信号机构并常态点灯，主要接发车方向为区间不设置通过信号机的股道应采用客专信号机构并常态灭灯。"

出站信号机不反映发车进路道岔侧向通过速度。

根据需要，出站信号机可能装设进路表示器，用以区分发车方向，其规定可参见本规程第 72 条、第 488 条。

1. 第 1 款：常态点灯的出站信号机

采用绿、红、黄三个基本灯光，并以绿色灯光和黄色灯光组合为一个显示。其显示两个绿色灯光指示列车开往半自动闭塞或自动站间闭塞区间。

常态点灯的出站信号机的显示方式与普速铁路四显示自动闭塞区段的出站信号机显示方式相同。根据近年来高速铁路建设的工程实践，当出站信号机具有除高速铁路正线正方向以外的其他发车方向时，一般以进路表示器辅助区分。

当出站信号机指示的各发车方向的闭塞方式不同时：

①当其信号显示指示向正方向发车时(典型情况如"一个绿色灯光，指示反向发车的进路表示器不点亮")，其显示含义如本款。

②当其信号显示指示向反方向(自动站间闭塞方式)发车时(典型情况如"一个绿色灯光，指示反向发车的进路表示器点亮")，其显示含义与普速铁路相应的信号显示含义相同。

③当其信号显示指示向"除高速铁路正线以外的其他发车方向"发车时(典型情况如"一个绿色灯光，相应的进路表示器点亮")，其显示含义与普速铁路相应的信号显示含义相同。

矮型出站信号兼作调车时，采用两个机构的型式。位于线路外侧的信号机构为绿灯和黄灯，靠近线路侧的信号机构月白灯和红灯。使绿色灯光和黄色灯光在一条垂直线上，作为出站信号用；月白色灯光作为调车信号用。如此设置，遇矮型出站信号机装设进路表示器时，便于确认信号。

2. 第 2 款：常态灭灯的出站信号机转为点亮状态时

区间不设通过信号机、在闭塞分区分界处设置区间信号标志牌的 CTCS-2/CTCS-3 级区段，车站的出站信号机常态一般为灭灯状态。

常态灭灯的出站信号机为"红—绿—白"三灯位矮型信号机构，当其转为点亮状态时，按《高速铁路设计规范(试行)》(TB 10621—2009)第 14.5.12 条规定："……开放允许信号时应检查站间空闲条件"。故以一个绿色灯光时指示列车由车站以站间闭塞方式出发，运行前方站间区间空闲；以一个红色灯光表示不准向区间发车。

3. 第 3 款：动车段(所)的出站信号机

动车段(所)以及存车场的信号机正常状态点亮。

在动车段(所),受安装限界的影响,一般不能设置双机构的出站信号机。考虑到此时列车运行速度一般不高,故使用了黄色灯光作为允许信号,为兼顾引导信号显示,故通常采用"红－黄－白"三灯位矮型信号机,以一个黄色灯光指示列车由动车段(所)出发,发车进路建立且出站第一离去区段空闲;以一个红色灯光表示不准向区间发车。

当动车段(所)的出站信号机采用"绿—封闭—黄,红—白"的机构型式时,其显示含义由本条第1款规定。

4. 需要说明的问题

条文所示插图为示意图,未体现进路表示器(参见本规程第488条)的情况。出站信号机的信号机构及灯光配置可参见《铁路信号设计规范》(TB 10007)、《高速铁路设计规范(试行)》(TB 10621)等相关标准的规定。某些特殊情况下,现场实际的出站信号机机构及灯光配置可能与所示插图有所不同。

本条规定参考了《高速铁路设计规范(试行)》(TB 10621—2009)的相关规定。

第471条 进路色灯信号机的显示:

1. 接车进路及接发车进路色灯信号机的显示与进站色灯信号机相同。

2. 常态点灯的发车进路色灯信号机显示下列信号:

(1)一个绿色灯光——表示该信号机列车运行前方至少有两架信号机经道岔直向位置在开放状态(如第31图所示);

(2)一个绿色灯光和一个黄色灯光——表示该信号机列车运行前方次一架信号机经道岔直向位置在开放状态(如第32图所示);

(3)一个黄色灯光——准许列车运行到次一架信号机之前准备停车(如第33图所示);

(4)一个红色灯光——不准列车越过该信号机(如第35图所示)。

3. 常态灭灯的发车进路色灯信号机转为点亮状态时显示下列信号:

(1)一个绿色灯光——表示该信号机列车运行前方的发车进路或出站信号机显示一个绿色灯光(如第37图所示);

(2)一个红色灯光——不准列车越过该信号机(如第38图所示)。

4. 接车进路、发车进路及接发车进路色灯信号机兼作调车信号机时,一个月白色灯光——准许越过该信号机调车(如第36图、第39图、第41图所示)。

第41图

本条对接车进路、发车进路和接发车进路色灯信号机的各种显示含义作了详细描述。

本条与《技规》(普速铁路部分)第 418 条对应。

高速铁路均为(四显示)自动闭塞区段,相应地,本条未规定三显示自动闭塞、半自动闭塞、自动站间闭塞区段等内容。

接车进路信号机对到达列车指示运行条件,主要用于指示列车能否由一个车场向另一个车场接车(指示列车在站内运行)。

发车进路信号机对出发列车指示运行条件,主要用于指示列车能否由一个车场向另一个车场出发(指示列车在站内运行)。

接发车进路信号机对到达及出发列车指示运行条件,指示列车在站内运行。

根据本规程第 464 条规定及工程实践,高速铁路区段的列车信号机可分为"常态点灯"和"常态灭灯"两类。后者正常状态不显示,仅起停车位置作用;遇特殊情况转为点亮状态。相应地,本条描述了"常态点灯"的发车进路信号机和"常态灭灯"的发车进路信号机点亮后,其显示含义的内容。

1. 第 1 款:接车进路及接发车进路信号机

其作用与进站信号机基本相同,因此,其显示方式亦与进站信号机一致。

同时具有接车和发车功能的接发车进路信号机,与接车进路信号机的显示相同,而与发车进路信号机的显示不完全相同。

2. 第 2 款:常态点灯的发车进路信号机

其显示与普速铁路四显示自动闭塞区段相同。

其允许信号显示与列车运行前方次一架或次两架信号机是否开放以及是否开放直向进路相关,而与出站信号机没有必然的显示联系。

一个绿色灯光指示列车经由本信号机防护的进路(直向或经道岔侧向位置)运行,并至少可连续越过前方两架经直向进路开通的信号机。对于规模不大的车站,如运行前方第三架信号机开放的直向进路延伸至车站前方的区间(包括出站第一离去区段),则该显示指示的是"进入车站正线,然后直向出站";对于规模较大的车站,如运行前方第三架信号机开放的直向进路的末端仍为站内信号机,则该显示指示的是"在站内越场发车"。

一个绿色灯光和一个黄色灯光指示列车经由本信号机防护的进路(直向或经道岔侧向位置)运行,并可越过前方次一架经直向进路开通的信号机。对于规模较小的车站,如运行前方次一架信号机为出站信号机,则该显示指示的是"进入车站正线,然后直向出站";对于规模较大的车站,如运行前方次一架信号机开放的直向进路的末端仍为站内信号机,则该显示指示的是"在站内越场发车"。

3. 第 3 款:常态灭灯的发车进路信号机转为点亮状态时其显示与普速铁路四显示自动闭塞区段有所不同。

《高速铁路设计规范(试行)》(TB 10621—2009)第 14.2.4 条规定:"车站出站信号机

及发车进路信号机采用‘红、绿、白’三灯位矮型信号机……”

由此可知，常态灭灯的发车进路信号机转为点亮状态后，其允许信号显示只有一种方式（即“绿”），没有“绿黄”和“黄”的显示，主要是因为：

①发车进路信号机的列车运行前方通常为出站信号机，一般亦采用‘红－绿－白’三灯位矮型信号机构。遇“接发未装设列控车载设备的列车”、“接发列控车载设备故障的动车组列车”、“需越出站界调车”等特殊情况，需以地面信号作为行车凭证。此时列车运行速度较低且不是列控车载设备控车，如需向区间发车时，需以站间闭塞方式运行，出站信号机亦显示一个绿色灯光。由此，发车进路信号机以“绿黄”或“黄”作为对出站信号机的“绿”的预告性显示的必要性不大。

②如按《铁路信号设计规范》（TB 10007）的规定，设置矮型五灯位“绿－封闭－黄、红－白”的机构型式，既可能受限于信号机安装的建筑限界，也不能给出引导信号显示。

③在高速铁路区段，车站设置发车进路信号机的情况较为少见。

综上，常态灭灯的发车进路信号机转为点亮状态时，以一个绿色灯光指示该信号机列车运行前方的发车进路或出站信号机显示一个绿色灯光，列车按站间闭塞方式向区间发车。这与普速铁路四显示自动闭塞区段发车进路信号机的显示有所不同：

①常态灭灯的发车进路信号机转为点亮状态并开放允许信号（一个绿色灯光）时，指示列车最终由车站出发，向区间发车；不指示列车运行到前方的列车信号机前“准备停车”。如需在站内运行时，需使用引导信号。

②不论是在普速铁路还是高速铁路，发车进路信号机的允许显示均不反映本进路的“直弯”。普速铁路四显示自动闭塞区段以及高速铁路常态点灯的发车进路信号机，其绿灯显示反映次两架信号机均开通直向进路；但对于常态灭灯的发车进路信号机，其绿灯显示则不反映列车运行前方各发车进路的“直弯”。

4. 第 4 款：进路信号机兼作调车信号机时

进路信号机兼作调车信号机时，一个月白色灯光作为调车允许信号使用。

5. 需要说明的问题

上述说明中的举例针对的是较为典型的场景，未列举实践中的所有情况。

本条文中所指的信号机“开放”，不包括其显示引导信号。

条文所示插图为示意图，未体现进路表示器（参见本规程第 488 条）的情况。进路信号机的信号机构及灯光配置可参见《铁路信号设计规范》（TB 10007）、《高速铁路设计规范（试行）》（TB 10621）等相关标准的规定。某些特殊情况下，现场实际的进路信号机机构及灯光配置可能与所示插图有所不同。

本条规定参考了《高速铁路设计规范（试行）》（TB 10621—2009）的相关规定。

第 472 条　通过色灯信号机显示下列信号：

1. 一个绿色灯光——准许列车按规定速度运行，表示运行前方至少有三个闭塞分区空闲（如第 42 图所示）；

2. 一个绿色灯光和一个黄色灯光——准许列车按规定速度运行，要求注意准备减

速,表示运行前方有两个闭塞分区空闲(如第 43 图所示);

3. 一个黄色灯光——要求列车减速运行,按规定限速要求越过该信号机,表示运行前方有一个闭塞分区空闲(如第 44 图所示);

4. 一个红色灯光——列车应在该信号机前停车(如第 45 图所示)。

第 42 图

第 43 图

第 44 图

第 45 图

本条对通过色灯信号机的各种显示含义作了详细描述,适用于区间一般的通过信号机,也适用于线路所的通过信号机开通直向进路的情况。

本条与《技规》(普速铁路部分)第 419 条对应。

高速铁路均为(四显示)自动闭塞区段,相应地,本条未规定半自动闭塞、自动站间闭塞、三显示自动闭塞区段等内容。

在区间分歧道岔处设置的线路所通过信号机兼有进站和出站信号的作用,因此必须设置双机构带引导的机构型式,以与其他通过信号机相区别。在其显示停车信号时,列车停车后，必须待其显示进行信号后方准进入该信号机内方。不得按本规程第374条的规定(……列车恢复运行时，司机在该闭塞分区通过信号机(区间信号标志牌)前停车等候2 min后，以遇到障碍能随时停车的速度，最高不超过20 km/h(动车组列车不超过40 km/h)，越过该闭塞分区，按次一通过信号机显示(列控车载设备显示)运行，司机应加强瞭望……)办理。

由本规程第461条的条文说明，通过信号机以"绿"或"绿黄"指示列车按"规定速度"运行时，是指由不同条件或场景给出的最高限速值中的最低值。

条文所示插图为示意图，未体现线路所防护分歧道岔的通过信号机(参见本规程第473条)的情况。通过信号机的信号机构及灯光配置可参见《铁路信号设计规范》(TB 10007)、《高速铁路设计规范(试行)》(TB 10621)等相关标准的规定。某些特殊情况下，现场实际的通过信号机机构及灯光配置可能与所示插图有所不同。

第473条 线路所防护分歧道岔的色灯信号机显示下列信号：

1. 常态点灯的该信号机：

(1)一个黄色闪光和一个黄色灯光——准许列车经分歧道岔侧向位置运行，表示分歧道岔为18号及以上且进路允许速度不低于80 km/h(如第28图所示)；

(2)两个黄色灯光——准许列车经分歧道岔侧向位置运行，表示分歧道岔为18号以下或进路允许速度低于80 km/h(如第29图所示)。

2. 常态灭灯的该信号机转为点亮状态时：

(1)一个绿色灯光——准许列车按规定速度经道岔直向位置以站间闭塞方式运行，表示前方区间空闲(如第25图所示)；

(2)一个黄色闪光和一个黄色灯光——准许列车经分歧道岔侧向位置以站间闭塞方式运行，表示分歧道岔为18号及以上且进路允许速度不低于80 km/h，前方区间空闲(如第28图所示)；

(3)两个黄色灯光——准许列车经分歧道岔侧向位置以站间闭塞方式运行，表示分歧道岔为18号以下或进路允许速度低于80 km/h，前方区间空闲(如第29图所示)。

高速铁路区段防护分歧道岔的线路所通过信号机，其机构外形和显示方式，应与进站信号机相同。该信号机显示红色灯光时，不准列车越过。

本条对设有分歧道岔的线路所通过色灯信号机的显示含义作了描述。常态点灯的该信号机，当其开通直向进路时，其显示含义如本规程第472条。

本条与《技规》(普速铁路部分)第420条对应。

高速铁路均为(四显示)自动闭塞区段，相应地，本条未涉及半自动闭塞、自动站间闭塞、三显示自动闭塞区段等内容。

《高速铁路设计规范(试行)》(TB 10621—2009)第14.2.6条规定："线路所应设通过信号机，其信号机构与进站信号机相同，开放引导信号时，点亮红色灯光和月白色灯光。"

高速铁路区段线路所防护分歧道岔的通过信号机具有进站和出站双重性质，并可办理引导接车作业,故其统一采用进站信号机的机构型式。其显示原则按进站信号机处理;对于常态灭灯的该信号机转为点亮状态时,指示列车向区间发车的开放逻辑按出站信号机处理。

该类通过信号机不同于自动闭塞区段一般的通过信号机,而应视为绝对信号,当其显示红色灯光时,不准许列车越过。

1. 第 1 款:常态点灯的该类信号机

当其开放经由道岔侧向位置的进路时,其显示方式与常态点灯的进站信号机相同;当其开放经由道岔直向位置的进路时,其显示方式与一般的通过信号机相同。

该类通过信号机开放经由道岔侧向位置的进路时,一般采用"双黄"表示,此时,要求列车在越过该信号机时的运行速度应降至道岔侧向限速以下。当采用 18 号及其以上道岔且满足相关条件时,增加"黄闪黄"的显示。相关条件是指:进路允许速度不低于 80 km/h,且运行前方至次一架信号机的距离满足制动距离要求,或两者构成必要的显示联系。

2. 第 2 款:常态灭灯的该类信号机转为点亮状态时

《高速铁路设计规范(试行)》(TB 10621—2009)第 14.5.12 条规定:"常态灭灯的车站(含无配线车站)出站信号机和防护区间道岔的通过信号机开放允许信号时应检查站间空闲条件。"故此时该信号机的允许信号指示列车按站间方式运行:

①当其开放经由道岔侧向位置的进路时,其显示方式与常态灭灯的进站信号机类似,且能表示区间的闭塞方式和空闲状态。

②当其开放经由道岔直向位置的进路时,其显示方式与常态灭灯的出站信号机类似(一般没有"绿黄"、"黄"显示),且能表示进路开通直向、区间的闭塞方式和空闲状态。

由本规程第 461 条的条文说明,线路所防护分歧道岔的通过信号机以"绿灯"指示列车按"规定速度"运行时,是指由不同条件或场景给出的最高限速值中的最低值。

3. 需要说明的问题

条文所示插图为示意图,未体现区间一般的通过信号机(参见本规程第 472 条)的情况。线路所通过信号机的信号机构及灯光配置可参见《铁路信号设计规范》(TB 10007)、《高速铁路设计规范(试行)》(TB 10621)等相关标准的规定。某些特殊情况下,现场实际的信号机机构及灯光配置可能与所示插图有所不同。

本条规定参考了《高速铁路设计规范(试行)》(TB 10621—2009)的相关规定。

第 474 条 进站及接车进路、接发车进路色灯信号机以及自动闭塞区段防护分歧道岔的线路所通过信号机的引导信号显示一个红色灯光及一个月白色灯光——准许列车在该信号机前方不停车,以不超过 20 km/h(动车组列车不超过 40 km/h)的速度进站或通过接车进路,并须准备随时停车(如第 46 图所示)。

出站信号机的引导信号显示一个红色灯光及一个月白色灯光——准许列车由车站或动车段(所)以站间闭塞方式出发,发车进路列车速度不超过 20 km/h(动车组列车不超过 40 km/h),并须准备随时停车,表示前方区间空闲(如第 47 图所示)。

发车进路信号机的引导信号显示一个红色灯光及一个月白色灯光——准许列车越过该信号机，发车进路列车速度不超过 20 km/h（动车组列车不超过 40 km/h），并须准备随时停车（如第 47 图所示）。

第 46 图

第 47 图

本条对各种色灯信号机的引导信号显示含义作了描述。

本条与《技规》（普速铁路部分）第 416 条对应。

本规程第 75 条规定："进站、接车进路及线路所通过信号机，均应设引导信号。出站、发车进路信号机可设引导信号。"

《高速铁路设计规范（试行）》（TB 10621—2009）第 14.2.4 条规定："车站出站信号机及发车进路信号机采用'红、绿、白'三灯位矮型信号机。出站开放引导信号时，点亮红色灯光和月白色灯光……"第 14.2.6 条规定："线路所应设通过信号机，其信号机构与进站信号机相同，开放引导信号时，点亮红色灯光和月白色灯光。"

在高速铁路区段，进站信号机、出站信号机、进路信号机以及防护分歧道岔的线路所通过信号机均具有引导信号显示，相应地，本条对其均进行了描述。

由于动车组列车的制动性能较好，可以以 40 km/h 的速度引导运行并能"随时停车"。

上述各种信号机的引导信号显示一个红色灯光及一个月白色灯光。如红色灯光熄灭，仅显示一个月白色灯光时，不能作为引导信号。

参考《高速铁路设计规范（试行）》（TB 10621—2009）第 14.5.12 条规定："常态灭灯的车站（含无配线车站）出站信号机和防护区间道岔的通过信号机开放允许信号时应检查站间空闲条件。"上述两类信号机显示引导信号时反映列车运行前方站间区间空闲。

进站信号机显示引导信号时，指示列车按条文中规定的速度进入站内。

接车进路信号机、接发车进路信号机显示引导信号时，指示列车按条文中规定的速度进入接（发）车进路。

防护分歧道岔的线路所通过信号机显示引导信号时，指示列车按条文中规定的速度通过线路所。

出站信号机显示引导信号时，指示列车按条文中规定的速度进入区间。

发车进路信号机显示引导信号时，指示列车按条文中规定的速度进入发车进路。

条文所示插图为示意图。文中各种信号机的机构及灯光配置可参见《铁路信号设计规范》(TB 10007)、《高速铁路设计规范(试行)》(TB 10621)等相关标准的规定。某些特殊情况下,现场实际的信号机机构及灯光配置可能与所示插图有所不同。

本条规定参考了《高速铁路设计规范(试行)》(TB 10621—2009)的相关规定。

第 475 条 调车色灯信号机显示下列信号:

1. 一个月白色灯光——准许越过该信号机调车(如第 48 图所示);

2. 一个蓝色灯光——不准越过该信号机调车(如第 49 图所示)。

不办理闭塞的站内岔线,在岔线入口处设置的调车信号机,可用红色灯光代替蓝色灯光(如第 50 图 A 所示)。

起阻挡列车运行作用的调车信号机,应采用矮型三显示机构,用红色灯光代替蓝色灯光(如第 50 图 B 所示)或增加红色灯光(如第 38 图所示)。当该信号机的红色灯光熄灭、显示不明或显示不正确时,应视为列车的停车信号。

第 48 图

第 49 图

A　　B

第 50 图

本条对调车色灯信号机的显示含义作了描述和规定。

本条与《技规》(普速铁路部分)第426条对应。

高速铁路无平面溜放调车区集中联锁。相应地,本条未规定"一个月白色闪光灯光"内容。

《高速铁路设计规范(试行)》(TB 10621—2009)对调车信号机作了相关规定:

第14.2.5条规定:"调车信号机应采用现行《铁路信号设计规范》TB 10007所规定的矮型调车信号机。尽头到发线上阻挡列车运行的调车信号机应采用出站信号机机构并封闭绿色灯光。"

第14.2.11条规定:"调车信号机及动车段(所)列车信号机应常态点灯。"

在较大车站,列车在站内运行时,有时要经过几架调车信号机,为避免调车信号的显示影响列车运行,调车信号灯光与列车信号的灯光颜色应有所区别。因红、黄、绿三种颜色已作为列车信号的灯光使用,所以调车信号机的显示采用月白色和蓝色灯光。

为更有效地对车站进行防护,对不办理闭塞的站内岔线,在岔线入口处设置的调车信号机,用红色灯光代替蓝色灯光。

尽头式到发线的末端没有必要设置出站信号机,但需对列车运行起阻挡作用,故通常用红色灯光代替蓝色灯光,采用"封闭—红—白"的矮型三灯位信号机构。

在动车段(所)存车场的股道中部设置的指示短列车重联的信号机,不具备显示黄色灯光及以上的允许信号,亦没必要设置列车信号机。对于这类信号机,为对列车起阻挡作用,需要以红色灯光指示列车停车,而又区别于一般调车信号机,故采用矮型三灯位的机构型式,通常采用"红—蓝—白"三灯位信号机构。当办理越过该信号机的列车进路时,该信号机点亮一个蓝色灯光(对列车无效),当列车头部越过该信号机后,点亮一个红色灯光。

对于上述起阻挡列车运行作用的调车信号机,当其灯光熄灭或显示不明、不正确时,均应视为列车停车信号。

条文所示插图为示意图。调车信号机的信号机构及灯光配置可参见《铁路信号设计规范》(TB 10007)等相关标准的规定。某些特殊情况下,现场实际的调车信号机机构及灯光配置可能与所示插图有所不同。

第476条 色灯复示信号机分下列几种:

1. 进站、接车进路、接发车进路信号机的色灯复示信号机采用灯列式机构,显示下列信号:

(1)两个月白色灯光与水平线构成60°角显示——表示主体信号机显示经道岔直向位置向正线接车的信号(如第51图所示);

(2)两个月白色灯光水平位置显示——表示主体信号机显示列车经道岔侧向位置接车的信号(如第52图所示);

(3)无显示——表示主体信号机在关闭状态(如第53图所示)。

第 51 图

第 52 图

第 53 图

2. 出站及发车进路信号机的色灯复示信号机显示下列信号:

(1)一个绿色灯光——表示主体信号机在开放状态(如第 54 图所示);

(2)无显示——表示主体信号机在关闭状态。

3. 调车色灯复示信号机显示下列信号:

(1)一个月白色灯光——表示调车信号机在开放状态(如第 55 图所示);

(2)无显示——表示调车信号机在关闭状态。

进站、出站、进路及调车色灯复示信号机均采用方形背板,以区别于一般信号机。

第 54 图

第 55 图

本条对进站信号机、进路信号机、出站信号机及调车信号机的色灯复示信号机的显示含义作了描述,规定了其区别一般信号机的方式。

本条与《技规》(普速铁路部分)第 429 条对应。

本规程第 76 条规定:"进站、出站、进路信号机及线路所通过信号机,因受地形、地物影响，达不到规定的显示距离时，应设复示信号机。设在车站岔线入口处的调车色灯信号机，达不到规定的显示距离时，根据需要可设调车复示信号机。”

当主体信号机的显示距离不能满足规定的要求时，设置复示信号机。

如主体信号机为常态灭灯，当其处于正常状态(无显示)时，其复示信号机亦无显示，不起信号作用。

1. 第1款

接车进路信号机、接发车进路信号机及防护分歧道岔的线路所通过信号机，无论是机构外形、显示方式，还是表达的速度含义均类似于进站信号机，故其复示信号机亦采用灯列式机构，以避免与主体信号机的绿色灯光显示相混淆。

2. 第2款

出站信号机和发车进路信号机的复示信号机，主要是因站内线路曲线情况致使瞭望出站信号机较为困难，不能满足显示距离时而设置。

3. 第3款

调车复示信号机，主要是为解决车站岔线入口处调车信号机达不到规定显示距离而设置。

4. 需要说明的问题

本条文中所指的信号机“开放”，不包括其显示引导信号；相应地，信号机“关闭”包括其显示引导信号。

条文所示插图为示意图。各种复示信号机的信号机构及灯光配置可参见《铁路信号设计规范》(TB 10007)等相关标准的规定。某些特殊情况，现场实际的接车进路复示信号机、接发车进路复示信号机的机构及灯光配置可能与所示插图有所不同。

第477条 机车信号显示下列信号：

1. 连续式机车信号：

(1)一个绿色灯光——准许非列控车载设备控车的列车按规定速度运行，表示列车运行前方至少有三个经直向进路的空闲闭塞分区(如第56图所示)；

(2)一个半绿半黄色灯光——准许非列控车载设备控车的列车按规定速度注意运行，表示列车运行前方有两个经直向进路的空闲闭塞分区(如第57图所示)；

(3)一个带“2”字的黄色闪光——要求非列控车载设备控车的列车减速到规定的速度等级越过接近的地面信号机，表示列车运行前方有一个经直向进路的空闲闭塞分区，并预告次一个闭塞分区所在的进路开通经18号及以上道岔侧向位置，且进路允许速度不低于80 km/h(如第58图所示)；

(4)一个带“2”字的黄色灯光——要求非列控车载设备控车的列车减速到规定的速度等级越过接近的地面信号机，表示列车运行前方有一个经直向进路的空闲闭塞分区，并预告次一个闭塞分区所在的进路开通经道岔侧向位置的进路[但不满足上述第(3)项条件](如第59图所示)；

第 56 图

第 57 图

第 58 图

第 59 图

(5)一个黄色灯光——要求非列控车载设备控车的列车减速到规定的速度等级越过接近的地面信号机，表示列车运行前方仅有一个经直向进路的空闲闭塞分区(如第 60 图所示)；

(6)一个双半黄色闪光——要求非列控车载设备控车的列车限速运行(最高不超过 45 km/h)，表示列车接近的地面信号机开通经 18 号及以上道岔侧向位置的进路，且进路允许速度不低于 80 km/h(如第 61 图所示)；

第 60 图

第 61 图

(7)一个双半黄色灯光——要求非列控车载设备控车的列车限速运行(最高不超过 45 km/h)，表示列车接近的地面信号机开通经道岔侧向位置的进路[但不满足上述第(6)项条件](如第 62 图所示)；

(8)一个半黄半红色闪光——表示列车接近的地面信号机开通引导进路(如第 63 图所示);

第 62 图

第 63 图

(9)一个半黄半红色灯光——表示列车接近的地面信号机处于关闭状态,要求及时采取停车措施(如第 64 图所示);

(10)一个红色灯光——表示列车已越过地面上处于关闭状态的信号机(如第 65 图所示);

(11)一个白色灯光——不复示地面上的信号显示,机车乘务人员应按地面信号机的显示运行(如第 66 图所示)。

无显示时,表示机车信号机在停止工作状态。

第 64 图

第 65 图

第 66 图

2. 列控车载设备的“机车信号”显示如下(如第 67 图所示):

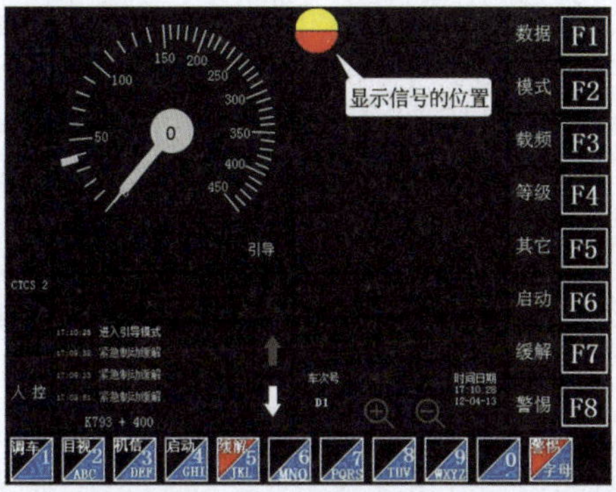

第 67 图

(1)一个带“5”字的绿色灯光——表示列车运行前方至少有七个闭塞分区空闲;

(2)一个带“4”字的绿色灯光——表示列车运行前方有六个闭塞分区空闲;

(3)一个带“3”字的绿色灯光——表示列车运行前方有五个闭塞分区空闲;

(4)一个带“2”字的绿色灯光——表示列车运行前方有四个闭塞分区空闲;

(5)一个绿色灯光——表示列车运行前方有三个闭塞分区空闲;

(6)一个半绿半黄色灯光——表示列车运行前方有两个闭塞分区空闲;

(7)一个带“2”字的黄色闪光——表示列车运行前方有一个经直向进路的空闲闭塞分区,并预告次一个闭塞分区所在的进路开通经 18 号及以上道岔侧向位置,且进路允许速度不低于 80 km/h;

(8)一个带“2”字的黄色灯光——表示列车运行前方有一个经直向进路的空闲闭塞分区,并预告次一个闭塞分区空闲且开通经道岔侧向位置的进路[但不满足上述第(7)项条件];

(9)一个黄色灯光——表示列车运行前方仅有一个经直向进路的空闲闭塞分区;

(10)一个双半黄色闪光——表示列车接近的地面信号机开通经 18 号及以上道岔侧向位置的进路,且进路允许速度不低于 80 km/h;

(11)一个双半黄色灯光——表示列车接近的地面信号机开通经道岔侧向位置的进路[但不满足上述第(10)项条件];

(12)一个半黄半红色闪光——表示列车接近的地面信号机开通引导进路;

(13)一个半黄半红色灯光——表示列车运行前方进路未建立或信号未开放,要求及时采取停车措施;

(14)一个红色灯光——表示列车已进入未建立的进路、已越过地面上的禁止信号或已越过作为停车点的区间信号标志牌,或表示列车所在区段有灾害发生;

(15)一个白色灯光——不预告列车运行前方进路开通状态及地面信号开放状态。

无显示时,表示列控车载设备的“机车信号”在停止工作状态。

本条对连续式机车信号和列控车载设备的“机车信号”显示含义作了描述。

本条与《技规》(普速铁路部分)第435条对应。

高速铁路区段,列车均使用列控车载设备和或连续式机车信号。本条未规定“三显示自动闭塞区段”、“接近连续式机车信号机”、“LKJ人机界面单元(屏幕显示器)的机车信号显示”等属普速铁路的内容;并描述了列控车载设备DMI的“机车信号”显示的内容。

相对于《技规》(普速铁路部分)第435条,本条两款中各项针对显示含义的描述,未涉及地面信号机的显示,是因为在高速铁路区段,地面信号机可能处于无显示状态。

本规程第358条规定:“已在区间内运行的装备LKJ的动车组列车因列控车载设备故障,不能恢复正常运行但能提供机车信号时,司机应报告列车调度员(车站值班员),车站值班员报告列车调度员。在信号机常态点灯的CTCS-2级区段,列车调度员发布改按LKJ方式行车的调度命令,动车组列车改按LKJ方式运行。在CTCS-3级及信号机常态灭灯的CTCS-2级区段,列车调度员在确认该列车至前方站(线路所)间空闲后,发布改按LKJ方式行车的调度命令,动车组列车改按LKJ方式运行。”

本规程第362条规定:“动车组列车改按LKJ方式运行,在自动闭塞区间内遇机车信号或LKJ故障时,司机应报告列车调度员(车站值班员),车站值班员报告列车调度员。列车调度员(车站值班员)不再向该区间放行列车,并通知已进入区间的后续列车立即停车。列车调度员确认该列车至前方站(线路所)间空闲后通知司机,列车按地面信号显示以不超过40 km/h的速度运行至前方站(线路所)。该列车到达前方站(线路所)后,列车调度员方可通知后续列车恢复运行。”

本规程第363条规定:“按LKJ方式运行的动车组列车遇机车信号或LKJ故障在车站出发时,改按隔离模式运行。”

本规程第364条规定:“动车组以外的列车,在自动闭塞区间内运行遇机车信号或LKJ(GYK)故障时,司机应立即报告列车调度员(车站值班员),车站值班员报告列车调度员。列车调度员(车站值班员)不再向该区间放行列车,并通知已进入区间的后续列车立即停车。列车调度员确认该列车至前方站(线路所)间空闲后通知司机,列车按地面信号显示以不超过20 km/h的速度运行至前方站停车处理或更换机车。该列车到达前方站(线路所)后,列车调度员方可通知后续列车恢复运行。”

1. 第1款:连续式机车信号

连续式机车信号采用八个灯位或LKJ人机界面单元(屏幕显示器)的显示方式,可以有11种显示。它用于非列控车载设备控车的列车。

本规程第89条规定:“最高运行速度不超过160 km/h的机车,机车信号设备与列车运行监控装置(LKJ)结合使用……机车应装设连续式机车信号。机车信号的显示,应与线路上列车接近的地面信号机的显示含义相符……”

本规程第148条规定:“……机车须配备机车信号、列车运行安全监控系统(LKJ、机车安全信息综合监测装置TAX箱、机车语音记录装置、列车运行状态信息系统车载设备、机车车号识别设备)、车载无线通信设备、机车列尾控制设备等……”

本规程第356条规定:“天气恶劣难以辨认信号行车办法:1. 列车按机车信号的显示运行。当接近地面信号机时,司机应确认地面信号,遇地面信号与机车信号显示不一致时,应立即采取减速或停车措施。2. 当无法辨认出站(进路)信号机显示时,在列车具备发车条件后,司机凭机车信号的显示起动列车,在确认出站(进路)信号机显示正确后,再行加速……”

(1)第(1)项:一个绿色灯光指示列车按“规定速度”运行、运行前方至少有三个经直向进路空闲的闭塞分区,并反映列车接近的信号机所防护闭塞分区(或站内列车进路)的入口速度和出口速度均为“规定速度”。

在区间正方向运行时,表示列车运行前方至少有三个闭塞分区空闲。当列车位于进站信号机外方第二个闭塞分区(进站第二接近区段)时,表示进站信号机外方的闭塞分区(进站第三接近区段)空闲,且进站信号机已开放“绿”或“绿黄”;当列车位于进站信号机外方闭塞分区(进站第三接近区段)时,表示进站信号机已开放“绿”。

在区间反方向运行时的场景与正方向运行类似,不同之处在于:当列车邻近反向进站信号机时,如列车运行前方第三个经直向进路的“空闲闭塞分区”越过了正线反向出站信号机,则该“空闲闭塞分区”实际上反映了列车运行前方站间区间空闲,即表示正线反向通过车站。

在站内,表示列车至少可以越过连续三个经直向进路开放的信号机接(发)车,但与出站信号机是否开放或开放的进路“直弯”没有必然联系。

(2)第(2)项:一个半绿半黄色灯光指示列车按“规定速度”注意运行、运行前方有两个经直向进路空闲的闭塞分区,并反映列车接近的信号机所防护进路的入口速度为“规定速度”、出口速度为“黄灯限速”。

在区间正方向运行时,表示列车运行前方有两个闭塞分区空闲。当列车位于进站信号机外方第二个闭塞分区(进站第二接近区段)时,表示进站信号机外方的闭塞分区(进站第三接近区段)空闲,且进站信号机已开放“黄”;当列车位于进站信号机外方闭塞分区(进站第三接近区段)时,表示进站信号机已开放“绿黄”。

在区间反方向运行时的场景与正方向运行类似,不同之处在于:当列车位于反向进站信号机的接近区段时,机车信号通常不会给出“半绿半黄”显示。这是因为在自动站间闭塞方式下,出站信号机不会以“黄”灯指示反向发车。

在站内,表示列车可以越过连续两个经直向进路开放的信号机接(发)车,但与出站信号机是否开放或开放的进路“直弯”没有必然联系。

(3)第(3)项:一个带“2”字的黄色闪光指示列车限速运行、运行前方有一个经直向进路空闲的闭塞分区,次一架信号机显示“黄闪黄”或相应的其他显示;并反映列车接近的信号机所防护进路的入口速度为“黄灯限速”、出口速度通常为80 km/h(或以上)。

在区间正方向运行时,当列车位于进站信号机外方第二个闭塞分区(进站第二接近区段)时,表示进站信号机外方的闭塞分区(进站第三接近区段)空闲,“次一架信号机”

（进站信号机）显示“黄闪黄”。

在区间正方向运行时，当列车位于进站信号机外方闭塞分区（进站第三接近区段）时，除表示进站信号机显示黄灯外：如站内的运行径路上无进路信号机（“次一架信号机”为出站信号机），还表示经 18 号道岔侧向出站进入区间（发车进路允许速度不低于 80 km/h），此时出站信号机既可能显示“绿”、“绿黄”或“黄”，也可能显示“双绿”；如站内的运行径路上“次一架信号机”为进路信号机，则还表示经 18 号道岔侧向位置接（发）车（进路允许速度不低于 80 km/h），不一定出站，此时“次一架信号机”既可能显示“黄闪黄”，也可能显示“绿”、“绿黄”或“黄”。

在区间反方向运行时，场景与上述“列车正向运行、位于进站信号机外方闭塞分区（进站第三接近区段）”情况类似。

在站内运行时，除表示列车接近的进路信号机显示“黄”外：如“次一架信号机”为出站信号机，还表示经 18 号道岔侧向出站（发车进路允许速度不低于 80 km/h）进入区间，此时出站信号机既可能显示“绿”、“绿黄”或“黄”，也可能显示“双绿”；如“次一架信号机”仍为进路信号机，则还表示经 18 号道岔侧向位置接（发）车（进路允许速度不低于 80 km/h），不一定出站，此时“次一架信号机”既可能显示“黄闪黄”，也可能显示“绿”、“绿黄”或“黄”。

需要说明的是：“黄 2 闪”虽然反映“列车接近的信号机所防护进路的出口速度通常为 80 km/h（或以上）”，但非列控车载设备控车的列车并不允许达到该出口速度值，而是不能高于 45 km/h（参见本规程第 463 条）。这是因为控制地面发码的信号设备难以判别列车的种类及其控车模式等情况，在同一种场景下不能按各种列车给出变化的机车信号信息码。具体可见下文针对第（6）项“一个双半黄色闪光”的条文说明。

（4）第（4）项：一个带“2”字的黄色灯光指示列车限速运行、运行前方有一个经直向进路空闲的闭塞分区，次一架信号机开放经道岔侧向位置的进路；并反映列车接近的信号机所防护进路的入口速度为“黄灯限速”、出口速度为 45 km/h 或更低；为区别于上述第（3）项“一个带‘2’字的黄色闪光”的情况，“次一架信号机”的显示是“双黄”或相应的其他显示。

在区间正方向运行时，当列车位于进站信号机外方第二个闭塞分区（进站第二接近区段）时，表示进站信号机外方的闭塞分区（进站第三接近区段）空闲，“次一架信号机”（进站信号机）显示“双黄”。

在区间正方向运行时，当列车位于进站信号机外方闭塞分区（进站第三接近区段）时，除表示进站信号机显示黄灯外：如站内的运行径路上无进路信号机（“次一架信号机”为出站信号机），还表示经 18 号以下道岔侧向出站（或发车进路允许速度低于 80 km/h）进入区间，此时出站信号机既可能显示“绿”、“绿黄”或“黄”，也可能显示“双绿”；如站内的运行径路上“次一架信号机”为进路信号机，则还表示经 18 号以下道岔侧向位置接（发）车（或进路允许速度低于 80 km/h），不一定出站，此时“次一架信号机”既可能显示“双黄”，也可能显示“绿”、“绿黄”或“黄”。

在区间反方向运行时,场景与上述“列车正向运行、位于进站信号机外方闭塞分区(进站第三接近区段)”情况类似。

在站内运行时,除表示列车接近的进路信号机显示“黄”外:如“次一架信号机”为出站信号机,还表示经 18 号以下道岔侧向出站(或发车进路允许速度低于 80 km/h)进入区间,此时出站信号机既可能显示“绿”、“绿黄”或“黄”,也可能显示“双绿”;如“次一架信号机”仍为进路信号机,则还表示经 18 号以下道岔侧向位置接(发)车(或进路允许速度低于 80 km/h),不一定出站,此时“次一架信号机”既可能显示“双黄”,也可能显示“绿”、“绿黄”或“黄”。

(5)第(5)项:一个黄色灯光指示列车限速运行、运行前方仅有一个经直向进路空闲的闭塞分区、次一架信号机关闭;并反映列车接近的信号机所防护进路的入口速度为“黄灯限速”、出口速度为 0(或 20 km/h、40 km/h)。

区别于上述第(3)项“一个带‘2’字的黄色闪光”、第(4)项“一个带‘2’字的黄色灯光”的情况,明确了“次一架信号机”未开放。

(6)第(6)项:一个双半黄色闪光指示列车限速(最高不超过 45 km/h)运行、列车接近的地面信号机显示“黄闪黄”或相应的其他显示;并反映列车接近的信号机所防护进路的入口速度通常为 80 km/h(或以上),不反映出口速度。

列车运行前方为接车信号机(进站、接车进路、接发车进路或防护区间分歧道岔的线路所通过信号机)时,该地面信号机显示“黄闪黄”。列车运行前方不是接车信号机时,该地面信号机既可能显示“绿”、“绿黄”或“黄”,也可能显示“双绿”,但其指示的进路开放属性与“黄闪黄”的含义类似(即“经 18 号及以上道岔侧向位置运行,且进路允许速度不低于 80 km/h”)。

在高速铁路区段,较大辙叉号(18 号及以上)道岔应用较为普遍。为提高列车经道岔侧向位置的运行速度,机车信号以“双半黄闪”指示列车运行前方的进路开通经 18 号及以上道岔侧向位置的进路、且进路允许速度不低于 80 km/h,并以“黄 2 闪”对此进行预告。

综上,非列控车载设备控车的列车在该运营场景下,机车信号显示给出的含义是“进路允许速度不低于 80 km/h”,但不允许达到该速度值(最高不超过 45 km/h),这是因为:

①从安全角度来看,高速铁路车站咽喉区长度和股道长度均较普速铁路车站要短,由机车牵引的普通客车的制动性能相对动车组列车要差,在 80 km/h 的制动初速度条件下,接车进路长度(咽喉区与股道长度之和)难以满足制动距离要求。

②控制信号机点灯和地面发码的信号设备难以判别列车的种类及其控车模式等情况,在地面信号系统给出的同一种场景下,不能按各种列车给出变化的信号显示和机车信号信息码。如统一降级显示,则不能有效发挥 18 号及以上道岔的优势,也影响线路的通行能力。

考虑到非列控车载设备控车的列车在高速铁路运行较为特殊,考虑此种场景下的行车安全,本规程第 463 条作出了类似的规定。

(7)第(7)项:一个双半黄色灯光指示列车限速运行、列车接近的地面信号机开放经道岔侧向位置的进路；并反映列车接近的信号机所防护进路的入口速度为 45 km/h 或更低，不反映出口速度；为区别于上述第(6)项“一个双半黄色闪光”的情况，该信号机的显示是“双黄”或相应的其他显示。

列车运行前方为接车信号机(进站、接车进路、接发车进路或防护区间分歧道岔的线路所通过信号机)时，该地面信号机显示“双黄”。列车运行前方不是接车信号机时，该地面信号机既可能显示“绿”、“绿黄”或“黄”，也可能显示“双绿”，但其指示的进路开放属性与“双黄”的含义类似(即“经道岔侧向位置但不符合‘黄闪黄’指示的条件”)。

(8)第(8)项：一个半黄半红色闪光指示列车及时减速、列车接近的地面信号机开通引导进路；并反映列车接近的信号机所防护进路的入口速度为 20 km/h(40 km/h)或更低，不反映出口速度。

地面信号机开通引导进路时，机车信号以“半黄半红闪”指示列车以不超过 20 km/h (40 km/h)速度运行。

(9)第(9)项：一个半黄半红色灯光指示列车及时减速、列车接近的地面信号显示红灯。

(10)第(10)项：一个红色灯光指示列车已越过禁止信号。列车冒进禁止信号时，机车信号以“红”灯指示列车需采取制动措施。如司机未按要求及时制动，车载设备将直接输出制动命令。

当列车冒进禁止信号或区段发生灾害(如异物侵限)时，机车信号以“一个红色灯光”指示列车需采取制动措施。

(11)第(11)项：一个白色灯光表示列车所在区段的地面信号设备未提供机车信号信息码或提供的是无效码，此时不复示地面信号显示。

当列车从机车信号信息码区段进入无机车信号信息码区段时，机车信号显示一个白色灯光，表示机车信号已停止工作，司机应按照地面信号的显示运行。

(12)机车信号无显示时，通常是因为设备关机或发生故障。在调车作业时，机车信号通常处于关机状态，表示设备停用。

2. 第 2 款:列控车载设备的“机车信号”显示

本规程第 97 条规定：“……CTCS-3 级列控车载设备按 CTCS-2 级控车时的模式有完全监控、部分监控、引导、目视行车、调车、休眠、隔离、待机和机车信号等模式。”

本规程第 101 条规定：“机车信号模式是装备 CTCS-3 级列控车载设备的动车组在 CTCS-0/1 级区段运行时使用的模式。经司机操作后，列控车载设备转为最高限速 80 km/h 控车模式。在机车信号模式下，按地面信号显示运行。”

本规程第 300 条规定：“当未装备 LKJ 的动车组列车在 CTCS-0/1 级区段按机车信号模式运行时，列车按地面信号机显示运行，最高运行速度不超过 80 km/h……”

CTCS-2/CTCS-3 级列控车载设备的人机界面(DMI)中，主要有速度信息区、运行计划信息区、补充驾驶信息区、功能键信息区、距离监控信息区和监控信息显示区等，如图 477-1 所示。

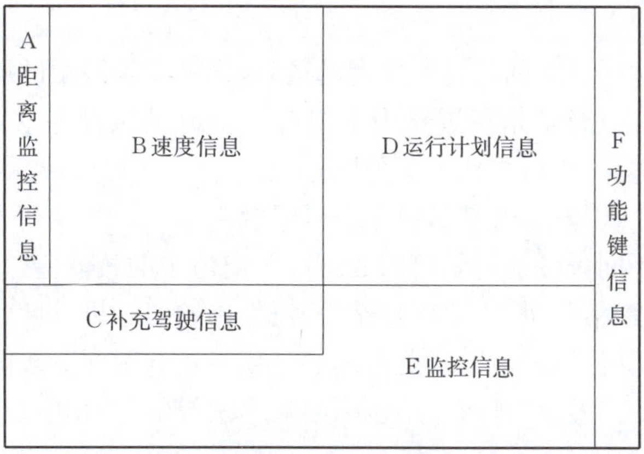

图 477-1 列控车载设备的人机界面(DMI)的显示分区

DMI 的 D 区为运行计划信息区,其像素为横坐标×纵坐标(像素):244×300,“机车信号”显示在 D 区的左上角,如本规程第 67 图所示。其具体定义和显示图标的对应关系见表 477-1。

表 477-1 列控车载设备人机界面(DMI)的“机车信号”显示方式及含义

图 标	含 义	备 注	图 标	含 义	备 注
	L5	—		U	—
	L4	—		UUS	以 1 Hz 的频率闪动
	L3	—		UU	—
	L2	—		HB	以 1 Hz 的频率闪动
	L	—		HU	—
	LU	—		H	—
	LU2	—		25.7 Hz	中灰色
	U2S	以 1 Hz 的频率闪动		27.9 Hz	中灰色
	U2	—			

DMI 中的机车信号显示与连续式机车信号相比,增加了“L2、L3、L4、L5”等四种显示,分别表示列车运行前方有四个、五个、六个、七个(及以上)经直向进路空闲的闭塞分区。其他各种显示所反映的地面进路开通情况与连续式机车信号相同。

由正文可知,相对于第 1 款“连续式机车信号”的显示含义,第 2 款“列控车载设备的机车信号显示”的含义描述中,不再涉及“指示司机‘按规定速度运行/减速运行/限速运行/及时停车’”等内容,这是因为在该种场景下,动车组列车的行车凭证是列控车载设备,由它按“目标—距离”采取连续速度控制的方式控制列车运行。

列车反方向运行时,DMI 显示连续的机车信号,但按站间闭塞方式运行。

3. 需要说明的问题

上述说明中的举例针对的是较为典型的场景，未列举实践中的所有情况。

本条文中的“直向进路”是指进路中不包含道岔或虽包含道岔但均开通直向位置。为简化描述，“直向进路”也可指代闭塞分区。

由本规程第 461 条的条文说明，机车信号以“绿”或“半绿半黄”指示列车按“规定速度”运行时，是指由不同条件或场景给出的最高限速值中的最低值。

本条文中的“地面信号机”主要指进站信号机、出站信号机、进路信号机、对列车起阻挡作用的调车信号机等，以及区间线路所的通过信号机和区间一般的通过信号机等。

本条文中所指的信号机“开放”，不包括其显示引导信号；相应地，信号机“关闭”包括其显示引导信号。

条文所示插图（包括图中体现的地面信号机的机构及灯光配置等）为示意图。

本条规定参考了铁路总公司发布的《CTCS-2/3 级列控车载设备人机界面（DMI）显示暂行规范》（铁总运〔2014〕30 号）的相关规定。

第 478 条　对于 CTCS-2/CTCS-3 级列控车载设备人机界面（DMI），速度信号在速度表盘上以不同颜色的光带显示。速度信号显示包括列车当前速度、允许速度（列控车载设备允许列车在该时刻达到的安全运行速度）和目标速度（在该时刻列控车载设备提示列车在到达目标点的允许速度）（如第 68 图所示）。

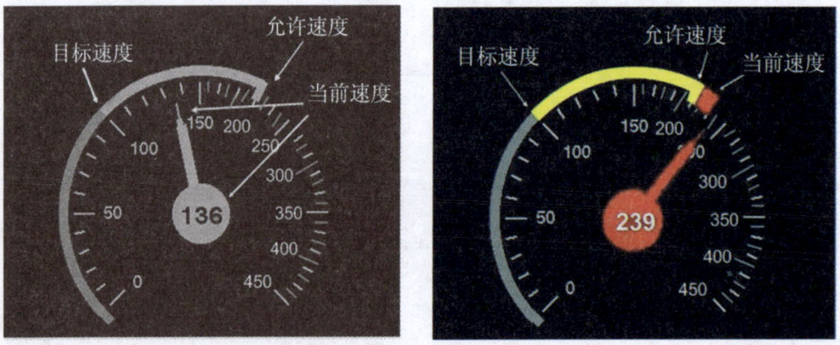

第 68 图

本条对列控车载设备的“速度信号”显示方式和显示含义作了描述。

参见图 477-1，列控车载设备 DMI 中的 B 区为速度信息区，其像素为横坐标×纵坐标（像素）：280×300。B 区包括七个分区：B1 区为数字方式显示的列车速度；B2 区为环形速度光带；B3/B4/B5 区为线路特殊区段信息；B6 区为预留；B7 区为控制模式。

DMI 的速度信号给出了列车运行时当前的实际速度、列控车载设备给出的当前允许速度，以及前方目标点的允许速度。DMI 以“数值”和“指针”两种形式给出了速度信息。前者较为精确、后者更为直观，两者结合使用，便于司机识别信息含义。

关于列控车载设备的“速度信息”，可参见《CTCS-2/3 级列控车载设备人机界面（DMI）显示暂行规范》（铁总运〔2014〕30 号）。

本条规定参考了《CTCS-2/3 级列控车载设备人机界面（DMI）显示暂行规范》（铁总

运〔2014〕30 号)的相关规定。

移动信号及手信号

第 479 条 移动信号显示方式如下:

1. 停车信号

昼间——表面有反光材料的红色方牌;夜间——柱上红色灯光(如第 69 图所示)。

第 69 图

2. 减速信号

(1)带“减速”字样的减速信号为表面有反光材料的黄底黑字圆牌,标明“减速”两字(如第 70 图所示)。

(2)施工及其限速区段,在减速信号牌外方增设的特殊减速信号牌为表面有反光材料的黄底黑“T”字圆牌(如第 71 图所示)。

第 70 图

第 71 图

3. 减速防护地段终端信号

表面有反光材料的绿色圆牌(如第 72 图所示)。

第 72 图

本条对停车信号、减速信号、减速防护地段终端信号等移动信号的显示方式作出了规定。

本条与《技规》(普速铁路部分)第 436 条对应。

高速铁路区段的减速信号与普速铁路有所不同。本条未规定"单线区段"、"重载铁路"等属普速铁路的内容。

移动信号用于线路故障、站内或区间施工时,临时性禁止列车驶入或要求慢行的地段,采用可以随时设置或撤除的移动式信号牌。移动信号表面反光材料应符合国家标准《道路交通反光膜》(GB/T 18833)的规定。

1. 第 1 款:停车信号

主要设置在故障或线路施工地点前后,以阻止列车驶入防护地点。具体设置方法见本规程第 329 条。

2. 第 2 款:减速信号

用于线路故障排除后或施工中以及施工前、施工后,线路状态低于正常运行速度要求的临时性慢行地段。

仅运行动车组列车的区段不设置移动减速信号防护。其余线路上,在距施工地点 800 m 处设移动减速信号牌。

区间线路,在减速信号牌外方、距施工地点 1 400 m 处增设特殊减速信号牌;在站内,当施工地点距进站信号机不足 1 400 m 时,在减速信号牌和进站信号机外方、距施工地点 1 400 m 处增设特殊减速信号牌。

移动减速信号牌上应标明"减速"字样,以便司机减速通过慢行地段;特殊减速信号牌上标注字母"T"字样,意为特殊减速信号牌。具体设置方法见本规程第 329 条。

为防止主动光源失效或亮度不足等原因导致的信号不明,施工或作业人员在夜间使用停车信号时应更换为灯光信号,不得使用反光材料的停车信号牌代替灯光信号。

3. 第 3 款:减速防护地段终端信号

表示长度不超过 800 m(防护地段末端至减速防护地段终端信号牌)的列车已驶出慢行地段,可以恢复正常速度运行。减速防护地段终端信号与减速信号可设于同一个信号圆牌,一面为黄色、另一面为绿色,以适应对不同方向列车的要求。该信号的设置位置,在双线区间为减速地点标的同侧,在单线区间为列车前进方向的右侧。具体设置方法见本规程第 329 条。

第 480 条 在站内线路上检查、修理、整备车辆时,应在两端来车方向的左侧钢轨上,设置固定或移动信号牌(灯)进行防护,前后两端的防护距离均应不小于 20 m(如第 73 图所示);不足 20 m 时,应将道岔锁闭在不能通往该线的位置。

第 73 图

本条针对站内作业等情况进行防护的移动信号作出了规定。

本条与《技规》(普速铁路部分)第 437 条对应。

本条未涉及“装卸作业”、“脱轨器”、“旅客列车进行车辆技术作业”等属普速铁路的内容。

为保证在站内线路上检查、修理、整备车辆时,检修人员以及相关作业人员的人身安全,在列车或车辆两端来车方向的左侧钢轨上设置固定或移动信号牌(夜间为信号灯)进行防护。固定信号或移动信号应经常保持醒目状态。

为防止机车车辆与检修车辆相撞,规定固定或移动信号牌安放地点距检修车辆不少于 20 m。如不足 20 m 时,列检值班员应通知列车调度员(车站值班员),将道岔锁闭在不能通往该线的位置上,以保证作业人员安全。

第 482 条 列车运行时,有关人员应遵守下列手信号的显示:

1. 停车信号:要求列车停车。

昼间——展开的红色信号旗;夜间——红色灯光(如第 75 图所示)。

昼间无红色信号旗时,两臂高举头上向两侧急剧摇动;夜间无红色灯光时,用白色灯光上下急剧摇动(如第 76 图所示)。

2. 减速信号:要求列车降低到要求的速度。

昼间——展开的黄色信号旗;夜间——黄色灯光(如第 77 图所示)。

昼间无黄色信号旗时，用绿色信号旗下压数次；夜间无黄色灯光时，用白色或绿色灯光下压数次（如第 78 图所示）。

第 75 图

第 76 图

第 77 图

第 78 图

本条对列车运行中手信号的使用和显示含义作出了规定。

本条与《技规》(普速铁路部分)第 440 条对应。

高速铁路区段,列车运行中使用的手信号较普速铁路要少,一般仅使用“停车信号、减速信号”。相应地,不再描述“发车信号、通过手信号、引导手信号、特定引导手信号”等内容。

手信号是铁路运输工作中广泛采用的一种视觉信号。根据行车工作的要求,可以机动地指挥列车运行和调车作业,也可作为联系和传达行车有关事项的旗(灯)语。

显示手信号时必须严肃认真,应做到横平、竖直、灯正、圈圆。

本规程第 328 条规定:“施工维修防护要求。1.……在区间或站内线路、道岔上维修时,现场防护人员应站在维修地点附近、且瞭望条件较好的地点进行防护,在天窗内作业时,显示停车手信号……”

本规程第 329 条规定:“施工作业防护。1. 在区间线路上施工时,使用移动停车信号防护,防护办法如下:……现场防护人员应站在距施工地点 800 m 附近,且瞭望条件较好的地点显示停车手信号……”

本规程第 333 条规定:“施工路用列车安全……2. 施工路用列车进入封锁区间的规定:(1)……路用列车或施工机械进入施工地段时,应在防护人员显示的停车手信号前停车,再根据施工负责人的要求,按调车办法,进入指定地点……”

手信号显示的停车信号、减速信号与固定信号机显示的相应信号具有同等作用,行车有关人员必须认真按其显示执行。

1. 第 1 款:停车信号

显示停车手信号时,列车应在其前方停车,不得越过。有关人员遇紧急情况必须使列车停车时,应显示停车手信号。司机确认停车信号后,须立即停车。

2. 第 2 款:减速信号

减速手信号要求列车临时限速。司机确认减速手信号后,须控制列车降至要求的速度。

第 483 条 调车手信号的显示方式如下：

1. 停车信号

显示方式如第 482 条第 1 款第 75 图所示。

2. 减速信号

昼间——展开的绿色信号旗下压数次；夜间——绿色灯光下压数次（显示方式如第 78 图所示）。

3. 指挥机车向显示人方向来的信号

昼间——展开的绿色信号旗在下部左右摇动；夜间——绿色灯光在下部左右摇动（如第 79 图所示）。

第 79 图

4. 指挥机车向显示人方向稍行移动的信号

昼间——拢起的红色信号旗直立平举，再用展开的绿色信号旗左右小动；夜间——绿色灯光下压数次后，再左右小动（如第 80 图所示）。

第 80 图

5. 指挥机车向显示人反方向去的信号

昼间——展开的绿色信号旗上下摇动；夜间——绿色灯光上下摇动（如第 81 图所示）。

第 81 图

6. 指挥机车向显示人反方向稍行移动的信号

昼间——拢起的红色信号旗直立平举，再用展开的绿色信号旗上下小动；夜间——绿色灯光上下小动(如第 82 图所示)。

第 82 图

对显示本条第 2、3、4、5、6 款中转信号时，昼间可用单臂，夜间可用白色灯光依式中转。

本条对调车手信号的使用和显示含义作出了规定。

本条与《技规》(普速铁路部分)第 441 条对应，其内容相同。

本规程第 290 条规定：“……上述列车均应在进站信号机外停车，由列车调度员(车站控制时为车站值班员)指定的胜任人员向司机通知事由后，以调车手信号旗(灯)将列车领入站内。”

本规程第 314 条(调车工作)规定：“一般要求……无线调车灯显设备发生故障时，改用手信号作业。”

调车手信号仅在调车工作中指挥调车作业时使用。调车指挥人员通过调车手信号的不同显示，指挥调车机车的运行方向、起动、停车及加速、减速等。为保证调车作业的安全，调车指挥人应正确及时地显示信号，司机亦应正确及时地执行手信号的要求，做到密切配合、协同动作。

调车减速信号规定为：绿色信号旗(绿色灯光)下压数次，是因为调车指挥人不配备黄色手信号，只持有红绿两色手信号。另外调车车列的运行速度变化频繁，需要随时调整，这样规定更便于指挥作业。

根据调车作业单一指挥的原则，调车机车凭调车指挥人的信号运行，因此规定中转信号人员昼间用单臂、夜间用白色灯光显示和中转信号。

在昼间遇降雾、暴风雨雪及其他情况，导致调车手信号显示距离不足200 m时，应使用夜间信号。

第484条 联系用的手信号的显示方式如下：

1. 道岔开通信号：表示进路道岔准备妥当。

昼间——拢起的黄色信号旗高举头上左右摇动；夜间——白色灯光高举头上（如第83图所示）。

第83图

机车出入段进路道岔准备妥当后，显示如下道岔开通信号：

昼间——展开的黄色信号旗高举头上左右摇动；夜间——黄色灯光高举头上左右摇动（如第84图所示）。

第84图

2. 股道号码信号：要道或回示股道开通号码。

一道：昼间——两臂左右平伸；夜间——白色灯光左右摇动（如第85图所示）。

第85图

二道:昼间——右臂向上直伸,左臂下垂;夜间——白色灯光左右摇动后,从左下方向右上方高举(如第 86 图所示)。

第 86 图

三道:昼间——两臂向上直伸;夜间——白色灯光上下摇动(如第 87 图所示)。

第 87 图

四道:昼间——右臂向右上方,左臂向左下方各斜伸 45°角;夜间——白色灯光高举头上左右小动(如第 88 图所示)。

第 88 图

五道:昼间——两臂交叉于头上;夜间——白色灯光作圆形转动(如第 89 图所示)。

第 89 图

六道：昼间——左臂向左下方，右臂向右下方各斜伸 45°角；夜间——白色灯光作圆形转动后，再左右摇动（如第 90 图所示）。

第 90 图

七道：昼间——右臂向上直伸，左臂向左平伸；夜间——白色灯光作圆形转动后，左右摇动，然后再从左下方向右上方高举（如第 91 图所示）。

第 91 图

八道：昼间——右臂向右平伸，左臂下垂；夜间——白色灯光作圆形转动后，再上下摇动（如第 92 图所示）。

第 92 图

九道:昼间——右臂向右平伸,左臂向右下斜 45°角;夜间——白色灯光作圆形转动后,再高举头上左右小动(如第 93 图所示)。

第 93 图

十道:昼间——左臂向左上方,右臂向右上方各斜伸 45°角;夜间——白色灯光左右摇动后,再上下摇动作成十字形(如第 94 图所示)。

第 94 图

十一至十九道,须先显示十道股道号码,再显示所要股道号码的个位数信号。

二十道及其以上的股道号码,铁路局根据需要自行规定。

3. 连结信号:表示连挂作业。

昼间——两臂高举头上,使拢起的手信号旗杆成水平末端相接;夜间——红、绿色灯光(无绿色灯光的人员,用白色灯光)交互显示数次(如第 95 图所示)。

第 95 图

4. 停留车位置信号:表示车辆停留地点。

夜间——白色灯光左右小摇动(如第 96 图所示)。

第 96 图

5. 十、五、三车距离信号:表示推进车辆的前端距被连挂车辆的距离。

昼间——展开的绿色信号旗单臂平伸,夜间——绿色灯光,在距离停留车十车(约 110 m)时连续下压三次,五车(约 55 m)时连续下压两次,三车(约 33 m)时下压一次(如第 97 图所示)。

第 97 图

6. 取消信号:通知将前发信号取消。

昼间——拢起的手信号旗,两臂于前下方交叉后,急向左右摇动数次;夜间——红色灯光作圆形转动后,上下摇动(如第 98 图所示)。

7. 要求再度显示信号:前发信号不明,要求重新显示。

昼间——拢起的手信号旗右臂向右方上下摇动;夜间——红色灯光上下摇动(如第 99 图所示)。

第 98 图

第 99 图

8. 告知显示错误的信号:告知对方信号显示错误。

昼间——拢起的手信号旗两臂左右平伸同时上下摇动数次;夜间——红色灯光左右摇动(如第 100 图所示)。

第 100 图

本条对联系用的手信号的使用和显示含义作出了规定。

本条与《技规》(普速铁路部分)第 442 条对应。

高速铁路区段没有调车溜放作业,相应地,不再描述“溜放信号”的内容。

为解决办理列车运行和调车工作中,行车有关人员不能用口头或通信设备彼此联系的问题,规定了联系用的手信号。

1. 第 1 款:道岔开通信号。是当调车机车作业及机车出入段时所经过的进路上,扳道员已将有关道岔准备妥当并已确认进路正确后,向有关行车人员显示的联系信号。为区别一般调车作业与机车出入段的不同性质,所以规定了不同的信号显示方式。

2. 其他各款联系用手信号，如股道号码信号、连结信号、停留车位置信号、十五三车距离信号、取消信号、要求再度显示信号、告知显示错误的信号等，均系调车作业中调车组内部彼此联系用的手信号，显示意义明确，与其他手信号不易混淆。

第 485 条 在显示手信号时，凡昼间持有手信号旗的人员，应将信号旗拢起，左手持红旗，右手持绿旗（扳道员右手持黄旗），不持信号旗的人员徒手按各该条规定方式显示信号。

本条对手信号的使用方式作出了统一规定。

本条与《技规》（普速铁路部分）第 443 条对应，其内容相同。

为统一联系用手信号的显示，凡昼间持有信号旗的人员，应将手信号旗拢起，左手持红旗、右手持绿（黄）旗，显示联系用手信号。当手持信号旗显示联系用信号时，无论在列车运行或调车作业，均要按该要求执行，以便养成习惯，避免错误显示。但遇必须一只手攀扶机车车辆时，可一手持旗。

第 487 条 发现接触网故障，需要机车临时降弓通过时，在具备上线条件时，发现的人员应在规定地点显示下列手信号：

1. 降弓手信号

昼间——左臂垂直高举，右臂前伸并左右水平重复摇动；夜间——白色灯光上下左右重复摇动（如第 104 图所示）。

第 104 图

2. 升弓手信号

昼间——左臂垂直高举，右臂前伸并上下重复摇动；夜间——白色灯光作圆形转动（如第 105 图所示）。

第105图

本条对接触网故障情况下的降弓手信号和升弓手信号的使用和显示含义作出了规定。

本条与《技规》(普速铁路部分)第445条对应,其内容基本相同。

1. 第1款:降弓手信号

是临时发现接触网故障,动车组(或电力机车)不能正常通过时,为防止受电弓脱网,发现故障的铁路工作人员显示的信号。显示降弓信号人员与故障地点的距离(由机务部门提供)应能保证动车组(或电力机车)及时在故障地点前降下受电弓。

2. 第2款:升弓手信号

是在列车通过接触网故障地点到达正常供电地点后,有关人员显示的信号,使列车恢复正常运行。

采取限速、降弓行车限制措施临时开通线路时,一般不设置手信号,由列车调度员发布调度命令。

信号表示器及标志

第488条 进路表示器在其主体信号机开放时点亮,用于区别进路开通方向,不能独立构成信号显示。

1. 两个发车方向,当信号机在开放的条件下,分别按左、右两个白色灯光,区别进路开通方向(如第106图所示)。

2. 三个发车方向,其显示方式如下:

(1)信号机在开放状态及表示器左方显示一个白色灯光——表示进路开通,准许列车向左侧线路发车(如第107图所示);

(2)信号机在开放状态及表示器中间显示一个白色灯光——表示进路开通,准许列车向中间线路发车(如第108图所示);

第 106 图

第 107 图

第 108 图

(3)信号机在开放状态及表示器右方显示一个白色灯光——表示进路开通,准许列车向右侧线路发车(如第 109 图所示)。

3. 四个及其以上发车方向,进路表示器按灯光排列表示。

四个发车方向(A、B、C、D 方向)显示方式如下:

(1)信号机在开放状态及表示器左方横向显示两个白色灯光——表示进路开通,准许列车向左侧 A 方向线路发车(如第 110 图所示);

第 109 图

第 110 图

(2)信号机在开放状态及表示器左方斜向显示两个白色灯光——表示进路开通,准许列车向左侧 B 方向线路发车(如第 111 图所示);

(3)信号机在开放状态及表示器右方斜向显示两个白色灯光——表示进路开通,准许列车向右侧 C 方向线路发车(如第 112 图所示);

(4)信号机在开放状态及表示器右方横向显示两个白色灯光——表示进路开通,准许列车向右侧 D 方向线路发车(如第 113 图所示)。

五个发车方向(A、B、C、D、E方向)显示方式如下：

(1)同四个发车方向的第(1)项——表示进路开通，准许列车向左侧A方向线路发车(如第110图所示)；

(2)同四个发车方向的第(2)项——表示进路开通，准许列车向左侧B方向线路发车(如第111图所示)；

(3)信号机在开放状态及表示器中间竖向显示两个白色灯光——表示进路开通，准许列车向中间C方向线路发车(如第114图所示)；

(4)同四个发车方向的第(3)项——表示进路开通，准许列车向右侧D方向线路发车(如第112图所示)；

(5)同四个发车方向的第(4)项——表示进路开通，准许列车向右侧E方向线路发车(如第113图所示)。

第111图

第112图

第113图

第114图

六个发车方向(A、B、C、D、E、F方向)显示方式如下：

(1)信号机在开放状态及表示器左方竖向显示两个白色灯光——表示进路开通，准许列车向左侧A方向线路发车(如第115图所示)；

(2)信号机在开放状态及表示器左方横向显示两个白色灯光——表示进路开通，准许列车向左侧B方向线路发车(如第116图所示)；

(3)信号机在开放状态及表示器左方斜向显示两个白色灯光——表示进路开通，准许列车向左侧C方向线路发车(如第117图所示)；

(4)信号机在开放状态及表示器右方斜向显示两个白色灯光——表示进路开通，准许列车向右侧D方向线路发车(如第118图所示)；

第 115 图

第 116 图

第 117 图

第 118 图

(5)信号机在开放状态及表示器右方横向显示两个白色灯光——表示进路开通，准许列车向右侧 E 方向线路发车(如第 119 图所示)；

(6)信号机在开放状态及表示器右方竖向显示两个白色灯光——表示进路开通，准许列车向右侧 F 方向线路发车(如第 120 图所示)。

第 119 图

第 120 图

七个发车方向(A、B、C、D、E、F、G 方向)显示方式如下：

(1)同六个发车方向的第(1)项——表示进路开通，准许列车向左侧 A 方向线路发车(如第 115 图所示)；

(2)同六个发车方向的第(2)项——表示进路开通，准许列车向左侧 B 方向线路发车(如第 116 图所示)；

(3)同六个发车方向的第(3)项——表示进路开通，准许列车向左侧 C 方向线路发车(如第 117 图所示)；

(4)信号机在开放状态及表示器中间竖向显示两个白色灯光——表示进路开通，准

许列车向中间D方向线路发车(如第121图所示);

第121图

(5)同六个发车方向的第(4)项——表示进路开通,准许列车向右侧E方向线路发车(如第118图所示);

(6)同六个发车方向的第(5)项——表示进路开通,准许列车向右侧F方向线路发车(如第119图所示);

(7)同六个发车方向的第(6)项——表示进路开通,准许列车向右侧G方向线路发车(如第120图所示)。

第490条 高速铁路的线路标志包括:公里标、半公里标。

高速铁路的信号标志包括:警冲标、预告标、电力机车禁停标和断电标、合电标、接触网终点标、减速地点标、轨道电路调谐区标志、动车组列车停车位置标、中继站标、区间信号标志牌、级间转换标、通信模式转换标,以及除雪机用的临时信号标志等。

本条对线路标志和信号标志的种类进行了描述。

本条与《技规》(普速铁路部分)第453条对应。

关于线路标志:本条仅描述"公里标、半公里标"。相对于普速铁路,不再描述"曲线标、圆曲线和缓和曲线的始终点标、桥梁标、隧道(明洞)标、坡度标及铁路局、工务段、线路车间、线路工区和供电段的界标"。

关于信号标志:本条描述了"警冲标、预告标、减速地点标、动车组列车停车位置标、电力机车禁停标和断电标、合电标、接触网终点标、轨道电路调谐区标志、中继站标、区间信号标志牌、级间转换标、通信模式转换标,以及除雪机用的临时信号标志等"。相对于普速铁路,不再描述"站界标、引导员接车地点标、司机鸣笛标、作业标、补机终止推进标、机车停车位置标、准备降下受电弓标、降下受电弓标、升起受电弓标、四显示机车信号接通标、四显示机车信号断开标";并新增了"动车组列车停车位置标、中继站标、区间信号标志牌"。

根据行车和线路养护维修的需要,在铁路线路上设置有各种线路标志和信号标志。

线路标志用以表明铁路线路里程,信号标志用于对动车组(或机车车辆)操作人员起指示作用。

通过各种线路标志和信号标志,可使铁路工作人员明了线路里程,便于从事线路维修、检查、执行任务和联系工作,并使动车组(机车)乘务员依据各种标志的要求进行操作,达到安全运行的目的。

各种标志的设置应符合本规程以及《线路及信号标志》(TB/T 2493)、《铁路线路及信号标志(客运专线铁路线路标志图集》[通线(2009)8024-Ⅲ]、《铁路线路及信号标志(客运专线铁路信号标志图集》[通线(2009)8024-Ⅳ]等有关技术标准的规定。

第 491 条 线路、信号标志应设在其内侧距线路中心不小于 3.1 m 处(警冲标除外)。

1. 线路标志,按计算公里方向设在线路左侧。双线区段须另设线路标志时,应设在列车运行方向左侧。

高速铁路的公里标、半公里标,设在一条线路自起点计算每一整公里、半公里处(如第 123 图所示)。在有接触网支柱的地段设置在距实际位置最近的接触网支柱上,在站内无接触网支柱的地段按标准式样标注在站台侧面,在桥梁地段可设置在线路一侧的防护墙上,在隧道地段设置在边墙上。其实际位置应在钢轨轨腰或无砟轨道底座上标注。

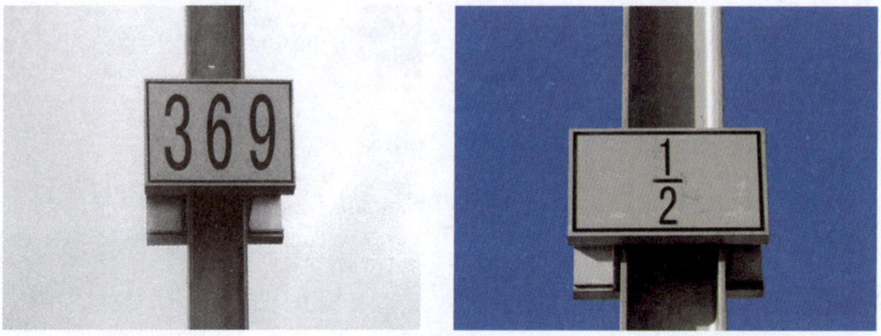

第 123 图

2. 信号标志,设在列车运行方向左侧(警冲标除外)。双线区段的轨道电路调谐区标志设在线路外侧。

(1)警冲标,设在两会合线路线间距离为 4 m 的中间。线间距离不足 4 m 时,设在两线路中心线最大间距的起点处(如第 124 图所示)。在线路曲线部分所设道岔附近的警冲标与线路中心线间的距离应按限界的加宽增加。

第 124 图

(2)预告标,设在进站信号机及防护分歧道岔的线路所通过信号机外方 900 m、1 000 m 及 1 100 m 处(如第 125 图所示),但在上述信号机外方设有同方向通过信号机的区段,均不设预告标。

(3)电力机车禁停标,设在站场、区间接触网不同供电臂间的电分段两端,电力机车在该标志提示的禁停区域内不得停留(如第126图所示)。

第125图

第126图

(4)在接触网电分相前方设断电标(如第127图所示),断电标设置在电分相中性区段起始位置前第2根支柱上(该支柱距电分相中性区段起始位置不小于80 m);在接触网电分相后方设合电标(如第128图所示),合电标设置在电分相中性区段终止位置后400 m处附近的接触网支柱上(该支柱距电分相中性区段终止位置不小于400 m)。设置位置如第129图所示。

线路反方向按上述规定设置断电标、合电标。

第127图

第128图

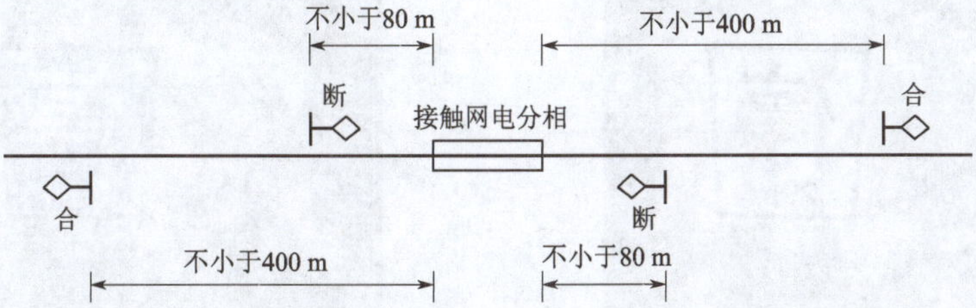

第129图

(5)接触网终点标,设在接触网边界(如第 130 图所示)。

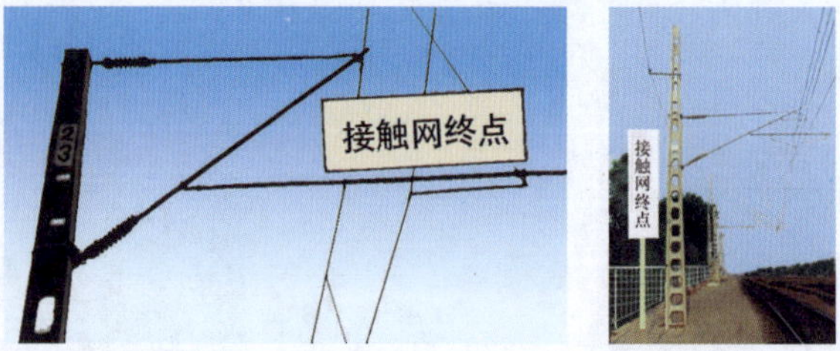

第 130 图

(6)减速地点标,设在需要减速地点的两端各 20 m 处。正面表示列车应按规定限速通过地段的始点,背面表示列车应按规定限速通过地段的终点(如第 131 图所示)。

第 131 图

(7)轨道电路调谐区标志:

Ⅰ型为反方向区间停车位置标,涂有白底色、黑框、黑"停"字、斜红道,标明调谐区长度的反光方形板标志(如第 132 图所示)。

Ⅲ型用于反方向运行合并轨道区段之间的调谐区或因轨道电路超过允许长度而设立分隔点的调谐区,为涂有蓝底色、白"停"字、斜红道,标明调谐区长度的反光方形板标志(如第 133 图所示)。

第 132 图

第 133 图

(8)在有动车组列车客运作业的车站应设置动车组列车停车位置标(如第 134 图所示),设置位置由铁路局规定。该标志为表面采用反光材料的蓝底白字牌,写有“动车组停车位置”。对于 8 辆编组及 16 辆编组的动车组停车位置不同,应分别写“8 辆动车组停车位置”、“16 辆动车组停车位置”。

第 134 图

(9)中继站标:在上下行线路靠近区间中继站控制的第一个有源应答器位置处设置中继站标志牌。该标志采用白底色、写有黑“××号中继站”标记的反光长方形板,装设于邻近的接触网支柱上(如第 135 图所示)。

第 135 图

(10)区间信号标志牌:设在 CTCS-2/CTCS-3 级区段区间闭塞分区分界处。该标志标面采用蓝色反光膜、黄色三角图案,蓝底色与黄色三角形图案间填充白色图样,其对应的号码牌标面采用黑色反光膜、黄色边框、黄色字样,设于线路左侧时如第 136 图 A 所示、设于线路右侧时如第 136 图 B 所示。

A

B

第 136 图

(11)级间转换标:在 CTCS-0/CTCS-2 级、CTCS-2/CTCS-3 级区段转换边界一定距离前方的级间转换应答器组对应的线路左侧设级间转换标志。该标志采用涂有白底色、黑框、写有黑“C0”、“C2”或“C3”标记的反光菱形板,装设于邻近的接触网支柱上(如第 137 图 A、第 137 图 B、第 137 图 C 所示)。

A

B

C

第 137 图

(12)通信模式转换标:在始发站列车停车标内方或需要转换通信模式的相应地点设机车综合无线通信设备通信模式转换提示标志,标志牌顶边距轨面 2.5 m。该标志标面采用涂有白底色、黑框、写有黑“通信转换”字样的方形板,如第 138 图 A、第 138 图 B 所示。

A

B

第 138 图

本条对各种线路标志和信号标志的使用和显示含义作了详细描述。

本条与《技规》(普速铁路部分)第 454 条对应。

为适应大型养路机械作业的需要，本条对各种线路标志、信号标志的设置作了统一规定。

线路标志、信号标志的制作及标示规则，按原铁道部发布的通用参考图《铁路线路及信号标志(客运专线铁路线路标志图集》[通线(2009)8024-Ⅲ]和《铁路线路及信号标志(客运专线铁路信号标志图集》[通线(2009)8024-Ⅳ]执行。

1. 第 1 款:线路标志

本条仅描述“公里标、半公里标”。相对于普速铁路，不再描述“曲线标、圆曲线和缓和曲线的始终点标、桥梁标、隧道(明洞)标、坡度标及铁路局、工务段、线路车间、线路工区和供电段的界标”。

条文统一规定了线路标志设在线路左侧或列车运行方向左侧；考虑高速铁路的实际情况，还给出了接触网支柱、站台侧面、防护墙、边墙等可供选择的设置地点。

公里标、半公里标(如本规程第 123 图)分别表示一条线路自起点至本标志距离的公里数和两相邻公里标的中点。公里标中的阿拉伯数字代表公里数，半公里标中的“12”系指半公里。

2. 第 2 款:信号标志

本条描述了“警冲标、预告标、减速地点标、动车组列车停车位置标、电力机车禁停标和断电标、合电标、接触网终点标、轨道电路调谐区标志、中继站标、区间信号标志牌、级间转换标、通信模式转换标，以及除雪机用的临时信号标志等”。相对于普速铁路，不再描述“站界标、引导员接车地点标、司机鸣笛标、作业标、补机终止推进标、机车停车位置标、准备降下受电弓标、降下受电弓标、升起受电弓标、四显示机车信号接通标、四显示机车信号断开标”;并新增了“动车组列车停车位置标、中继站标、区间信号标志牌”。

信号标志是对动车组(机车车辆)操作人员起指示作用的标志。因司机的位置在左侧，为便于瞭望，将其设于列车运行方向的左侧(警冲标除外)。双线区段的轨道电路调谐区标志设在线路外侧，主要是因为受建筑限界的影响。

(1)警冲标(如本规程第124图)

指示动车组(机车车辆)停车时，不准向道岔方面或线路平面交叉处所越过。

根据机车车辆限界规定，由线路中心计算，客运专线铁路动车组(机车车辆)一侧最大宽度为1 700 mm，客货共线铁路运行的机车车辆一侧最大宽度为1 800 mm。考虑两者均可能在高速铁路区段上线运行，道岔岔后两相邻线路存有动车组(机车车辆)时，两者之间必须保持3 600 mm的空间。另外，考虑动车组(机车车辆)运行中的摆动等因素，规定警冲标设在两会合线路线间距离的中间。线间距不足4 m时，设在两线路中心线最大间距起点处。在线路曲线部分所设道岔附近的警冲标与线路中心线间的距离，应按限界的加宽增加。

(2)预告标

用以预告列车接近车站(线路所)。

列车在区间运行时，为对"接近车站"作出预告，设置相关的"信号"。

区间设有通过信号机的线路，邻近车站的通过信号机与其他通过信号机不同，涂有黑斜线(进站信号机前方第一架、第二架通过信号机分别涂有三条、一条黑斜线)，以此给出"接近车站"的预告"信号"。

区间不设通过信号机的线路，因进站信号机(线路所通过信号机)外方通常也没有预告信号机或接近信号机，故在其外方900 m、1 000 m及1 100 m处设置预告标(如本规程第125图)，预告列车司机接近车站(线路所)。

预告标主要用于非列控车载设备控车的列车(以地面信号为行车凭证)。对于列控车载设备控车的动车组，其行车凭证是列控车载设备的显示，地面信号机通常为灭灯状态，此时预告标的实际作用不大。

综上，在区间不设置通过信号机的线路，车站正、反方向进站信号机(防护分歧道岔的线路所通过信号机)外方均设置预告标；在区间设有通过信号机的线路，车站反方向进站信号机(防护分歧道岔的线路所通过信号机)外方设置预告标。

(3)电力机车禁停标(如本规程第126图)

设在站场、区间接触网不同供电臂间的电分段两端，提示动车组(电力机车)在该标志提示的禁停区域内不得停留，避免动车组(电力机车)失去动力或影响接触网正常工作。

(4)断电标、合电标

断电标预告司机前方是接触网电分相，动车组(电力机车)应断电运行；合电标通知司机已越过接触网电分相，可合电运行。

列车通过接触网电分相时必须断电，以保障接触网等设备的安全。为提示司机操作，在接触网电分相前方设有断电标。为避免列车降速过多造成意外停车，列车断电时间不能太长，通过接触网电分相后应及时合电；考虑到重联动车组后受电弓与列车前端(司机室)的距离，规定了合电标设置位置距接触网电分相不小于400 m。

以上标志样式如本规程第127图、第128图,设置位置如本规程第129图。

(5)接触网终点标

设在接触网边界,警告司机不准越过该标,防止动车组(电力机车)脱弓(如本规程第130图)。

(6)减速地点标(如本规程第131图)

指示列车按规定限速运行、通过减速地段。司机由该标志处起必须按规定限速运行。减速地点标设在需要减速地点的两端各20 m处,正面表示列车按规定限速通过的起点,背面表示列车应按规定限速通过的终点。该标志为白色圆牌,边线及中间线为黑色。

(7)轨道电路调谐区标志

无绝缘轨道电路虽然没有机械形式的绝缘节,但在两段轨道电路的连接处存在调谐区,为避免在调谐区内停车,须向机车乘务员指示确切位置,因此设置反方向区间停车位置标(Ⅰ型)、反方向运行合并轨道区段之间的调谐区标志(Ⅲ型)或因轨道电路超过允许长度而设立分隔点调谐区标志(Ⅲ型)等轨道电路调谐区标志。

条文的插图中轨道电路调谐区标志上标明的禁停区长度值(29 m)为典型值,在不同的地段,该数值可能有所不同。

相对于普速铁路区段,高速铁路的轨道电路调谐区标志较小(宽约400 mm),如本规程第132图、第133图。

(8)动车组列车停车位置标

指示动车组列车停车位置(本规程第134图)。

根据动车组的编组情况,标记"8辆动车组停车位置"的标志用于指示短编组动车组列车的停车位置;标记"16辆动车组停车位置"的标志用于指示重联或长编组动车组列车的停车位置。

其具体设置位置由铁路局查定。

(9)中继站标

指示中继站的位置(本规程第135图)。

(10)区间信号标志牌

在区间不设通过信号机的CTCS-2/CTCS-3级区段,在闭塞分区入口处设置区间信号标志牌,作为闭塞分区的分界(本规程第136图)。

(11)级间转换标

设置在不同等级列控系统的等级转换边界前方应答器处,用于指示列车运行前方线路的列控系统等级(本规程第137图)。

(12)通信模式转换标

指示通信模式转换的地点。

第495条 动车组列车应根据其种类及运行的线路和方向,在头部和尾部分别显示不同的列车标志。列车标志的显示方式,昼间与夜间相同,其显示方式如下:

1. 列车在双线区段正、反方向运行时，前端白色灯光(如第 142 图所示，并可根据需要切换近光、远光)；尾部向后显示两个红色灯光(如第 143 图所示)。

第 142 图

第 143 图

2. 列车在站内或区间停留时，如两端司机台均未激活，则两端分别向前和向后显示两个红色灯光(如第 143 图所示)；如一端司机台激活(则为前端)，其前端与尾部标志与本条第 1 款同。

本条对动车组列车标志的设置方式和显示含义进行了描述。

本条与《技规》(普速铁路部分)第 459 条对应。不再描述机车、货物列车、推进运行、补机、单机、调车机车、轨道车等内容。

本规程第 208 条规定："列车是指编成的车列并挂有机车及规定的列车标志。动车组列车为自走行固定编组列车……旅客列车的尾部标志应使用电灯，动车组以外的旅客列车尾部标志灯的摘挂、保管，由车辆部门负责。对中途转向的动车组以外的旅客列车应有备用标志灯，以备转向时使用。"

动车组列车标志是动车组列车在线路上运行时的显示，分别向运行前方、后方显示不同位置和颜色的灯光，表示列车在不同的线路上、以不同的方式运行。相关人员在一定的距离内可根据列车标志确认列车的运行状态和列车的完整，据此办理有关工作，保证列车运行的安全。

动车组列车两端的司机台均未激活时，其两端均显示两个红色灯光，相当于均为"运行状态下"的列车尾部；动车组列车一端司机台激活时，则该端视为"前端"，相应地，未激活的一端视为"尾部"。

动车组列车标志的显示方式，昼间与夜间相同(均点灯)。

前部是指动车组列车前部的适当位置；后部是指动车组列车后部的适当位置。

头部是指动车组列车的最前一辆车；尾部是指动车组列车的最后一辆车。

前端是指动车组列车最前一辆车的前端；后端是指动车组列车最后一辆车的后端。

思考题

1. 信号机按用途分为几种?

2. 高速铁路闭塞分区的划分应满足什么要求?

3. 进站信号机前方第一、第二架通过信号机有何特殊标志?

4. 双线区段自动闭塞设备应具备什么功能?

5. CTCS-3 级列控系统的定义是什么?

6. CTCS-2 级列控系统的定义是什么?

7. CTCS-3 级列控车载设备按 CTCS-3 级控车时,有哪几种控车模式?

8. CTCS-3 级列控车载设备按 CTCS-2 级控车时,有哪几种控车模式?

9. 机车综合无线通信设备(CIR)具备哪几种功能?

10. 哪些工种需要配备 GSM-R 手持终端和无线对讲设备?

11. 动车组列车各速度等级的紧急制动距离限值各是多少?

12. 重联或长编动车组的工作受电弓间距有何要求?

13. 高速铁路对牵引供电设备的接触网电压有何要求?

14. CTCS-3 级列控车载设备在什么监控模式下,如何实现自动过电分相?

15. 部分监控模式的定义、功能及限速值是什么?

16. 按电话闭塞法行车时,对控车方式有何规定?

17. 在信号机常态灭灯的自动闭塞区段,动车组列车按 LKJ 方式运行及动车组以外的列车,进入区间的行车凭证是什么?

18. 需组织旅客疏散时有何规定?

19. 装备 LKJ 的动车组列车,列控限速设置不成功,且司机在出乘前未收到该限速的运行揭示调度命令时有何规定?

20. 在正线、到发线上调车作业中,执行钩钩联系制度是如何规定的?

21. 当风速监测子系统发出禁止运行的报警信息时有何规定?

22. 列车遇到线路塌方、道床冲空等危及行车安全的突发情况时,司机应如何处理?

23. 已在区间内运行的装备 LKJ 的动车组列车因列控车载设备故障,不能恢复正常运行但能提供机车信号时,有何规定?

24. 动车组列车改按 LKJ 方式运行,在自动闭塞区间内遇机车信号或 LKJ 故障时,有何规定?

25. 出站信号机未设引导信号或引导信号不能开放时,在 CTCS-3 级及信号机常态灭灯的 CTCS-2 级自动闭塞区段,如何办理动车组列车发车?

26. 出站信号机未设引导信号或引导信号不能开放时,在信号机常态点灯的 CTCS-2 级自动闭塞区段,如何办理动车组列车发车?

27. 出站信号机未设引导信号或引导信号不能开放时,在自动站间闭塞区段,如何办理动车组列车发车？

28. 线路所通过信号机引导信号不能开放，列车开往 CTCS-3 级及信号机常态灭灯的 CTCS-2 级自动闭塞区间时，如何办理动车组列车发车？

29. 线路所通过信号机引导信号不能开放，列车开往信号机常态点灯的 CTCS-2 级自动闭塞区间时，如何办理动车组列车发车？

30. 线路所通过信号机引导信号不能开放，列车开往自动站间闭塞区间时，如何办理动车组列车发车？

31. 当动车组列车制动系统故障须切除单车制动力时有何规定？

32. 列车在区间退行，需退行至站内时有何规定？

33. 列车运行中碰撞异物影响行车安全时，司机应如何处理？

34. 使用机车救援动车组时，对制动主管压力及动车组升弓方面有何规定？

35. 在故障动车组前部救援时，对担当救援的动车组有何规定？

36. 常态灭灯的进站色灯信号机转为点亮状态，显示一个黄色灯光的显示含义是什么？

37. 常态点灯的线路所防护分歧道岔的色灯信号机显示两个黄色灯光的显示含义是什么？

38. 高速铁路区段防护分歧道岔的线路所通过信号机显示规定是什么？

39. 连续式机车信号显示一个带“2”字的黄色灯光的显示含义是什么？

40. 连续式机车信号显示一个黄色灯光的显示含义是什么？

41. 列控车载设备的“机车信号”显示一个带“2”字的黄色灯光的显示含义是什么？

42. 接触网电分相设置合电标的规定是什么？

43. 减速地点标设置规定是什么？

44. 动车组列车停车位置标志设置规定是什么？

45. 区间信号标志牌设置规定及样式是什么？

46. 未装备列控车载设备的列车在高速铁路运行时，地面信号机显示一个黄色闪光和一个黄色灯光及机车信号机显示一个双半黄色闪光时，有何限速规定？

47. 区间不设通过信号机、在闭塞分区分界处设置区间信号标志牌的 CTCS-2/CTCS-3 级区段车站的主体信号机有何作用？

48. 遇哪些情况区间不设通过信号机、在闭塞分区分界处设置区间信号标志牌的 CTCS-2/CTCS-3 级区段的车站的进站、出站、进路信号机以及线路所的通过信号机应转为点亮状态？

49. 常态灭灯的信号机转为点亮状态时，以及其他常态点灯的信号机的定位显示有何规定？

50. 常态点灯的进站、进路、出站、通过信号机的关闭时机有何规定？

51. 进站、进路、出站、通过信号机遇哪些情况视为停车信号？

52. 常态点灯的进站色灯信号机显示一个黄色闪光和一个黄色灯光的显示含义是

什么?

53. 常态灭灯的进站色灯信号机转为点亮状态时,显示一个绿色灯光的显示含义是什么?

54. 常态点灯的出站色灯信号机显示两个绿色灯光的显示含义是什么?

55. 动车段(所)的出站色灯信号机显示一个黄色灯光的显示含义是什么?

56. 进路色灯信号机的显示规定是什么?

57. 接车进路、发车进路及接发车进路色灯信号机兼作调车信号机时,显示一个月白色灯光的显示含义是什么?

58. 通过色灯信号机显示一个绿色灯光和一个黄色灯光的显示含义是什么?

59. 常态点灯的线路所防护分歧道岔的色灯信号机显示一个黄色闪光和一个黄色灯光的显示含义是什么?

60. 常态灭灯的线路所防护分歧道岔的色灯信号机显示一个黄色闪光和一个黄色灯光的显示含义是什么?

61. 进站及接车进路、接发车进路色灯信号机以及自动闭塞区段防护分歧道岔的线路所通过信号机的引导信号显示一个红色灯光及一个月白色灯光的显示含义是什么?

62. 发车进路信号机的引导信号显示一个红色灯光及一个月白色灯光的显示含义是什么?

63. 连续式机车信号显示一个带“2”字的黄色闪光的显示含义是什么?

64. 列控车载设备的“机车信号”显示一个带“2”字的黄色闪光的显示含义是什么?

65. CTCS-2/CTCS-3 级列控车载设备人机界面(DMI),如何显示速度信号机速度信号包括的内容?

66. 移动减速防护地段终端信号的样式是什么?

67. 十道,股道号码手信号如何显示?

68. 通知将前发信号取消的手信号如何显示?

69. 显示手信号时有何规定?

70. 降弓手信号如何显示?

71. 进路表示器的显示规定是什么?

72. 高速铁路的信号标志包括哪些?

73. 电力机车禁停标的设置地点及显示含义是什么?

74. Ⅲ型轨道电路调谐区标志的功能及样式是什么?

75. 通信模式转换标设置地点及样式是什么?

第二章 《铁路技术管理规程(普速铁路部分)》

CTCS-2 级列控系统

第 105 条 CTCS-2 级列控系统基于轨道电路和点式应答器传输行车许可信息,采用目标距离连续速度控制模式监控列车运行。完全监控模式下按高于线路允许速度 2 km/h 报警、5 km/h 常用制动、10 km/h 紧急制动设置模式曲线。

本条是关于列车运行控制系统的定义。

CTCS-2 级列控系统是基于轨道电路和点式应答器传输列车运行许可信息的列车运行控制系统。轨道电路实现列车占用检查,并连续向车载设备传送空闲闭塞分区数量等信息。有源应答器向车载设备传输定位信息、线路参数、临时限速等信息。列控中心具有轨道电路编码、有源应答器报文实时编码和发送、区间信号机点灯控制、站间安全信息(区间轨道电路状态、中继站临时限速信息、区间闭塞和方向条件等信息)传输等功能。列控中心(TCC)根据轨道电路、进路状态及临时限速等信息产生行车许可,通过轨道电路及有源应答器将行车许可传送给列控车载设备。

列控车载设备(ATP)根据地面设备提供的信号动态信息、线路参数、临时限速等信息和动车组参数,按照目标距离连续速度控制模式生成控制速度,监控列车运行。

借鉴国外铁路经验,以及我国铁路运用经验,动车组列车在完全监控模式下分别按高于线路允许速度一定值报警、触发常用制动、触发紧急制动设置模式曲线。工务部门提供的线路允许速度、机车车辆部门提供的列车允许速度等,各部门提供的速度应该是保证列车稳定和安全运行的速度,并留有一定的安全余量,如允许速度为 250 km/h 等级线路,除特殊区段和情况外,列车常态下运行的速度可为 250 km/h。在列车运行过程中,司机操控列车,将列车运行速度控制在列控车载设备允许速度范围内,在正常情况下列控车载设备不干扰司机的操控。在列车运行过程中,存在使得列控车载设备测得的速度异常突变的情况,如在列车空转或打滑时,测得的列车速度有可能在短时内异常突变,如果在允许速度基础上没有一定的速度余量,就有可能引起列控车载设备输出不必要的制动。在司机加速至列车运行达速的过程中,由于列车惯性等,存在列车速度小幅超过允许速度的现象,如果在允许速度基础上没有一定的速度余量,司机只能反复进行加速和制动,不便于司机操控,同时也降低了乘车舒适度。因此,在允许速度基础上给出一定的速度余量,可以减少不必要的制动,便于司机控车,提高乘车舒适度。列车速度如果超出列控车载设备允许的速度余量,列控车载设备采取制动措施,使列车减速甚至停车。

第 106 条 CTCS-2 级列控系统由列控车载设备和地面设备组成。

列控车载设备主要由车载安全计算机、轨道电路信息读取器、应答器信息接收单元、列车接口单元、记录单元、人机界面等部件组成。

列控地面设备由列控中心、临时限速服务器、ZPW-2000 系列轨道电路、应答器等设备组成。

本条是关于 CTCS-2 级列控系统设备构成的规定。

1. 列控车载设备主要由车载安全计算机、轨道电路信息读取器、应答器信息接收单元、列车接口单元、记录单元、人机界面等部件组成。

(1)车载安全计算机是列控车载设备的核心处理单元,实现列控车载设备的核心安全控制功能。

(2)轨道电路信息读取器(TCR)通过 TCR 天线接收轨道电路信息,并传送给车载安全计算机。

(3)应答器信息接收单元接收、解调地面应答器信号,并将解调后的信息传送给车载安全计算机。

(4)列车接口单元提供安全计算机与列车相关设备之间的接口。

(5)记录单元用于记录列控车载设备的数据和控制信息。

(6)人机界面(DMI)实现司机与车载安全计算机之间的信息交互。

2. 列控地面设备由列控中心、临时限速服务器、ZPW-2000 系列轨道电路、应答器等设备组成。

(1)列控中心实现轨道电路编码,通过有源应答器传送临时限速和进路信息。

(2)临时限速服务器集中管理临时限速命令,向 TCC 传递临时限速信息。

(3)ZPW-2000 系列轨道电路实现列车占用检查,并向列控车载设备提供前方空闲闭塞分区数量信息。

(4)应答器向列控车载设备传送线路数据等信息。

第 109 条 装备 CTCS-2 级列控车载设备的动车组应装设 LKJ 设备。

本条是关于动车组装备 CTCS-2 级列控车载设备与 LKJ 关系的规定。

为满足装备 CTCS-2 级列控车载设备的动车组在 CTCS-0 级线路运行以及动车组列车特定运行的需要,装备 CTCS-2 级列控车载设备的动车组应装设 LKJ 设备。

第 110 条 CTCS-2 级列控车载设备的控车模式有完全监控、部分监控、引导、目视行车、调车、隔离和待机等模式。

1. 完全监控模式是列车的正常运行模式。列控车载设备根据控车数据自动生成目标距离模式曲线,司机依据人机界面显示的列车运行速度、允许速度、目标速度和目标距离等信息控制列车运行。

2. 部分监控模式是列控车载设备接收到轨道电路允许行车信息,而缺少应答器提供的线路数据或限速数据时使用的模式。在部分监控模式下,限速值为 45 km/h。

3. 引导模式是在进站建立引导进路后，列控车载设备按照最高限速 40 km/h 控车的模式。

4. 目视行车模式是司机控车的固定限速模式，限速值为 40 km/h。列控车载设备显示停车信号停车后，司机按规定操作转入目视行车模式。

5. 调车模式是动车组进行调车作业的固定限速模式，限速值为 40 km/h。司机按压专用按钮使列控车载设备转入调车模式。只有在列车停车时，司机才可以选择进入或退出调车模式。

6. 隔离模式是列控车载设备控制功能停用的模式。列车停车后，根据规定，司机操作隔离装置使列控车载设备转入隔离模式。

7. 待机模式是列控车载设备上电后的默认模式。列控车载设备自检后，自动处于待机模式。在待机模式下，列控车载设备正常接收轨道电路及应答器信息。

第 111 条　CTCS-2 级列控车载设备七种模式之间的转换见第 8 表。

第 8 表　CTCS-2 级列控车载设备七种模式之间的转换

转换模式 当前模式	待机模式	部分监控模式	完全监控模式	引导模式	目视行车模式	调车模式	隔离模式
待机模式	—	人工/停车	—	—	人工/停车	人工/停车	人工/停车
部分监控模式	人工/停车	—	自动	自动	人工/停车	人工/停车	人工/停车
完全监控模式	人工/停车	自动	—	人工	人工/停车	人工/停车	人工/停车
引导模式	人工/停车	自动	自动	—	人工/停车	人工/停车	人工/停车
目视行车模式	人工/停车	自动	自动	自动	—	人工/停车	人工/停车
调车模式	人工/停车	—	—	—	—	—	人工/停车
隔离模式	人工/停车	—	—	—	—	—	—

思考题

1. CTCS-2 级列控系统的功能及定义是什么？
2. CTCS-2 级列控系统由哪些设备组成？
3. CTCS-2 级列控车载设备有哪几种控车模式？
4. 简述 CTCS-2 级列控车载设备的完全监控模式的功能。
5. 简述 CTCS-2 级列控车载设备的调车模式的功能及如何转入。

第三章 《CRH系列动车组操作规则》

第一节 段(所)内作业

第 5 条 出勤时,动车组司机应携带工作证、驾驶证、岗位培训合格证(鉴定期间由机务段出具书面证明)和有关规章制度,到机车调度员处报到,接受指纹影像识别、酒精含量及身体机能测试,按规定领取司机报单、司机手账、添乘指导簿、列车时刻表、运行揭示等行车资料和备品。

第 14 条 在动车段(所)内运行遇列控车载设备输出制动停车时,司机须与车站(段、所)联控确认后,方可继续运行。

第二节 出段(所)作业

第 16 条 按调车方式出段(所)时,执行先联控后动车,由近及远确认信号,严守速度。按列车方式出段(所)时,确认行车凭证,按规定执行车机联控。

第 17 条 进站停车时,按列车编组一次稳、准对标停车,停妥后使列车保持制动状态。司机根据列车长的开门通知,集控开启站台侧车门(开门按钮不在司机操纵台上的除外,下同)。

第三节 发车准备与发车

第 19 条 在 CTCS-0/1 级区段的车站始发开车,按 LKJ 方式行车;在 CTCS-2/3 级区段的车站始发开车,选择 C2 级【部分监控】模式开车。

第 20 条 确认操纵台各仪表、显示屏显示正常,各开关、手柄位置正确,司机室各门窗处于锁闭状态。

第 22 条 起车时,主控(牵引)手柄在"1"位(最小牵引位,下同)稍作停留,再根据目标速度选择适当级位,做到起车稳、加速快。上坡道起车时,不具备保持制动功能的动车组,可先将牵引手柄置适当级位后,再缓解制动。

第四节 途中作业

第27条 运行中应参照列车操纵示意图、提示卡操纵列车，严格执行确认呼唤和联控制度，做到“彻底瞭望、确认信号、准确呼唤、手比眼看”。

第29条 正常情况下，动车组司机在运行中必须在运行方向前端司机室操纵，行车安全装备必须全程运转，严禁擅自关机。非操纵端司机室门、窗及各操纵开关、手柄均应置于断开或锁闭位，关闭非操纵端司机室CIR等设备电源。

第30条 动车组在始发前、更换动车组司机（同向换乘除外）、更换操纵端后、使用紧急制动停车后、途中解编或重联后开车前需进行简略制动试验。

第33条 列车进站停车时，应遵守下列规定：

（一）列车进站前，按规定进行车机联控或确认CIR进路预告信息，确认进站凭证、ATP显示的允许运行速度值，控制列车运行速度。

（二）列车进站后，根据列车编组确认停车位置。

（三）正常情况下，应稳定使用中级档位以下的制动，随着速度的降低，逐级回到制动“1”位停车。

（四）一次稳准对标停车，停车后保持制动状态，确认站台方向，按规定执行开门操作。

（五）列车停留时，司机必须坚守岗位，不得擅自离开司机室。

第34条 动车组运行中应使用自动过分相功能。在经过乘务区段第一个分相区时，需验证自动过分相功能，当自动过分相装置故障时，应采用手动过分相，并报告列车调度员（车站值班员）。列车通过分相区后，确认操纵台各显示屏和仪表显示状态。

第35条 始发站、停车站、终到站在列车越过车站最外方道岔或停妥后，在司机手账上记录列车到、开时分。

第38条 遇雨雪冰霜等不良天气，动车组段（所）内出库时，应选择适当地点施加制动，观察制动效果，确认制动状态。

第41条 动车组运行中发现或接到接触网故障、接触网停电、轴承超过温度报警、齿轮箱故障、牵引电机故障、受电弓自动降弓、停放制动施加、不能判明原因的走行部异响等情况或信息时，应立即采取停车措施，报告列车调度员（车站值班员）停车原因、停车地点，并通知随车机械师、列车长。

第五节 在站交接与继乘

第44条 动车组列车运行中在列车车次变化地点，应检查确认CIR操作显示终端

(MMI)显示的车次号是否正确,遇自动注册不成功时,采用手动注册(含 GSM-R 手持终端),并报告列车调度员(车站值班员)。

第 45 条 同向继乘时,按继乘列车开车时间,提前 10 分钟到达接车地点立岗接车;换端继乘时,按继乘列车开车时间,提前 20 分钟在开车端立岗接车。

第 46 条 列车在继乘站停车后,保持列车制动状态,与接班司机交接确认调度命令、动车组技术状态、动车组钥匙、电务车载设备检测合格证,填写《动车组运用技术状态交接簿(单)》,具体按继乘站换端(乘)作业程序执行(见附件 2)。

附件 2 车站换端(乘)作业程序

一、同向继乘

(一)交班司机

1. 保持列车制动状态。
2. 装备 LKJ 的动车组转储 LKJ 运行数据。
3. 填写《动车组运用技术状态交接簿(单)》。
4. 向接班司机交接调度命令、动车组技术状态、动车组钥匙、电务车载设备检测合格证。
5. 注销 GSM-R 手持终端车次功能号。

(二)接班司机

1. 按规定与交班司机交接,对交接内容进行确认。与随车机械师交接司机室驾驶操纵设备技术状态并在《动车组故障交接记录单》上签认。
2. 修改列控车载设备司机代码等相关参数。
3. 装备 LKJ 的动车组,输入 LKJ 参数并载入 IC 卡数据。
4. 注册 GSM-R 手持终端车次功能号。
5. 确认司机室门窗锁闭,做好开车准备。

二、换端作业

(一)本班司机折返

1. 保持列车制动状态,装有停放制动装置的动车组施加停放制动。
2. 装备 LKJ 的动车组转储 LKJ 运行数据。
3. 注销 CIR、GSM-R 手持终端车次功能号,关闭 CIR 设备电源。
4. 退出司机室占用,确认操纵台各开关、手柄位置正确,锁闭司机室门窗。
5. 换端后投入主控钥匙激活司机室,按照《CRH 系列动车组操作规则》附件 4 进行制动试验。

6. 输入 CIR、列控车载设备数据参数。

7. 装备 LKJ 的动车组，输入 LKJ 参数并载入 IC 卡数据。

8. 确认司机室门窗锁闭，做好开车准备。

(二)换乘折返

1. 交班司机

(1)换端后保持列车制动状态，装有停放制动装置的动车组施加停放制动。

(2) 装备 LKJ 的动车组转储 LKJ 运行数据。

(3) 注销 CIR、GSM-R 手持终端车次功能号，关闭 CIR 设备电源。

(4)填写《动车组运用技术状态交接簿(单)》。

(5)退出司机室占用，确认操纵台各开关、手柄位置正确，锁闭司机室门窗。

(6)向接班司机交接调度命令、动车组技术状态、动车组钥匙、电务车载设备检测合格证。

2. 接班司机

(1)按规定与交班司机交接，对交接内容进行确认。与随车机械师交接司机室驾驶操纵设备技术状态并在《动车组故障交接记录单》上签认。

(2)投入主控钥匙激活司机室，根据不同列控车载设备型号，按照附件 4 进行制动试验。

(3)输入 CIR、列控车载设备数据参数。

(4)装备 LKJ 的动车组，输入 LKJ 参数并载入 IC 数据。

(5)注册 GSM-R 手持终端车次功能号。

(6)确认司机室门窗锁闭，做好开车准备。

思考题

1. 列车进站停车时，应遵守哪些规定？

2. 动车组司机出勤时应携带哪些证件及领取哪些行车资料？

3. 同向继乘时，接班司机应做好哪些工作？

4. 本班司机折返换端作业时，应做好哪些工作？

5. 动车组运行中发现哪些情况需要立即停车及停车后如何处理？

第四章　相关法律法规

第一节　《中华人民共和国安全生产法》

第 6 条　生产经营单位的从业人员有依法获得安全生产保障的权利，并应当依法履行安全生产方面的义务。

第 9 条　国务院安全生产监督管理部门依照本法，对全国安全生产工作实施综合监督管理；县级以上地方各级人民政府安全生产监督管理部门依照本法，对本行政区域内安全生产工作实施综合监督管理。

国务院有关部门依照本法和其他有关法律、行政法规的规定，在各自的职责范围内对有关行业、领域的安全生产工作实施监督管理；县级以上地方各级人民政府有关部门依照本法和其他有关法律、法规的规定，在各自的职责范围内对有关行业、领域的安全生产工作实施监督管理。

安全生产监督管理部门和对有关行业、领域的安全生产工作实施监督管理的部门，统称负有安全生产监督管理职责的部门。

第 14 条　国家实行生产安全事故责任追究制度，依照本法和有关法律、法规的规定，追究生产安全事故责任人员的法律责任。

第 25 条　生产经营单位应当对从业人员进行安全生产教育和培训，保证从业人员具备必要的安全生产知识，熟悉有关的安全生产规章制度和安全操作规程，掌握本岗位的安全操作技能，了解事故应急处理措施，知悉自身在安全生产方面的权利和义务。未经安全生产教育和培训合格的从业人员，不得上岗作业。

生产经营单位使用被派遣劳动者的，应当将被派遣劳动者纳入本单位从业人员统一管理，对被派遣劳动者进行岗位安全操作规程和安全操作技能的教育和培训。劳务派遣单位应当对被派遣劳动者进行必要的安全生产教育和培训。

生产经营单位接收中等职业学校、高等学校学生实习的，应当对实习学生进行相应的安全生产教育和培训，提供必要的劳动防护用品。学校应当协助生产经营单位对实习学生进行安全生产教育和培训。

生产经营单位应当建立安全生产教育和培训档案，如实记录安全生产教育和培训的时间、内容、参加人员以及考核结果等情况。

第 26 条　生产经营单位采用新工艺、新技术、新材料或者使用新设备，必须了解、掌握其安全技术特性，采取有效的安全防护措施，并对从业人员进行专门的安全生产教育和培训。

第 41 条 生产经营单位应当教育和督促从业人员严格执行本单位的安全生产规章制度和安全操作规程；并向从业人员如实告知作业场所和工作岗位存在的危险因素、防范措施以及事故应急措施。

第 42 条 生产经营单位必须为从业人员提供符合国家标准或者行业标准的劳动防护用品，并监督、教育从业人员按照使用规则佩戴、使用。

第 45 条 两个以上生产经营单位在同一作业区域内进行生产经营活动，可能危及对方生产安全的，应当签订安全生产管理协议，明确各自的安全生产管理职责和应当采取的安全措施，并指定专职安全生产管理人员进行安全检查与协调。

第 50 条 生产经营单位的从业人员有权了解其作业场所和工作岗位存在的危险因素、防范措施及事故应急措施，有权对本单位的安全生产工作提出建议。

第 51 条 从业人员有权对本单位安全生产工作中存在的问题提出批评、检举、控告；有权拒绝违章指挥和强令冒险作业。

生产经营单位不得因从业人员对本单位安全生产工作提出批评、检举、控告或者拒绝违章指挥、强令冒险作业而降低其工资、福利等待遇或者解除与其订立的劳动合同。

第 54 条 从业人员在作业过程中，应当严格遵守本单位的安全生产规章制度和操作规程，服从管理，正确佩戴和使用劳动防护用品。

第 55 条 从业人员应当接受安全生产教育和培训，掌握本职工作所需的安全生产知识，提高安全生产技能，增强事故预防和应急处理能力。

第 56 条 从业人员发现事故隐患或者其他不安全因素，应当立即向现场安全生产管理人员或者本单位负责人报告；接到报告的人员应当及时予以处理。

第 62 条 安全生产监督管理部门和其他负有安全生产监督管理职责的部门依法开展安全生产行政执法工作，对生产经营单位执行有关安全生产的法律、法规和国家标准或者行业标准的情况进行监督检查，行使以下职权：

（一）进入生产经营单位进行检查，调阅有关资料，向有关单位和人员了解情况；

（二）对检查中发现的安全生产违法行为，当场予以纠正或者要求限期改正；对依法应当给予行政处罚的行为，依照本法和其他有关法律、行政法规的规定作出行政处罚决定；

（三）对检查中发现的事故隐患，应当责令立即排除；重大事故隐患排除前或者排除过程中无法保证安全的，应当责令从危险区域内撤出作业人员，责令暂时停产停业或者停止使用相关设施、设备；重大事故隐患排除后，经审查同意，方可恢复生产经营和使用；

（四）对有根据认为不符合保障安全生产的国家标准或者行业标准的设施、设备、器材以及违法生产、储存、使用、经营、运输的危险物品予以查封或者扣押，对违法生产、储存、使用、经营危险物品的作业场所予以查封，并依法作出处理决定。

监督检查不得影响被检查单位的正常生产经营活动。

第 71 条　任何单位或者个人对事故隐患或者安全生产违法行为，均有权向负有安全生产监督管理职责的部门报告或者举报。

第 94 条　生产经营单位有下列行为之一的，责令限期改正，可以处五万元以下的罚款；逾期未改正的，责令停产停业整顿，并处五万元以上十万元以下的罚款，对其直接负责的主管人员和其他直接责任人员处一万元以上二万元以下的罚款：

（一）未按照规定设置安全生产管理机构或者配备安全生产管理人员的；

（二）危险物品的生产、经营、储存单位以及矿山、金属冶炼、建筑施工、道路运输单位的主要负责人和安全生产管理人员未按照规定经考核合格的；

（三）未按照规定对从业人员、被派遣劳动者、实习学生进行安全生产教育和培训，或者未按照规定如实告知有关的安全生产事项的；

（四）未如实记录安全生产教育和培训情况的；

（五）未将事故隐患排查治理情况如实记录或者未向从业人员通报的；

（六）未按照规定制定生产安全事故应急救援预案或者未定期组织演练的；

（七）特种作业人员未按照规定经专门的安全作业培训并取得相应资格，上岗作业的。

第 103 条　生产经营单位与从业人员订立协议，免除或者减轻其对从业人员因生产安全事故伤亡依法应承担的责任的，该协议无效；对生产经营单位的主要负责人、个人经营的投资人处二万元以上十万元以下的罚款。

第 104 条　生产经营单位的从业人员不服从管理，违反安全生产规章制度或者操作规程的，由生产经营单位给予批评教育，依照有关规章制度给予处分；构成犯罪的，依照刑法有关规定追究刑事责任。

第二节　《中华人民共和国铁路法》

第 71 条　铁路职工玩忽职守、违反规章制度造成铁路运营事故的，滥用职权、利用办理运输业务之便谋取私利的，给予行政处分；情节严重、构成犯罪的，依照刑法有关规定追究刑事责任。

第三节　《中华人民共和国行政许可法》

第 9 条　依法取得的行政许可，除法律、法规规定依照法定条件和程序可以转让的外，不得转让。

第 12 条 下列事项可以设定行政许可：

(三)提供公众服务并且直接关系公共利益的职业、行业，需要确定具备特殊信誉、特殊条件或者特殊技能等资格、资质的事项；

第 65 条 个人和组织发现违法从事行政许可事项的活动，有权向行政机关举报，行政机关应当及时核实、处理。

第 69 条 有下列情形之一的，作出行政许可决定的行政机关或者其上级行政机关，根据利害关系人的请求或者依据职权，可以撤销行政许可：

(一)行政机关工作人员滥用职权、玩忽职守作出准予行政许可决定的；

(二)超越法定职权作出准予行政许可决定的；

(三)违反法定程序作出准予行政许可决定的；

(四)对不具备申请资格或者不符合法定条件的申请人准予行政许可的；

(五)依法可以撤销行政许可的其他情形。

被许可人以欺骗、贿赂等不正当手段取得行政许可的，应当予以撤销。

依照前两款的规定撤销行政许可，可能对公共利益造成重大损害的，不予撤销。

依照本条第一款的规定撤销行政许可，被许可人的合法权益受到损害的，行政机关应当依法给予赔偿。依照本条第二款的规定撤销行政许可的，被许可人基于行政许可取得的利益不受保护。

第 70 条 有下列情形之一的，行政机关应当依法办理有关行政许可的注销手续：

(一)行政许可有效期届满未延续的；

(二)赋予公民特定资格的行政许可，该公民死亡或者丧失行为能力的；

(三)法人或者其他组织依法终止的；

(四)行政许可依法被撤销、撤回，或者行政许可证件依法被吊销的；

(五)因不可抗力致行政许可事项无法实施的；

(六)法律、法规规定的应当注销行政许可的其他情形。

第 78 条 行政许可申请人隐瞒有关情况或者提供虚假材料申请行政许可的，行政机关不予受理或者不予行政许可，并给予警告；行政许可申请属于直接关系公共安全、人身健康、生命财产安全事项的，申请人在一年内不得再次申请该行政许可。

第 79 条 被许可人以欺骗、贿赂等不正当手段取得行政许可的，行政机关应当依法给予行政处罚；取得的行政许可属于直接关系公共安全、人身健康、生命财产安全事项的，申请人在三年内不得再次申请该行政许可；构成犯罪的，依法追究刑事责任。

第 80 条 被许可人有下列行为之一的，行政机关应当依法给予行政处罚；构成犯罪的，依法追究刑事责任：

(一)涂改、倒卖、出租、出借行政许可证件，或者以其他形式非法转让行政许可的；

（二）超越行政许可范围进行活动的；

（三）向负责监督检查的行政机关隐瞒有关情况、提供虚假材料或者拒绝提供反映其活动情况的真实材料的；

（四）法律、法规、规章规定的其他违法行为。

第 81 条　公民、法人或者其他组织未经行政许可，擅自从事依法应当取得行政许可的活动的，行政机关应当依法采取措施予以制止，并依法给予行政处罚；构成犯罪的，依法追究刑事责任。

第四节　《中华人民共和国刑法》

第 132 条　【铁路运营安全事故罪】铁路职工违反规章制度，致使发生铁路运营安全事故，造成严重后果的，处三年以下有期徒刑或者拘役；造成特别严重后果的，处三年以上七年以下有期徒刑。

第五节　《铁路安全管理条例》

第 57 条　铁路机车车辆的驾驶人员应当参加国务院铁路行业监督管理部门组织的考试，考试合格方可上岗。具体办法由国务院铁路行业监督管理部门制定。

第 58 条　铁路运输企业应当加强铁路专业技术岗位和主要行车工种岗位从业人员的业务培训和安全培训，提高从业人员的业务技能和安全意识。

第 60 条　铁路运输企业应当建立健全铁路设施设备的检查防护制度，加强对铁路设施设备的日常维护检修，确保铁路设施设备性能完好和安全运行。

第六节　《铁路机车车辆驾驶人员资格许可办法》

第 2 条　在中华人民共和国境内的铁路营业线上，承担公共运输或者施工、维修、检测、试验等任务的铁路机车、动车组、大型养路机械、轨道车、接触网作业车驾驶人员（以下简称驾驶人员），应当依照本办法向国家铁路局申请驾驶资格，并取得相应类别的铁路机车车辆驾驶证（以下简称“驾驶证”）。

第 3 条　驾驶证分为机车系列和自轮运转车辆系列。具体代码及对应的准驾机车车辆类型为：

（一）机车系列

J1 类准驾动车组和内燃、电力机车；

J2 类准驾动车组和内燃机车；

J3 类准驾动车组和电力机车；

J4 类准驾内燃、电力机车；

J5 类准驾内燃机车；

J6 类准驾电力机车。

（二）自轮运转车辆系列

L1 类准驾大型养路机械和轨道车、接触网作业车；

L2 类准驾大型养路机械；

L3 类准驾轨道车、接触网作业车。

第 5 条 初次申请驾驶证只能申请一个系列中的一种机车车辆类型，申请人应当具备以下条件：

（一）年龄在 18 岁至 45 岁；

（二）身体健康，符合国家对驾驶人员职业健康标准的要求，良好的汉字读写能力并能够熟练运用普通话交流；

（三）机车系列申请人应当具有国家承认的中专及以上学历，自轮运转车辆系列应当具有国家承认的高中、技校及以上学历；

（四）机车系列申请人应当连续机务乘务学习 1 年以上或者机务乘务学习行程 6 万公里以上，自轮运转车辆系列申请人应当连续自轮运转车辆乘务学习 6 个月以上。

第 6 条 增加本系列准驾机车车辆类型或者增加准驾系列称为增驾。申请增驾时，只能申请某一系列的一种机车车辆类型。申请 J1、J2 或者 J3 类驾驶证时，年龄不超过 45 岁，应当担任机车司机职务 2 年以上且安全乘务 10 万公里以上，并经动车组驾驶适应性测试合格。

L2 类持证人申请 L1 类驾驶证时，应当担任大型养路机械司机职务 2 年以上且安全乘务 1 万公里以上；L3 类持证人申请 L1 类驾驶证时，应当担任轨道车或者接触网作业车司机职务 2 年以上且安全乘务 3 万公里以上。

第 8 条 理论考试成绩 2 年内有效。未在有效期内完成实际操作考试的，本次理论考试成绩作废。在理论考试合格证明有效期内，最多参加 3 次实际操作考试。

第 10 条 驾驶人员执业时，应当携带驾驶证。驾驶证仅限本人持有和使用。

第 12 条 驾驶证有效期为 6 年。驾驶证有效截止日期不得超过持证人法定退休日期。

驾驶证有效期满、需要延续的，应当在驾驶证有效期届满 60 日前向国家铁路局提出申请。驾驶证损毁、记载内容变化或者驾驶证丢失的，应当及时向国家铁路局申请换证或者补证。国家铁路局审核后认为符合条件的，予以换证或者补证。

第七节 《违反〈铁路安全管理条例〉行政处罚实施办法》

第36条 违反《条例》第五十七条规定，铁路机车车辆的驾驶人员持过期或者失效驾驶证件执业的，由地区铁路监督管理局责令改正，可以处1 000元以下的罚款。

第八节 《铁路机车车辆驾驶人员资格许可实施细则》

第7条 初次申请驾驶证，申请人应当提交以下材料：

1. 完整填报的铁路机车车辆驾驶人员资格考试申请表；
2. 本人居民身份证(双面扫描至同一页)；
3. 具有国家、省市资质的健康体检机构，县级或者部队团级以上医疗机构按照《铁路机车司机职业健康检查规范》(TB/T 3091)出具的近1年内的体检合格报告；
4. 本人学历证明。

第14条 申请人领取理论考试准考证时，应当出示前述所有材料的原件。考试报名点应当留存居民身份证、学历证明和驾驶证(申请增驾时)的复印件，以及铁路机车车辆驾驶人员资格考试申请表和体检合格报告的原件，并将复印件和原件的电子扫描件传至考试中心保存，纸质材料转交所在企业存档。考试报名点应当现场采集申请人照片，及时传入铁路机车车辆驾驶人员信息安全管理系统(RCDIS，以下简称信息管理系统)。

照片要求：半身脱帽正面照，白底彩色，着深色上衣，幅面规格为20×25 mm，大小约100 K，分辨率不低于300 dpi，采用JPEG格式。

第38条 申请人隐瞒有关情况或提供虚假材料的，1年内不得再次申请。

第39条 申请人在考试过程中有贿赂、舞弊行为的，取消考试资格，已经通过的考试科目成绩无效，且1年内不得再次申请。

第40条 有下列情形之一的，应当撤销驾驶证：

1. 工作人员滥用职权、玩忽职守，致使不符合条件的人员取得驾驶证的；
2. 以欺骗、贿赂、倒卖、租借等不正当手段取得驾驶证的；
3. 法律法规规定的其他情形。

因本条第2项原因撤销驾驶证的3年内不得再次申请驾驶证。

第41条 有下列情形之一的，应当注销驾驶证：

1. 驾驶证有效期届满未延续的；
2. 持证人不能继续驾驶铁路机车车辆的，包括持证人死亡、丧失行为能力、退休、限制行为能力影响驾驶的、吸食或注射毒品、长期服用依赖性精神药品等；

3. 持证人提出注销申请的；

4. 驾驶证依法被撤销的；

5. 法律法规规定的其他情形。

思考题

1. 驾驶证有效期年限及截止日期有何规定？

2. 初次申请驾驶证，申请人应当提交哪些材料？

3. 出现哪些情况时，应当撤销驾驶证？

4. 出现哪些情况时，应当注销驾驶证？

5. 理论考试合格后，对实际操作考试有何规定？

6.《中华人民共和国行政许可法》对未经行政许可，擅自从事活动的处罚规定是什么？

7.《中华人民共和国行政许可法》规定哪些情况行政机关应当依法办理有关行政许可的注销手续？

8.《中华人民共和国行政许可法》规定哪些情况行政机关应当依法给予行政处罚；构成犯罪的，依法追究刑事责任？

9.《中华人民共和国铁路法》对铁路职工的违章、违纪的处罚规定是什么？

10.《中华人民共和国安全生产法》中对从业人员、生产经营单位存在的问题的处置规定是什么？

第五章　高速铁路机务行车安全规章题库

一、填 空 题

1. 信号机按用途分为进站、出站、通过、进路、(　　)、调车信号机等。　复示

2. 通过信号机或区间信号标志牌应设在闭塞分区或所间区间的(　　)，不应设在牵引供电分相的处所。　分界处

3. 高速铁路闭塞分区的划分，应满足动车组列控车载设备按照(　　)模式控车和未装备列控车载设备的列车按四显示自动闭塞行车的要求。　目标距离

4. 双线区段自动闭塞设备应具备正方向自动闭塞、反方向(　　)闭塞的功能。自动站间

5. 列车运行监控装置(LKJ)具有监控、记录、显示及(　　)等功能。　报警

6. 装备在动车组上的 LKJ 设备应按高于线路允许速度 2 km/h 报警、(　　)km/h 常用制动、10 km/h 紧急制动设置模式曲线。　5

7. LKJ 产生的列车运行记录数据是行车安全分析的重要依据，任何单位和人员不得(　　)。　更改

8. CTCS-3 级列控系统基于 GSM-R 无线通信实现车地信息(　　)，无线闭塞中心生成行车许可，轨道电路实现列车占用检查，应答器实现列车定位，并具备 CTCS-2 级功能。　双向传输

9. CTCS-2 级列控系统基于(　　)和点式应答器传输行车许可信息，采用目标距离连续速度控制模式监控列车运行。　轨道电路

10. 运行速度 250 km/h 及以下时，完全监控模式下 CTCS-2/CTCS-3 级列控车载设备应按高于线路允许速度 2 km/h 报警、5 km/h 常用制动、(　　)km/h 紧急制动设置模式曲线。　10

11. 运行速度 250 km/h 以上时，完全监控模式下 CTCS-3 级列控车载设备(含 CTCS-2 级后备功能)应按高于线路允许速度 2 km/h 报警、5 km/h 常用制动、(　　)km/h 紧急制动设置模式曲线。　15

12. 列车运行控制系统装备等级根据线路允许速度选用。250 km/h 以下铁路采用(　　)级列控系统。　CTCS-2

13. CTCS-3 级区段应答器提供线路数据、(　　)、过分相、定位、级间转换、公里标、车站名、无线闭塞中心切换等信息。　临时限速

14. CTCS-3 级列控车载设备的完全监控模式是列车的正常运行模式。列控车载设备根据控车数据自动生成目标距离模式曲线，司机依据人机界面显示的列车运行速度、

允许速度、和目标速度、(　　)等信息控制列车运行。　目标距离

15. CTCS-3 级列控车载设备的引导模式是在进站或出站建立(　　)进路后,列控车载设备按照最高限速 40 km/h 控车的模式。　引导

16. CTCS-3 级列控车载设备显示停车信号或位置不确定时,在停车状态下司机(　　)转入目视行车模式。　按规定操作

17. 只有在列车停车时,司机才可以选择进入或退出调车模式。CTCS-3 级控车时,只能在(　　)转入调车模式。　车站内

18. CTCS-3 级列控车载设备的休眠模式是非本务端车载设备不监控列车运行,但仍执行(　　)、记录等级转换等功能的模式。　列车定位

19. CTCS-3 级列控车载设备的隔离模式是列控车载设备控制功能(　　)的模式。列车停车后,根据规定,司机操作隔离装置使列控车载设备转入隔离模式。　停用

20. CTCS-3 级列控车载设备按 CTCS-2 级控车时的部分监控模式,是列控车载设备接收到轨道电路允许行车信息,而缺少应答器提供的(　　)或限速数据时使用的模式。在部分监控模式下,限速值为 45 km/h。　线路数据

21. CTCS-3 级列控车载设备的机车信号模式是装备 CTCS-3 级列控车载设备的动车组在 CTCS-0/1 级区段运行时使用的模式。经司机操作后,列控车载设备转为最高限速(　　)km/h 控车模式。　80

22. CTCS-3 级列控车载设备,在完全监控模式下根据列控地面设备提供的信息,结合动车组(　　),向动车组提供自动过电分相信息。　运行速度

23. CTCS-2 级区段应答器提供线路数据、(　　)、级间转换等信息。　临时限速

24. CTCS-2 级列控车载设备的控车模式有(　　)、部分监控、引导、目视行车、调车、隔离和待机等模式。　完全监控

25. CTCS-2 级列控车载设备的完全监控模式是列车的正常运行模式。列控车载设备根据控车数据自动生成目标距离模式曲线,司机依据人机界面显示的列车运行速度、允许速度、目标速度和(　　)等信息控制列车运行。　目标距离

26. CTCS-2 级列控车载设备的部分监控模式是列控车载设备接收到轨道电路允许行车信息,而缺少应答器提供的线路数据或(　　)时使用的模式。　限速数据

27. CTCS-2 级列控车载设备的引导模式是在进站或出站建立(　　)后,列控车载设备按照最高限速 40 km/h 控车的模式。　引导进路

28. CTCS-2 级列控车载设备显示停车信号(　　)后,司机按规定操作转入目视行车模式。　停车

29. CTCS-2 级列控车载设备只有在列车停车时,司机才可以(　　)进入或退出调车模式。　选择

30. 动车组应具有列车运行安全监控功能,对重要的运行部件和功能系统进行实时监测、报警和记录,并能及时向动车段、动车所(　　)。　传输

31. 动车组须配备机车综合无线通信设备(CIR)、列控车载设备、车载自动过(　　)

装置等，满足相应速度等级运行需要。　电分相

32. 行车工作必须坚持集中领导、(　　)、逐级负责的原则。　统一指挥

33. 登乘动车组司机室须凭动车组司机室登乘证。登乘机车、动车组司机室的人员，在不影响乘务人员工作的前提下，经(　　)后方可登乘。　检验准许

34. 高速铁路主要行车工种岗位人员的选拔，要按照岗位标准的基本素质要求，严格按条件、(　　)进行。　程序

35. 动车组无动力回送或被救援时，过渡车钩、专用风管的安装与拆卸由随车机械师(　　)，司机配合。　负责

36. 两列动车组重联或解编时，由动车组机械师负责(　　)，司机确认。　引导

37. 动车组重联时，被控动车组应(　　)，主控动车组使用调车模式与被控动车组连接。　退出占用

38. 重联动车组解编操作时，主控动车组转换为调车模式后，必须一次移动(　　)以上方可停车。　5 m

39. 已发布的调度命令，遇有错、漏或变化时，必须取消前发命令，(　　)全部内容的调度命令。　重新发布

40. 基本闭塞法停用按电话闭塞法行车时，动车组列车司机应根据调度命令将列控车载设备转为 LKJ 方式运行，未装备 LKJ 的动车组列车转为(　　)模式运行。　隔离

41. 动车组列车在车站出发，动车组列车司机在确认(　　)和开车时间，车门关闭后，即可起动列车。　行车凭证

42. 动车组列车、特快旅客列车遇特殊情况必须变更(　　)时，须经列车调度员准许，并预告司机。　基本进路

43. 进站、接车进路信号机不能使用时，应使用(　　)。引导信号无法使用时，列车调度员应向司机发布调度命令。　引导信号

44. 引导接车时，列车以不超过 20 km/h(动车组列车为不超过 40 km/h)速度进站，并做好(　　)的准备。　随时停车

45. 动车组列车按隔离模式由车站(线路所)开往区间时，须按(　　)组织行车，列车按地面信号显示运行，待该列车到达前方站(线路所)后方可放行后续列车。　站间

46. 动车组列车按隔离模式运行时，运行速度不超过(　　)km/h。　40

47. 动车组列车按隔离模式运行时，在越过接触网分相有困难的特殊情况下，列车调度员可根据司机请求发布调度命令，列车以不超过(　　)km/h 的速度越过接触网分相。　80

48. 当未装备 LKJ 的动车组列车在 CTCS-0/1 级区段按机车信号模式运行时，列车按地面信号机显示运行，最高运行速度不超过(　　)km/h。　80

49. 当未装备 LKJ 的动车组列车在 CTCS-0/1 级区段按机车信号模式运行时，低于 80 km/h 的限速按(　　)执行，线路允许速度低于 80 km/h 的区段由司机控制列车运行速度。　调度命令

50. 列车运行途中，遇大风，司机根据情况（　　）列车运行速度，并报告列车调度员。　控制

51. 列车通过防洪重点地段时，司机要加强瞭望，并随时采取（　　）的安全措施。　必要

52. 动车组列车运行中，司机发现积水高于轨面时，应立即（　　），根据现场情况与随车机械师共同确认行车条件或请求救援，并立即报告列车调度员（车站值班员）。　停车

53. 遇有落石、倒树等障碍物危及行车安全时，司机应立即停车，（　　）障碍并确认安全无误后，方可继续运行。　排除

54. 列车遇到线路塌方、道床冲空等危及行车安全的突发情况时，司机应立即采取应急性安全措施，并立刻（　　）追踪列车、邻线列车及列车调度员（邻近车站）。配备列车防护报警装置的列车应立即使用列车防护报警。　通知

55. 遇天气恶劣，信号机显示距离不足 200 m 时，司机或车站值班员须立即（　　）列车调度员。　报告

56. 动车组列控车载设备故障不能恢复正常运行在车站出发时，装备 LKJ 的动车组列车改按方式运行 LKJ，未装备 LKJ 的动车组列车改按（　　）运行。　隔离模式

57. 遇无进路预告信息，司机须报告列车调度员（车站值班员），列车由正线通过改为侧线接车时，列车调度员（车站控制时为车站值班员）应提前（　　）司机。　预告

58. 遇接触网停电时，司机应立即停车并降弓，报告列车调度员（车站值班员）停车原因及（　　），通知随车机械师（车辆乘务员）、列车长。　停车位置

59. 司机在运行中发现本线或邻线接触网上挂有异物时，应立即（　　）并向列车调度员（车站值班员）汇报异物情况和故障地点。　采取措施

60. 运行途中列车司机发现晃车时，应立即（　　）并向列车调度员（车站值班员）报告晃车地点及晃车时列车运行速度，待本列无异常状况后恢复常速运行。　减速运行

61. 列车碰撞异物，经下车检查确认不能继续运行时应及时请求（　　），并按规定进行防护。　救援

62. 重联动车组列车发生火灾、爆炸停车后，需解编时，由随车机械师负责引导，司机确认并拉开（　　）距离。　安全

63. 列车调度员及时发布有关调度命令。担当救援的动车组司机接到救援命令后，必须（　　）。命令不清、停车位置不明确时，不准动车。　认真确认

64. 区间不设通过信号机、在闭塞分区分界处设置区间信号标志牌的 CTCS-2/CTCS-3 级区段车站的进站、出站、进路信号机以及线路所的通过信号机常态灭灯，仅起（　　）作用。　停车位置

65. 常态点灯的进站色灯信号机显示一个绿色灯光和一个黄色灯光—准许列车按规定速度经道岔直向位置进入站内，表示次一架信号机经道岔直向位置开放一个（　　）。　黄灯

66. 常态点灯的进站色灯信号机显示一个黄色灯光—准许列车按限速要求经道岔(　　)位置进入站内正线准备停车。　直向

67. 常态灭灯的进站色灯信号机转为点亮状态时显示一个黄色灯光—准许列车按限速要求经道岔(　　)位置进入站内正线准备停车。　直向

68. 常态点灯的出站色灯信号机显示两个绿色灯光—准许列车由车站出发，开往(　　)闭塞或自动站间闭塞区间。　半自动

69. 常态灭灯的出站色灯信号机转为点亮状态时显示一个绿色灯光—准许列车由车站以(　　)方式出发，表示运行前方区间空闲。　站间闭塞

70. 动车段(所)的出站色灯信号机显示一个黄色灯光—准许列车由动车段(所)出发，表示发车进路建立且出站第一离去(　　)空闲。　区段

71. 常态灭灯的线路所防护分歧道岔的色灯信号机转为点亮状态时显示一个绿色灯光—准许列车按规定速度经道岔直向位置以(　　)方式运行，表示前方区间空闲。　站间闭塞

72. 铁路职工违反规章制度，致使发生铁路运营安全事故，造成严重后果或特别严重后果构成犯罪的，刑法上称为(　　)。　铁路运营安全事故罪

73. 铁路职工玩忽职守、违反规章制度造成铁路运营事故，情节严重、构成犯罪的，依照刑法有关规定追究(　　)。　刑事责任

74. 从业人员必须具备必要的安全生产知识，熟悉有关的安全生产规章制度和安全操作规程，掌握本岗位的安全操作技能，了解事故应急处理措施，知悉自身在安全生产方面的(　　)。　权利和义务

75. 从业人员必须具备必要的安全生产知识，熟悉有关的安全生产规章制度和安全操作规程，掌握本岗位的(　　)，了解事故应急处理措施，知悉自身在安全生产方面的权利和义务。　安全操作技能

76. 从业人员在作业过程中，应当严格遵守本单位的安全生产规章制度和(　　)。　操作规程

77. 从业人员应当接受安全生产教育和培训，掌握本职工作所需的安全生产知识，提高安全生产技能，增强(　　)和应急处理能力。　事故预防

78. 从业人员发现事故隐患或者其他不安全因素，应当立即向现场安全生产管理人员或者本单位负责人报告；接到报告的人员应当(　　)。　及时予以处理

79. 生产经营单位的从业人员不服从管理，违反(　　)或者操作规程的，由生产经营单位给予批评教育，依照有关规章制度给予处分。　安全生产规章制度

80. 提供公众服务并且直接关系(　　)的职业、行业，需要确定具备特殊信誉、特殊条件或者特殊技能等资格、资质的事项。　公共利益

81. 初次申请驾驶证，申请人应当提交本人居民身份证、(　　)和体检合格报告。　学历证明

82. 初次申请驾驶证，申请人考试报名时应当现场采集申请人照片，要求申请人半

身脱帽正面照，白底彩色，着(　　)上衣。 深色

83. 申请人隐瞒有关情况或提供(　　)材料的，1 年内不得再次申请。 虚假

84. 申请人在考试过程中有贿赂、(　　)行为的，取消考试资格，已经通过的考试科目成绩无效，且 1 年内不得再次申请。 舞弊

85. 以欺骗、贿赂、倒卖、租借等不正当手段取得驾驶证的，应当(　　)驾驶证。 撤销

86. 驾驶证有效期届满未延续的，应当(　　)驾驶证。 注销

87. 驾驶证依法被撤销的，应当(　　)驾驶证。 注销

二、单 选 题

1. 高柱通过信号机在正常情况下的显示距离，不得小于(　　)m。 A

A. 1 000　　B. 800　　C. 400　　D. 200

2. 高柱进站信号机在正常情况下的显示距离，不得小于(　　)m。 D

A. 600　　B. 800　　C. 400　　D. 1 000

3. 高柱出站信号机在正常情况下的显示距离，不得小于(　　)m。 B

A. 1 000　　B. 800　　C. 400　　D. 200

4. 高柱进路信号机在正常情况下的显示距离，不得小于(　　)m。 B

A. 1 000　　B. 800　　C. 400　　D. 200

5. 在地形、地物影响视线的地方，进站信号机的显示距离，在最坏的条件下，不得小于(　　)m。 A

A. 200　　B. 800　　C. 400　　D. 1 000

6. 在地形、地物影响视线的地方，通过信号机的显示距离，在最坏的条件下，不得小于(　　)m。 D

A. 1 000　　B. 800　　C. 400　　D. 200

7. 进站信号机前方第一、第二架通过信号机的机柱上，应分别涂(　　)黑斜线。 C

A. 三条、二条　　B. 三条、二条、一条

C. 三条、一条　　D. 一条、三条

8. 自动闭塞设备应具备(　　)正方向自动闭塞、反方向自动站间闭塞的功能。 A

A. 双线区段　　B. 单线区段　　C. 单线区间　　D. 双线区间

9. 列车运行监控装置(LKJ)具有监控、记录、显示及(　　)等功能。 B

A. 防护　　B. 报警　　C. 监测　　D. 控制

10. LKJ 软件、基础数据和控制模式设定的管理，按(　　)有关规定执行。 C

A. 运用车间　　B. 机务段　　C. 总公司　　D. 铁路局

11. 运行速度 250 km/h 及以下时，(　　)模式下 CTCS-2 级列控车载设备应按高于线路允许速度 2 km/h 报警。 B

A. 部分监控　　B. 完全监控　　C. 目视　　D. 隔离

12. 运行速度250 km/h及以下时,(　　)模式下CTCS-3级列控车载设备应按高于线路允许速度2 km/h报警。　D

A. 部分监控　　B. 隔离　　C. 目视　　D. 完全监控

13. 运行速度250 km/h及以下时,完全监控模式下CTCS-2级列控车载设备应按高于线路允许速度(　　)km/h常用制动。　C

A. 2　　B. 3　　C. 5　　D. 10

14. 运行速度250 km/h及以下时,完全监控模式下CTCS-3级列控车载设备应按高于线路允许速度(　　)km/h常用制动。　C

A. 2　　B. 3　　C. 5　　D. 10

15. 运行速度250 km/h及以下时,(　　)模式下CTCS-2级列控车载设备应按高于线路允许速度10 km/h紧急制动设置模式曲线。　B

A. 部分监控　　B. 完全监控　　C. 目视　　D. 隔离

16. 运行速度250 km/h及以下时,(　　)模式下CTCS-3级列控车载设备应按高于线路允许速度10 km/h紧急制动设置模式曲线。　B

A. 部分监控　　B. 完全监控　　C. 目视　　D. 隔离

17. 引导模式是在进站或出站建立引导进路后,列控车载设备按照最高限速(　　)km/h控车的模式。　B

A. 20　　B. 40　　C. 45　　D. 80

18. 目视行车模式是司机控车的固定限速模式,限速值为(　　)km/h。列控车载设备显示停车信号或位置不确定时,在停车状态下司机按规定操作转入目视行车模式。　B

A. 20　　B. 40　　C. 45　　D. 80

19. 调车模式是动车组进行调车作业的固定限速模式,限速值为(　　)km/h。　C

A. 25　　B. 30　　C. 40　　D. 45

20. CTCS-2级控车时的部分监控模式,限速值为(　　)km/h。　D

A. 20　　B. 40　　C. 80　　D. 45

21. 列控车载设备转为机车信号模式最高限速(　　)km/h。　C

A. 20　　B. 45　　C. 80　　D. 40

22. CTCS-3级列控车载设备,在(　　)模式下根据列控地面设备提供的信息,结合动车组运行速度,向动车组提供自动过电分相信息。　A

A. 完全监控　　B. 部分监控　　C. 隔离　　D. 调车

23. (　　)级区段应答器提供线路数据、临时限速、级间转换等信息。　D

A. CTCS-0　　B. CTCS-1　　C. CTCS-3　　D. CTCS-2

24. CTCS-2级列控车载设备的(　　)模式是列控车载设备接收到轨道电路允许行

车信息，而缺少应答器提供的线路数据或限速数据时使用的模式。　B

A. 完全监控　B. 部分监控　C. 隔离　D. 调车

25. CTCS-2 级列控车载设备的引导模式是在进站或出站建立引导进路后，列控车载设备按照最高限速（　）控车的模式。　A

A. 40 km/h　B. 45 km/h　C. 20 km/h　D. 25 km/h

26. CTCS-2 级列控车载设备显示停车信号停车后，司机按规定操作转入（　）模式。　B

A. 完全监控　B. 目视行车　C. 引导　D. 待机

27. 动车组应有识别的标记：（　）、配属局段简称、车型、车号、定员、自重、载重、全长、最高运行速度、制造厂名和日期、定期修理日期、修程和处所。　A

A. 路徽　B. 厂徽　C. 车辆长度　D. 车辆高度

28. 动车组应具有列车运行安全监控功能，对重要的运行部件和功能系统进行实时（　）、报警和记录，并能及时向机务段、动车所传输。　C

A. 防护　B. 隔离　C. 监测　D. 控制

29. 动车组须配备机车综合无线通信设备（　）、列控车载设备、车载自动过电分相装置等，相应速度等级运行需要。　B

A. CHR　B. CIR　C. PRS　D. CPR

30. 动车组列车制动初速度为 200 km/h 时，紧急制动距离限值为（　）m。　D

A. 800　B. 1 400　C. 1 600　D. 2 000

31. 制动初速度为 250 km/h 时，紧急制动距离限值为（　）m。　A

A. 3 200　B. 2 800　C. 3 600　D. 3 800

32. 制动初速度为 300 km/h 时，紧急制动距离限值为（　）m。　D

A. 4 200　B. 2 800　C. 3 600　D. 3 800

33. 制动初速度为 350 km/h 时，紧急制动距离限值为（　）m。　C

A. 6 200　B. 6 800　C. 6 500　D. 6 000

34. 接触网标称电压值为（　）kV。　A

A. 25　B. 22.5　C. 29　D. 27.5

35. 接触网最高工作电压为（　）kV，短时（5 min）最高工作电压为 29 kV。　D

A. 25　B. 22.5　C. 29　D. 27.5

36. 接触网最低工作电压为（　）kV。　A

A. 20　B. 17　C. 19　D. 17.5

37. 车站控制是指调度集中区段车站在（　）方式模式下或非常站控，由车站值班员负责办理列车及调车进路的状态。　B

A. 调度员操作　B. 车站操作　C. 线路所操作　D. 值班员

38. 高速铁路车站分为集控站、非集控站。按调度集中基本操作方式，由列车调度员直接办理接发列车作业的车站（线路所）为（　），其他车站（线路所）为非集控站。

D

A. 非常站控站　B. 分散自律站　C. 非集控站　D. 集控站

39. 列车是指编成的车列并挂有机车及规定的列车标志。动车组列车为(　　)编组列车。　A

A. 自走行固定　B. 固定　C. 自走行重联　D. 自走行非固定

40. 行车工作必须坚持集中领导、统一指挥、(　　)负责的原则。　A

A. 逐级　B. 各级　C. 专业　D. 专项

41. 动车组列车(　　)司机要选定机车综合无线通信设备通信模式,机车综合无线通信设备、GSM-R 手持终端按规定注册列车车次,并确认正确。　A

A. 开车前　B. 开车时　C. 接车后　D. 开车后

42. 动车组列车(　　)装备列车运行监控装置的动车组列车还应按规定输入监控装置有关数据。　A

A. 开车前　B. 开车时　C. 接车后　D. 开车后

43. 动车组列车停车后,必须使列车保持制动状态。更换动车组司机(同向换乘除外)或司机室操纵端、使用紧急制动停车、重联或解编后再开车前,必须进行(　　)。　B

A. 牵引试验　B. 相关试验　C. 简略试验　D. 全部试验

44. (　　)主要行车工种岗位人员的选拔,要按照岗位标准的基本素质要求,严格按条件、程序进行。　C

A. 普速铁路　B. 动车司机　C. 高速铁路　D. 铁路

45. 单组动车组运用状态下(　　),两组短编组同型动车组可重联运行。救援等特殊情况下,两组不同型号的动车组可重联运行。　B

A. 可解编　B. 不得解编　C. 不得加挂　D. 不得重联

46. 动车组禁止加挂各型机车车辆(无动力调车时的调车机车、救援机车、无动力回送时的本务机车及回送过渡车除外),禁止编入(　　)。　A

A. 其他列车　B. 列车　C. 其他客车　D. 货物列车

47. 超过(　　)期限的动车组禁止上线运行(经车辆部门鉴定的回送动车组除外)。　C

A. 检测　B. 检查　C. 检修　D. 公里

48. 动车组(　　)回送或被救援时,过渡车钩、专用风管的安装与拆卸由随车机械师负责,司机配合。　A

A. 无动力　B. 有动力　C. 入厂　D. 出厂

49. 解编操作时,主控动车组转换为调车模式后,必须一次移动(　　)m 以上方可停车。　B

A. 15　B. 5　C. 10　D. 3

50. 动车组在出段(所)前或折返地点停留出发前需要进行(　　)制动试验。　D

A. 牵引试验　　B. 制动试验　　C. 简略试验　　D. 全部试验

51. 动车组列车在始发前需在操纵端进行(　　)制动试验。 C

A. 牵引试验　　B. 制动试验　　C. 简略试验　　D. 全部试验

52. 动车组列车更换动车组司机(同向换乘除外)后,需进行(　　)制动试验。 C

A. 牵引试验　　B. 制动试验　　C. 简略试验　　D. 全部试验

53. 动车组列车更换操纵端后,需进行(　　)制动试验。 C

A. 牵引试验　　B. 制动试验　　C. 简略试验　　D. 全部试验

54. 动车组在采用(　　)救援、无动力回送连挂机车或回送过渡车时,按动车组无动力回送作业办法进行制动性能确认。 A

A. 机车　　B. 动车组　　C. 同型号动车组　D. 不同型号动车组

55. CRH1A-200 型动车组的最高运行速度(　　)km/h。 D

A. 230　　B. 250　　C. 220　　D. 200

56. CRH1B 型动车组的最高运行速度(　　)km/h。 A

A. 250　　B. 200　　C. 220　　D. 230

57. CRH5A 型动车组的换算长度(　　)。 B

A. 19.1　　B. 19.2　　C. 19.3　　D. 19.5

58. CRH5A 型动车组的最高运行速度(　　)km/h。 A

A. 250　　B. 200　　C. 220　　D. 210

59. CRH3C 型动车组的最高运行速度(　　)km/h。 A

A. 350　　B. 300　　C. 380　　D. 330

60. 双线反方向行车、由双线改为单线或恢复双线行车调度员须向(　　)发布调度命令。 D

A. 车务应急值守人员　　B. 司机

C. 车站值班员　　D. 车站值班员、司机

61. 变更列车径路时,调度员须向(　　)发布调度命令。 D

A. 车务应急值守人员　　B. 司机

C. 车站值班员　　D. 车站值班员、司机

62. 动车组列车在区间被迫停车后返回(退回)后方站时,调度员须向(　　)发布调度命令。 A

A. 车站值班员、司机　　B. 车务应急值守人员

C. 司机　　D. 车站值班员

63. 向区间发出停车作业的列车时,调度员须向(　　)发布调度命令。 D

A. 车务应急值守人员　　B. 司机

C. 车站值班员　　D. 车站值班员、司机

64. 在车站、区间临时停车上、下人员时,调度员须向(　　)发布调度命令。 A

A. 车站值班员、司机　　B. 车务应急值守人员

C. 司机　　D. 车站值班员

65. 动车组列车空调失效需打开部分车门限速运行时，调度员须向(　　)发布调度命令。　B

A. 车务应急值守人员　　B. 车站值班员、司机
C. 司机　　D. 车站值班员

66. 动车组列车改按 LKJ 方式运行需将列控车载设备(　　)时，列车调度员仅发布改按 LKJ 方式行车的调度命令。　C

A. 切除　　B. 关机　　C. 隔离　　D. 待机

67. 动车组列车按隔离模式运行需以不超过(　　) km/h 的速度越过接触网分相时，调度员须向车站值班员、司机发布调度命令。　C

A. 90　　B. 45　　C. 80　　D. 60

68. 调度命令必须在列车进入(　　)交付。　D

A. 关系区间前　　B. 关系区间(站)后
C. 关系区间(站)　　D. 关系区间(站)前

69. 在未确认(　　)已收到调度命令(得到回执)前，不得开放发接该次列车的出站或进站信号。　C

A. 车务应急值守人员　　B. 车站值班员、司机
C. 司机　　D. 车站值班员

70. 作为行车凭证的调度命令，在接发列车进路准备妥当后，方可向(　　)发布(转达)。　B

A. 车站　　B. 司机　　C. 值班员　　D. 值班员、司机

71. 使用调度命令无线传送系统传送(　　)，列车调度员办理接发列车时，由列车调度员传送，车站值班员办理接发列车时，由车站值班员传送。　C

A. 临时限速命令　　B. 接车信息　　C. 行车凭证　　D. 调度命令

72. 运行(　　)是指由调度所施工调度发布的涉及限速、行车方式发生变化和设备变化的调度命令。　D

A. 临时加开命令　　B. 接车信息　　C. 行车凭证　　D. 揭示调度命令

73. 运行揭示调度命令应包括时间、地点、因由、速度、行车方式变化、设备变化等内容，机务部门应根据运行揭示调度命令及时将有关内容写入(　　)。　B

A. 手账　　B. IC 卡　　C. LKJ　　D. ATP

74. 在信号机常态点灯的 CTCS-2 级自动闭塞区段，出站信号机(线路所通过信号机)故障时发出列车 LKJ(GYK)控车时，行车凭证为(　　)。　A

A. 调度命令　　B. 调度命令、路票
C. 路票　　D. 绿色许可证

75. 在信号机常态点灯的 CTCS-2 级自动闭塞区段，出站信号机(线路所通过信号机)故障时发出列车按 LKJ(GYK)控车时，行车凭证为(　　)。　C

A. 路票　　　　　　　　　　B. 调度命令、路票

C. 调度命令　　　　　　　　D. 绿色许可证

76. 在信号机常态点灯的CTCS-2级自动闭塞区段，出站信号机（线路所通过信号机）故障时发出列车按隔离模式运行时，行车凭证为（　　）。 C

A. 路票　　　　　　　　　　B. 调度命令、路票

C. 调度命令　　　　　　　　D. 绿色许可证

77. 在信号机常态点灯的CTCS-2级自动闭塞区段，发车进路信号机故障时发出列车按LKJ（GYK）控车时，行车凭证为（　　）。 A

A. 调度命令　　　　　　　　B. 调度命令、路票

C. 路票　　　　　　　　　　D. 绿色许可证

78. 在信号机常态点灯的CTCS-2级自动闭塞区段，发车进路信号机故障时发出列车按隔离模式运行时，行车凭证为（　　）。 C

A. 路票　　　　　　　　　　B. 调度命令、路票

C. 调度命令　　　　　　　　D. 绿色许可证

79. 在信号机常态点灯的（　　）级自动闭塞区段，区间一架及以上通过信号机故障发出列车按CTCS-2级控车时，行车凭证为列控车载设备显示的允许运行的速度值。 A

A. CTCS-2　　B. CTCS-0　　C. CTCS-1　　D. CTCS-3

80. 在信号机常态点灯的CTCS-2级自动闭塞区段，区间（　　）通过信号机故障发出列车按LKJ（GYK）控车时，行车凭证为出站信号机（线路所通过信号机）显示的允许运行的信号。 B

A. 二架　　B. 一架及以上　　C. 一架　　D. 两架及以上

81. 在信号机常态点灯的CTCS-2级自动闭塞区段，区间（　　）通过信号机故障发出列车按CTCS-2级控车时，行车凭证为列控车载设备显示的允许运行的速度值。 B

A. 二架　　B. 一架及以上　　C. 一架　　D. 两架及以上

82. 在信号机常态点灯的CTCS-2级自动闭塞区段，反方向发出列车CTCS-2级控车行车凭证为列控车载设备显示的允许运行的（　　）。 D

A. 进行信号　　B. 运行信号　　C. 行车许可　　D. 速度值

83. 在信号机常态点灯的CTCS-2级自动闭塞区段反方向发出列车按LKJ（GYK）控车时，行车凭证出站信号机（线路所通过信号机）显示的允许（　　）。 B

A. 进行信号　　B. 运行的信号　　C. 行车许可　　D. 速度值

84. CTCS-3级以及信号机常态灭灯的CTCS-2级自动站间闭塞区段开放引导信号发出列车按CTCS-2级控车时，地面信号机为（　　）状态。 A

A. 灭灯　　B. 点灯　　C. 关闭　　D. 开放

85. CTCS-3级以及信号机常态灭灯的CTCS-2级自动站间闭塞区段开放引导信号发出列车按CTCS-3级控车时，地面信号机为（　　）状态。 A

A. 灭灯　　B. 点灯　　C. 关闭　　D. 开放

86. CTCS-3 级以及信号机常态灭灯的 CTCS-2 级自动站间闭塞区段开放引导信号发出列车按 LKJ(GYK)控车时，地面信号机为(　　)状态。　B

A. 灭灯　　B. 点灯　　C. 关闭　　D. 开放

87. CTCS-3 级以及信号机常态灭灯的 CTCS-2 级自动站间闭塞区段出站信号机(线路所通过信号机)故障且引导信号不能开放发出列车按隔离模式运行时，地面信号机为(　　)状态。　B

A. 灭灯　　B. 点灯　　C. 关闭　　D. 开放

88. CTCS-3 级以及信号机常态灭灯的 CTCS-2 级自动站间闭塞区段出站信号机(线路所通过信号机)故障且引导信号不能开放发出列车按 LKJ(GYK)控车时，地面信号机为(　　)状态。　D

A. 关闭　　B. 开放　　C. 灭灯　　D. 点灯

89. CTCS-3 级以及信号机常态灭灯的 CTCS-2 级自动站间闭塞区段发车进路信号机故障且引导信号(　　)时发出列车按隔离模式运行时，地面信号机为点灯状态。　C

A. 关闭　　B. 开放　　C. 不能开放　　D. 不能点灯

90. CTCS-3 级以及信号机常态灭灯的 CTCS-2 级自动站间闭塞区段发车进路信号机故障且引导信号(　　)发出列车按 LKJ(GYK)控车时，地面信号机为点灯状态。　B

A. 关闭　　B. 不能开放　　C. 开放　　D. 不能点

91. CTCS-3 级以及信号机常态灭灯的 CTCS-2 级自动站间闭塞区段反方向发出列车按 CTCS-3 级控车时，地面信号机为(　　)状态。　A

A. 灭灯　　B. 点灯　　C. 关闭　　D. 开放

92. CTCS-3 级以及信号机常态灭灯的 CTCS-2 级自动站间闭塞区段(　　)发出列车按 LKJ(GYK)控车时，地面信号机为点灯状态。　B

A. 正方向　　B. 反方向　　C. 单向　　D. 双向

93. 高速铁路区段使用电话闭塞法行车时，列车占用区间的行车凭证为(　　)。　C

A. 调度命令和路票　　B. 绿色许可证

C. 调度命令　　D. 路票

94. 原规定为通过的旅客列车由正线变更为到发线接车及动车组列车、特快旅客列车遇特殊情况必须变更基本进路时，须经(　　)准许，并预告司机。　A

A. 列车调度员　　B. 车站值班员　　C. 调度所主任　　D. 总公司调度员

95. 动车组列车按列控车载设备方式行车时，禁止在未设置列控信息的(　　)上接发。　C

A. 车站　　B. 进路　　C. 股道及进路　　D. 股道

96. (　　)信号机不能使用时，应使用引导信号。引导信号无法使用时，列车调度员应向司机发布调度命令，司机根据调度命令越过该信号机。　A

A. 进站、接车进路　B. 进路　C. 接车进路　D. 进站

97. 引导接车时，动车组列车为不超过(　　) km/h 速度进站，并做好随时停车的准备。　C

A. 25　B. 45　C. 40　D. 20

98. 动车组列车按隔离模式由车站(线路所)开往区间时，须按(　　)行车，列车按地面信号显示运行，待该列车到达前方站(线路所)后方可放行后续列车。　C

A. 半自动闭塞组织　B. 反方向组织

C. 站间组织　D. 自动闭塞组织

99. 当未装备 LKJ 的动车组列车在 CTCS-0/1 级区段按机车信号模式运行时，线路允许速度低于(　　) km/h 的区段由司机控制列车运行速度。　A

A. 80　B. 45　C. 90　D. 60

100. 当未装备 LKJ 的动车组列车在(　　)级区段按机车信号模式运行时，低于 80 km/h 的限速按调度命令执行。　B

A. CTCS-2/3　B. CTCS-0/1　C. CTCS-2　D. CTCS-3

101. 当未装备 LKJ 的动车组列车在 CTCS-0/1 级区段按(　　)模式运行时，列车按地面信号机显示运行，最高运行速度不超过 80 km/h。　A

A. 机车信号　B. 隔离　C. 部分　D. 目视

102. 动车组回送时，相关动车段(所)、造修单位应提出(　　)方式(有动力、无动力)、可否折角运行等注意事项。　B

A. 到达时间　B. 限速、回送　C. 限速　D. 回送

103. 需临时限速时，应由有关单位(人员)(　　)或由自然灾害及异物侵限监测系统报警提示。　D

A. 报告值班员　B. 报告列车调度员

C. 发布限速命令　D. 提出限速申请

104. 列车调度员应按规定发布临时限速调度命令，并设置列控限速(针对某一列车的限速除外)；来不及时，应立即通知(　　)限速运行，司机按列车调度员通知的限速要求控制列车运行。　B

A. 车站　B. 司机　C. 值班员　D. 值班员 、司机

105. 列控限速按档分为不同的限速等级，最低为(　　) km/h。　B

A. 65　B. 45　C. 40　D. 80

106. 如调度命令的限速值低于列控车载设备显示的目标速度时，动车组列车司机应按(　　)控制列车运行。　C

A. 值班员命令　B. 调度所主任命令

C. 调度命令　D. 值班站长命令

107. 遇实际限速与运行揭示调度命令(临时限速调度命令)限速相符，而列控限速归档造成列控限速与运行揭示调度命令(临时限速调度命令)限速不符时，列车调度员

(　　)动车组列车司机发布临时限速调度命令。　A

A. 不再向　　B. 再向　　C. 根据情况　　D. 接近时再向

108. 对低于(　　)km/h 的限速，装备 LKJ 的动车组列车，限速命令已写入 IC 卡时，动车组列车司机应根据调度命令在限速地段前一站停车改按 LKJ 方式运行。　B

A. 65　　B. 45　　C. 40　　D. 80

109. 对装备 LKJ 的动车组列车，列控限速设置不成功时，列车调度员应关闭(车站控制时为通知车站值班员关闭)进入该限速地段(　　)的出站信号，发布动车组列车改按 LKJ 方式行车的调度命令。　B

A. 关系区间前　　B. 前一站　　C. 关系区间站　　D. 关系区间(站)前

110. 对未装备 LKJ 的动车组列车，列控限速设置不成功时，列车调度员应关闭(车站控制时为通知车站值班员关闭)进入该限速地段(　　)信号，向司机发布限速调度命令(最高不超过 40 km/h)，核对无误后，方可放行列车。　A

A. 前一站的出站　　B. 关系站的出站

C. 前一站的进站　　D. 关系站的进站

111. 车站、动车段(所)的调车工作，应按(　　)、车站或动车段(所)的技术作业过程及调车作业计划进行。　D

A. 车站值班员命令　　B. 调度员命令

C. 班计划　　D. 列车运行图

112. 动车组无停放制动装置或在坡度为(　　)以上的区间无动力停留时，由司机通知随车机械师进行防溜，防溜时应使用止轮器牢靠固定。　D

A. 25‰　　B. 30‰　　C. 35‰　　D. 20‰

113. 如需在同一股道内停留两列不重联的动车组时，两列动车组间应间隔不小于(　　)m 的安全防护距离(动车段、动车所内的股道除外)，并分别做好防溜。　C

A. 30　　B. 15　　C. 20　　D. 10

114. 遇天气恶劣，信号机显示距离不足(　　)m 时，司机或车站值班员须立即报告列车调度员。　A

A. 200　　B. 300　　C. 400　　D. 100

115. 列车按机车信号的显示运行。当接近地面信号机时，司机应确认地面信号，遇地面信号与机车信号显示不一致时，应立即采取(　　)措施。　A

A. 减速或停车　　B. 停车　　C. 减速　　D. 紧急制动

116. 已在区间内运行的未装备 LKJ 的动车组列车列控车载设备故障，不能恢复正常运行时，确认该列车至前方站(线路所)间空闲后，列车调度员发布改按隔离模式运行的调度命令，列车改按隔离模式，按地面信号显示以不超过(　　)km/h 的速度运行至前方站(线路所)。　C

A. 25　　B. 45　　C. 40　　D. 20

117. 进站(接车进路)信号机引导信号不能开放时，司机凭调度命令越过该信号机，动车组列车在进站(接车进路)信号机前停车后,装备 LKJ 的动车组列车将列控车载设备隔离,按 LKJ 方式运行,速度不超过(　　) km/h。　D

A. 30　　B. 45　　C. 20　　D. 40

118. 进站(接车进路)信号机引导信号不能开放时,司机凭调度命令越过该信号机,动车组列车在进站(接车进路)信号机前停车后,未装备 LKJ 的动车组列车改按隔离模式进站停车。动车组以外的列车按 LKJ(GYK)方式运行,速度不超过(　　) km/h。C

A. 30　　B. 45　　C. 20　　D. 40

119. 出站信号机不能开放时,在信号机常态点灯的 CTCS-2 级自动闭塞区段,司机凭调度命令进入区间,装备 LKJ 的动车组列车将列控车载设备隔离,按 LKJ 方式运行,以不超过(　　) km/h 的速度运行至区间第一架通过信号机,按其显示的要求执行。　D

A. 30　　B. 45　　C. 20　　D. 40

120. 自动站间闭塞区段发车进路信号机不能开放,发车进路信号机未设引导信号或引导信号不能开放时,司机凭调度命令越过该信号机,装备 LKJ 的动车组列车将列控车载设备隔离,按 LKJ 方式,以不超过(　　) km/h 的速度运行至次一信号机前停车,转回列控车载方式控车。　A

A. 40　　B. 45　　C. 20　　D. 25

121. 动车组列车反方向运行时,在 CTCS-3 级区段, CTCS-2 级列控系统最高允许速度为(　　)km/h。　B

A. 300　　B. 250　　C. 200　　D. 160

122. 动车组列车反方向运行时,在 CTCS-2 级区段,在 250 km/h 线路上最高允许速度为(　　) km/h。　C

A. 300　　B. 250　　C. 200　　D. 160

123. 动车组列车反方向运行时,在 CTCS-2 级区段,在 200 km/h 线路上最高允许速度为(　　) km/h。　D

A. 300　　B. 250　　C. 200　　D. 160

124. 具备采用换弓、退行闯分相等方式自救时,司机应准确报告电力机车(动车组)(　　)。　A

A. 停车位置　　B. 分相长度　　C. 距分相距离　　D. 线路坡度

125. (　　)动车组列车需解编时,由随车机械师负责引导,司机确认并拉开安全距离。解编后,动车组应分别按规定采取防溜措施。　B

A. 单编组　　B. 重联　　C. 长编组　　D. 不同型号

126. 在故障动车组尾部救援时,开放出站信号,担当救援的动车组按(　　)模式进入区间。　D

A. 引导　　B. 隔离　　C. 部分　　D. 完全监控

127. 非列控车载设备控车的列车在高速铁路运行时,遇地面信号机显示一个黄色

闪光和一个黄色灯光时，表示要求列车按限速要求[最高不超过（　　）km/h]越过该信号机。　B

A. 40　　B. 45　　C. 60　　D. 80

128. 非列控车载设备控车的列车在高速铁路运行时，遇机车信号机显示一个双半黄色闪光时，表示要求列车按限速要求[最高不超过（　　）km/h]越过接近的地面信号机。　B

A. 40　　B. 45　　C. 60　　D. 80

129. 常态点灯的进站色灯信号机显示一个绿色灯光—准许列车按规定速度经道岔直向位置进入或通过车站，表示运行前方至少有（　　）闭塞分区空闲。　C

A. 一个　　B. 两个　　C. 三个　　D. 四个

130. 常态点灯的进站色灯信号机显示一个黄色闪光和一个黄色灯光—准许列车经18号及以上道岔侧向位置进入站内准备停车，且进路允许速度不低于（　　）km/h。　D

A. 30　　B. 45　　C. 60　　D. 80

131. 常态灭灯的进站色灯信号机转为点亮状态时显示一个绿色灯光—准许列车按规定速度经道岔直向位置通过车站，表示运行前方区间空闲；或准许列车按规定速度经道岔直向位置进入车站，表示运行前方至少有（　　）闭塞分区空闲。　C

A. 一个　　B. 两个　　C. 三个　　D. 四个

132. 常态灭灯的进站色灯信号机转为点亮状态时显示一个黄色闪光和一个黄色灯光—准许列车经18号及以上道岔侧向位置进入站内准备停车，且进路允许速度不低于（　　）km/h。　D

A. 30　　B. 45　　C. 60　　D. 80

133. 常态点灯的出站色灯信号机显示一个绿色灯光—准许列车由车站出发，表示运行前方至少有（　　）闭塞分区空闲。　C

A. 一个　　B. 两个　　C. 三个　　D. 四个

134. 常态点灯的出站色灯信号机显示一个绿色灯光和一个黄色灯光—准许列车由车站出发，表示运行前方有（　　）闭塞分区空闲。　B

A. 一个　　B. 两个　　C. 三个　　D. 四个

135. 常态点灯的出站色灯信号机显示一个绿色灯光和一个黄色灯光—准许列车由车站出发，表示运行前方有（　　）闭塞分区空闲。　B

A. 一个　　B. 两个　　C. 三个　　D. 四个

136. 常态点灯的出站色灯信号机显示一个黄色灯光—准许列车由车站出发，表示运行前方有（　　）闭塞分区空闲。　A

A. 一个　　B. 两个　　C. 三个　　D. 四个

137. 常态点灯的发车进路色灯信号机显示下列信号显示一个绿色灯光—表示该信号机列车运行前方至少有（　　）信号机经道岔直向位置在开放状态。　B

A. 一架　　B. 两架　　C. 三架　　D. 四架

138. 常态灭灯的发车进路色灯信号机转为点亮状态时显示下列信号显示一个绿色灯光—表示该信号机列车运行前方的发车进路或出站信号机显示一个(　　)灯光。A

A. 绿色　　B. 绿黄色　　C. 黄色　　D. 黄色闪光

139. 通过色灯信号机显示下列信号显示一个绿色灯光—准许列车按规定速度运行,表示运行前方至少有(　　)闭塞分区空闲。　C

A. 一个　　B. 两个　　C. 三个　　D. 四个

140. 通过色灯信号机显示下列信号显示一个绿色灯光和一个黄色灯光—准许列车按规定速度运行,要求注意准备减速,表示运行前方有(　　)闭塞分区空闲。　B

A. 一个　　B. 两个　　C. 三个　　D. 四个

141. 通过色灯信号机显示下列信号显示一个黄色灯光—要求列车减速运行,按规定限速要求越过该信号机,表示运行前方有(　　)闭塞分区空闲。　A

A. 一个　　B. 两个　　C. 三个　　D. 四个

142. 常态点灯的线路所防护分歧道岔的色灯信号机显示一个黄色闪光和一个黄色灯光—准许列车经分歧道岔侧向位置运行,表示分歧道岔为 18 号及以上且进路允许速度不低于(　　)km/h。　D

A. 30　　B. 45　　C. 60　　D. 80

143. 常态点灯的线路所防护分歧道岔的色灯信号机显示两个黄色灯光—准许列车经分歧道岔侧向位置运行,表示分歧道岔为 18 号以下或进路允许速度低于(　　)km/h。D

A. 30　　B. 45　　C. 60　　D. 80

144. 常态灭灯的线路所防护分歧道岔的色灯信号机转为点亮状态时显示一个黄色闪光和一个黄色灯光—准许列车经分歧道岔侧向位置以站间闭塞方式运行,表示分歧道岔为 18 号及以上且进路允许速度不低于(　　)km/h,前方区间空闲。　D

A. 30　　B. 45　　C. 60　　D. 80

145. 高速铁路区段防护分歧道岔的线路所通过信号机,其机构外形和显示方式,应与(　　)信号机相同。　A

A. 进站　　B. 出站　　C. 进路　　D. 通过

146. 列控车载设备的"机车信号"显示一个带"5"字的绿色灯光—表示列车运行前方至少有(　　)闭塞分区空闲。　D

A. 四个　　B. 五个　　C. 六个　　D. 七个

147. 列控车载设备的"机车信号"显示一个带"4"字的绿色灯光—表示列车运行前方有(　　)闭塞分区空闲。　C

A. 四个　　B. 五个　　C. 六个　　D. 七个

148. 列控车载设备的"机车信号"显示一个带"3"字的绿色灯光—表示列车运行前

方有(　　)闭塞分区空闲。　B

A. 四个　　B. 五个　　C. 六个　　D. 七个

149. 列控车载设备的“机车信号”显示一个带“2”字的绿色灯光—表示列车运行前方有(　　)闭塞分区空闲。　A

A. 四个　　B. 五个　　C. 六个　　D. 七个

150. 列控车载设备的“机车信号”显示一个绿色灯光—表示列车运行前方有(　　)闭塞分区空闲。　A

A. 三个　　B. 四个　　C. 五个　　D. 六个

151. 列控车载设备的“机车信号”显示一个半绿半黄色灯光—表示列车运行前方有(　　)闭塞分区空闲。　A

A. 两个　　B. 三个　　C. 四个　　D. 五个

152. 列控车载设备的“机车信号”显示一个带“2”字的黄色闪光—表示列车运行前方有一个经直向进路的空闲闭塞分区,并预告次一个闭塞分区所在的进路开通经 18 号及以上道岔侧向位置,且进路允许速度不低于(　　)km/h。　D

A. 35　　B. 45　　C. 60　　D. 80

153. 列控车载设备的“机车信号”显示一个双半黄色闪光—表示列车接近的地面信号机开通经 18 号及以上道岔侧向位置的进路,且进路允许速度不低于(　　)km/h。D

A. 35　　B. 45　　C. 60　　D. 80

154. 电力机车、动车组、轨道车等在检修及整备中,准备降下或升起受电弓时鸣笛方式为(　　)声。　A

A. 一长　　B. 两长　　C. 一长一短　　D. 两长一短

155. 列车、机车车辆、单机开始退行时鸣笛方式为(　　)声。　B

A. 一长　　B. 两长　　C. 一长一短　　D. 两长一短

156. 本线挂有异物降弓可以通过时,列车调度员向该线后续列车发布限速(　　) km/h 降弓通过故障地点的调度命令(不设置列控限速)。　A

A. 160　　B. 80　　C. 120　　D. 45

157. 邻线挂有异物时,如司机汇报不能确定异物是否影响邻线行车,列车调度员应立即向邻线尚未经过该地点的首列列车司机发布口头指示限速(　　)km/h 注意运行。B

A. 160　　B. 80　　C. 120　　D. 45

158. 司机在接到邻线列车限速(　　) km/h 及以下调度命令已发布的口头指示后,下车检查(动车组列车为司机通知随车机械师下车检查)。　A

A. 160　　B. 80　　C. 120　　D. 45

159. 列车调度员根据司机(动车组列车为随车机械师通过司机提出的)下车检查或登顶作业的请求,发布邻线列车限速(　　)km/h 及以下调度命令。　B

A. 80　　B. 160　　C. 120　　D. 45

160. 空调失效超过（　　）min 不能恢复但列车能够正常运行时，列车长可视情况通知司机向列车调度员提出在前方最近客运站停车的请求，列车调度员安排列车在前方最近客运站停车。　A

A. 20　　B. 15　　C. 10　　D. 30

161. 列车因故停车不能维持运行且空调失效超过（　　）min 不能恢复时，列车长应及时与司机、随车机械师沟通，视情况做出打开车门决定，并通知司机转报列车调度员。　A

A. 20　　B. 15　　C. 10　　D. 30

162. 司机在接到列车调度员已发布邻线列车限速（　　）km/h 及以下调度命令的口头指示后，通知随车机械师下车检查处理。　D

A. 80　　B. 100　　C. 120　　D. 160

163. 动车组车窗玻璃破损导致车厢密封失效时，列车长或随车机械师应通知司机，司机控制动车组列车限速（　　）km/h 运行并报告列车调度员（车站值班员），车站值班员报告列车调度员。　A

A. 160　　B. 100　　C. 120　　D. 140

164. 动车组空气弹簧故障时，随车机械师应通知司机限速要求，CRH2/CRH380A/AL 型限速（　　）km/h。　C

A. 160　　B. 100　　C. 120　　D. 140

165. 动车组空气弹簧故障时，随车机械师应通知司机限速要求，除 CRH2/CRH380A/AL 型限速 120 km/h，其余车型限速（　　）km/h，司机控制动车组列车限速运行并报告列车调度员（车站值班员），车站值班员报告列车调度员。　A

A. 160　　B. 100　　C. 120　　D. 140

166. 动车组列车反方向运行时，在 CTCS-3 级区段，CTCS-3 级列控系统最高允许速度为（　　）km/h。　B

A. 250　　B. 300　　C. 200　　D. 230

167. 动车组列车反方向运行时，在 CTCS-2 级区段，在（　　）km/h 线路上最高允许速度为 200 km/h。　D

A. 200　　B. 300　　C. 350　　D. 250

168. 动车组列车反方向运行时，在 CTCS-2 级区段，在 250 km/h 线路上最高允许速度为（　　）km/h。　A

A. 200　　B. 300　　C. 350　　D. 250

169. 动车组列车反方向运行时，在（　　）km/h 线路上最高允许速度为 160 km/h。　A

A. 200　　B. 300　　C. 350　　D. 250

170. 列车在区间被迫停车后，已请求救援时，从救援列车开来方面（不明时，从列车

前后两方面)，距离列车(　　)m 处放置响墩防护。　B

A. 800　　B. 不小于 300　　C. 不小于 800　　D. 300

171. 在仅运行动车组列车的线路上，列车在区间被迫停车后已请求救援时，由随车机械师在救援列车开来方面，距离列车(　　)m 处人工进行防护，不再放置响墩防护。B

A. 800　　B. 不小于 300　　C. 不小于 800　　D. 300

172. 列车分部运行，机车进入区间挂取遗留车辆时，应从车列前方距离(　　)m 处放置响墩防护。　B

A. 800　　B. 不小于 300　　C. 不小于 800　　D. 300

173. 列车退行速度不得超过(　　)km/h。　A

A. 15　　B. 20　　C. 10　　D. 30

174. 动车组列车在区间被迫停车后须返回后方站时，司机根据调度命令，在动车组列车运行方向(折返)前端操作，列车改按隔离模式返回，运行速度不得超过(　　)km/h。C

A. 65　　B. 45　　C. 40　　D. 80

175. 需下车检查时，列车调度员根据司机请求及时发布邻线限速(　　)km/h 及以下的调度命令，司机在接到列车调度员已发布相关调度命令的口头指示后，下车检查(动车组列车为通知随车机械师下车检查)。　A

A. 160　　B. 100　　C. 120　　D. 140

176. 列车运行中碰撞异物影响行车安全时，如检查未发现异常情况，列车调度员向本线后续首列发布口头指示限速(　　)km/h 运行，限速位置按碰撞异物地点前后各 2 km 确定。　A

A. 160　　B. 100　　C. 120　　D. 140

177. 使用机车救援动车组时，应进行制动试验，制动主管压力采用(　　) kPa。D

A. 650　　B. 520　　C. 500　　D. 600

178. 使用机车救援动车组时，连挂前，司机须与列车调度员联系，在得到列车调度员已发布邻线限速(　　)km/h 及以下的调度命令(妨碍邻线及组织旅客疏散时为已扣停邻线列车)的口头指示后，方可开始作业。　A

A. 160　　B. 100　　C. 120　　D. 140

179. 在故障动车组前部救援时，在距被救援列车(　　)m 处一度停车，与被救援列车联系确认后进行作业。　B

A. 800　　B. 不小于 300　　C. 不小于 800　　D. 300

180. 常态点灯的出站色灯信号机显示两个绿色灯光—准许列车由车站出发，开往(　　)闭塞或自动站间闭塞区间。　A

A. 半自动　　B. 站间闭塞　　C. 自动闭塞　　D. 非自动闭塞

181. 常态灭灯的出站色灯信号机转为点亮状态时显示一个绿色灯光—准许列车由车站以(　　)方式出发,表示运行前方区间空闲。 B

A. 半自动　　B. 站间闭塞　　C. 自动闭塞　　D. 非自动闭塞

182. 动车段(所)的出站色灯信号机显示一个黄色灯光—准许列车由动车段(所)出发,表示发车进路建立且出站(　　)区段空闲。 C

A. 第二离去　　B. 第一接近　　C. 第一离去　　D. 第二接近

183. 常态灭灯的线路所防护分歧道岔的色灯信号机转为点亮状态时显示一个绿色灯光—准许列车按规定速度经道岔直向位置以(　　)方式运行,表示前方区间空闲。 B

A. 半自动　　B. 站间闭塞　　C. 自动闭塞　　D. 非自动闭塞

184. 线路、信号标志应设在其内侧距线路中心(　　)m 处(警冲标除外)。 C

A. 不小于 3.3　　B. 不大于 3.3　　C. 不小于 3.1　　D. 不大于 3.1

185. 合电标设置在电分相中性区段终止位置后 400 m 处附近的接触网支柱上,该支柱距电分相中性区段终止位置不小于(　　)m。 B

A. 200　　B. 400　　C. 300　　D. 500

186. 减速地点标,设在需要减速地点的两端各(　　)m 处。 A

A. 20　　B. 15　　C. 25　　D. 30

187. 区间信号标志牌:设在 CTCS-2/3 级区段区间(　　)分界处。 D

A. 闭塞　　B. 区间　　C. 区段　　D. 闭塞分区

188. 通信模式转换标:在始发站列车停车标内方或需要转换通信模式的相应地点设机车综合无线通信设备通信模式转换提示标志,标志牌顶边距轨面(　　)m。 A

A. 2.5　　B. 3.5　　C. 1.5　　D. 5.5

189. 列车在站内或区间停留时,如两端司机台均未激活,则两端分别向前和向后显示(　　)灯光。 D

A. 白色　　B. 红色　　C. 两个白色　　D. 两个红色

190. CTCS-2 级列控系统完全监控模式下按高于线路允许速度(　　)报警。 A

A. 2 km/h　　B. 3 km/h　　C. 5 km/h　　D. 10 km/h

191. CTCS-2 级列控系统完全监控模式下按高于线路允许速度(　　)常用制动。 C

A. 2 km/h　　B. 3 km/h　　C. 5 km/h　　D. 10 km/h

192. CTCS-2 级列控系统完全监控模式下按高于线路允许速度(　　)紧急制动设置模式曲线。 C

A. 2 km/h　　B. 5 km/h　　C. 10 km/h　　D. 15 km/h

193. CTCS-2 级列控车载设备在部分监控模式下,限速值为(　　)km/h。 D

A. 20 km/h　　B. 35 km/h　　C. 40 km/h　　D. 45 km/h

194. CTCS-2 级列控车载设备引导模式是在进站建立引导进路后,列控车载设备按

照最高限速(　　) km/h 控车的模式。　C

A. 20 km/h　　B. 35 km/h　　C. 40 km/h　　D. 45 km/h

195. CTCS-2 级列控车载设备目视行车模式是司机控车的固定限速模式，限速值为(　　) km/h。　C

A. 20 km/h　　B. 35 km/h　　C. 40 km/h　　D. 45 km/h

196. CTCS-2 级列控车载设备调车模式是动车组进行调车作业的固定限速模式，限速值为(　　) km/h。　D

A. 15 km/h　　B. 20 km/h　　C. 30 km/h　　D. 40 km/h

197. CTCS-2 级列控车载设备在部分监控模式可自动进入(　　)模式。　B

A. 休眠　　B. 完全监控　　C. 调车　　D. 待机

198. CTCS-2 级列控车载设备在部分监控模式可自动进入(　　)模式。　D

A. 休眠　　B. 待机　　C. 调车　　D. 引导

199. CTCS-2 级列控车载设备在完全监控模式可自动进入(　　)模式。　D

A. 休眠　　B. 待机　　C. 调车　　D. 部分监控

200. CTCS-2 级列控车载设备在引导模式可自动进入(　　)模式。　B

A. 休眠　　B. 部分监控　　C. 调车　　D. 待机

201. CTCS-2 级列控车载设备在引导模式可自动进入(　　)模式。　B

A. 休眠　　B. 完全监控　　C. 调车　　D. 待机

202. CTCS-2 级列控车载设备目视行车模式可自动进入(　　)模式。　D

A. 休眠　　B. 待机　　C. 调车　　D. 部分监控

203. CTCS-2 级列控车载设备目视行车模式可自动进入(　　)模式。　B

A. 休眠　　B. 完全监控　　C. 调车　　D. 待机

204. CTCS-2 级列控车载设备目视行车模式可自动进入(　　)模式。　B

A. 调车　　B. 引导　　C. 待机　　D. 休眠

205. 同向继乘时，按继乘列车开车时间，提前(　　)min 到达接车地点立岗接车。　B

A. 5　　B. 10　　C. 15　　D. 20

206. 换端继乘时，按继乘列车开车时间，提前(　　)min 在开车端立岗接车。　D

A. 5　　B. 10　　C. 15　　D. 20

207. 列车出发，在 CTCS-2.3 等级区段时，选择 ATP 的 C2 级使用(　　)模式。　D

A. 隔离　　B. 目视　　C. 完全监控　　D. 部分监控

208. 接班司机按规定进行制动机(　　)试验(同向继乘除外)。　A

A. 简略　　B. 紧急　　C. 常用　　D. 全部

209. 在 CTCS-2/3 级区段的车站始发开车，按 ATP 方式行车，使用 C2 级(　　)模式。　B

A. 完全监控　　B. 部分监控　　C. 目视　　D. 引导

210. 铁路职工违反规章制度，致使发生铁路运营安全事故，造成严重后果的，处(　　)年以下有期徒刑或者拘役。 C

A. 一　　B. 二　　C. 三

211. 铁路职工玩忽职守、违反规章制度造成铁路运营事故的，(　　)。 B

A. 给予批评教育　　B. 给予行政处分　　C. 追究刑事责任

212. 从业人员发现事故隐患或者其他不安全因素，应当(　　)向现场安全生产管理人员或者本单位负责人报告；接到报告的人员应当及时予以处理。 C

A. 事后　　B. 在作业的同时　　C. 立即

213. 生产经营单位的从业人员不服从管理，违反安全生产规章制度或者操作规程的，构成犯罪的，依照(　　)有关规定追究刑事责任。 C

A. 铁路法　　B. 铁路安全管理条例　　C. 刑法

214. 铁路机车车辆的驾驶人员持过期或者失效驾驶证件执业的，由地区铁路监督管理局责令改正，可以处(　　)元以下的罚款。 C

A. 500　　B. 1 000　　C. 2 000

215. 铁路机车车辆的驾驶人员持过期或者失效驾驶证件执业的，由(　　)责令改正，可以处 1 000 元以下的罚款。 A

A. 地区铁路监督管理局　　B. 铁路总公司　　C. 铁路局

216. 申请人隐瞒有关情况或提供虚假材料的，(　　)不得再次申请。 B

A. 年度内　　B. 1 年内　　C. 2 年内

217. 申请人在考试过程中有贿赂、舞弊行为的，取消考试资格，已经通过的考试科目成绩无效，且(　　)不得再次申请。 B

A. 年度内　　B. 1 年内　　C. 2 年内

218. 工作人员滥用职权、玩忽职守，致使不符合条件的人员取得驾驶证的，应当撤销驾驶证，(　　)不得再次申请驾驶证。 C

A. 1 年内　　B. 2 年内　　C. 3 年内

219. 以欺骗、贿赂、倒卖、租借等不正当手段取得驾驶证的，应当撤销驾驶证，(　　)不得再次申请驾驶证。 C

A. 1 年内　　B. 2 年内　　C. 3 年内

三、多 选 题

1. 调车、矮型进站、(　　)矮型通过、复示信号机，引导信号及各种表示器，不得小于 200 m。 AB

A. 矮型出站　　B. 矮型进路　　C. 进路　　D. 出站

2. 装备在动车组上的 LKJ 设备应按高于线路允许速度(　　)报警、(　　)常用制动、(　　)紧急制动设置模式曲线。 BCD

A. 15 km/h　　B. 2 km/h　　C. 5 km/h　　D. 10 km/ h

3. 运行速度 250 km/h 以上时，完全监控模式下 CTCS-3 级列控车载设备（含 CTCS-2 级后备功能）应按高于线路允许速度（　　）km/h 报警、（　　）km/h 常用制动、（　　）km/h 紧急制动设置模式曲线。　ABD

A. 2　　B. 5　　C. 7　　D. 15

4.（　　）km/h 以下铁路采用 CTCS-2 级列控系统，250 km/h 铁路宜采用 CTCS-3 级列控系统，（　　）km/h 及以上铁路采用 CTCS-3 级列控系统。　BC

A. 200　　B. 250　　C. 300　　D. 350

5. 250 km/h 铁路宜采用（　　）级列控系统，300 km/h 及以上铁路采用（　　）级列控系统。　CD

A. CTCS-1　　B. CTCS-2　　C. CTCS-3　　D. CTCS-3

6. CTCS-2/CTCS-3 级区段临时限速服务器集中管理列控限速调度命令，具备列控限速调度命令的存储、（　　）撤销、（　　）、设置、（　　）的管理功能，具备列控限速设置时机的辅助提示功能。　ABC

A. 校验　　B. 拆分　　C. 取消　　D. 发布

7. CTCS-3 级区段应答器提供线路数据、（　　）、过分相、定位、级间转换、（　　）、车站名、（　　）中心切换等信息。　ABD

A. 临时限速　　B. 公里标　　C. 轨道电路　　D. 无线闭塞

8. CTCS-3 级列控车载设备按 CTCS-3 级控车时的模式有完全监控、引导、目视行车、（　　）和待机等模式。　ABC

A. 调车　　B. 休眠　　C. 隔离　　D. 机信

9. CTCS-3 级列控车载设备按 CTCS-2 级控车时的模式有完全监控、部分监控、引导、目视行车、调车、（　　）等模式。　ABCD

A. 休眠　　B. 隔离　　C. 待机　　D. 机车信号

10. CTCS-3 级列控车载设备的休眠模式是非本务端车载设备不监控列车运行，但仍执行（　　）等级转换等功能的模式。　AB

A. 列车定位　　B. 记录　　C. 信息发布　　D. 时间效验

11. 列控车载设备主要由车载安全计算机、轨道电路信息读取器、应答器信息接收单元、（　　）等部件组成。　ABC

A. 列车接口单元　　B. 记录单元　　C. 人机界面　　D. RBC 接收器

12. 列控地面设备由列控中心、（　　）、应答器等设备组成。　BC

A. UM71　　B. 临时限速服务器

C. ZPW-2000 系列轨道电路　　D. 基站

13. CTCS-2 级列控车载设备的控车模式有完全监控、（　　）、调车、隔离和待机等模式。　ABC

A. 部分监控　　B. 引导　　C. 目视行车　　D. 休眠

14. 动车组(　　)时,工作受电弓间距为(　　)m。 BC

A. 单列　　B. 重联或长编组　　C. 200～215　　D. 210～215

15. 动车组重联或长编组时,在特殊情况下,工作受电弓间距不满足(　　)m时,须校核分相布置与(　　)间距匹配情况,并通过上线运行试验确认。 AD

A. 200～215　　B. 200～216　　C. 校核位置　　D. 工作受电弓

16. CRH1A-250型动车组编组为(　　)辆,最高运行速度(　　)km/h。 AD

A. 8　　B. 16　　C. 200　　D. 250

17. CRH1B型动车组编组为(　　)辆,最高运行速度(　　)km/h。 BC

A. 8　　B. 16　　C. 250　　D. 300

18. CRH1E型动车组编组为(　　)辆,最高运行速度(　　)km/h。 BC

A. 8　　B. 16　　C. 250　　D. 300

19. CRH2A型动车组编组为(　　)辆,最高运行速度(　　)km/h。 AD

A. 8　　B. 16　　C. 200　　D. 250

20. CRH2B型动车组编组为(　　)辆,最高运行速度(　　)km/h。 BD

A. 8　　B. 16　　C. 200　　D. 250

21. CRH2E型动车组编组为(　　)辆,最高运行速度(　　)km/h。 BD

A. 8　　B. 16　　C. 200　　D. 250

22. CRH5A动车组编组为(　　)辆,最高运行速度(　　)km/h。 AD

A. 8　　B. 16　　C. 200　　D. 250

23. CRH380A型动车组编组为(　　)辆,最高运行速度(　　)km/h。 AD

A. 8　　B. 16　　C. 350　　D. 380

24. CRH380AL型动车组编组为(　　)辆,最高运行速度(　　)km/h。 BD

A. 8　　B. 16　　C. 350　　D. 380

25. CRH380BL型动车组编组为(　　)辆,最高运行速度(　　)km/h。 BD

A. 8　　B. 16　　C. 350　　D. 380

26. CRH380CL型动车组编组为(　　)辆,最高运行速度(　　)km/h。 BD

A. 8　　B. 16　　C. 350　　D. 380

27. CRH380BG型动车组编组为(　　)辆,最高运行速度(　　)km/h。 AD

A. 8　　B. 16　　C. 350　　D. 380

28. 调度命令发布前,应详细了解现场情况,听取有关人员的(　　)必须正确、完整、清晰。 ABC

A. 意见　　B. 命令内容　　C. 受令处所　　D. 停车位置

29. 已发布的调度命令,遇有(　　)时,必须取消前发命令,重新发布全部内容的调度命令。 ABC

A. 错　　B. 漏　　C. 变化　　D. 新增

30. 调度命令必须在列车进入关系区间(站)前交付;在未确认司机已收到调度命令

(得到回执)前,(　　)发接该次列车的(　　)或(　　)信号。　BCD

A. 列车　　B. 不得开放　　C. 出站　　D. 进站

31. 遇调度命令需跨铁路局(调度台)执行时,发布调度命令的列车调度员须发布给列车(　　)的调度命令,需要(　　)各调度指挥区段掌握和执行的调度命令,还应将调度命令抄知相关调度台。　AB

A. 担当全区段　　B. 列车运行前方　C. 列车运行区段　D. 列车运行区间

32. 运行揭示调度命令应包括(　　)、行车方式变化、设备变化等内容,机务部门应根据运行揭示调度命令及时将有关内容写入 IC 卡。　ABCD

A. 时间　　B. 地点　　C. 因由　　D. 速度

33. 基本闭塞法停用按电话闭塞法行车时,动车组列车司机应根据调度命令将列控车载设备转为(　　)方式运行,未装备 LKJ 的动车组列车转为(　　)运行。　AB

A. LKJ　　B. 隔离模式　　C. 机信模式　　D. 目视模式

34. 动车组列车因列车故障在区间停车需下车处理时,列车调度员发布邻线列车限速(　　) km/h 及以下的调度命令,限速位置按停车列车位置前后各(　　) km 确定。　BC

A. 120　　B. 160　　C. 1　　D. 2

35. 四显示自动闭塞区段通过显示(　　)灯光的信号机按在前方(　　)架信号机前能停车的速度。　AB

A. 绿黄色　　B. 黄色　　C. 第三　　D. 第四

36. 通过显示一个(　　)灯光和一个(　　)灯光的信号机按该信号机防护进路上道岔侧向的允许通过速度。　AB

A. 黄色闪光　　B. 黄色　　C. 绿色　　D. 绿黄色

37. 动车组列车按隔离模式运行时,运行速度不超过(　　) km/h。在越过接触网分相有困难的特殊情况下,列车调度员可根据司机请求发布调度命令,列车以不超过(　　) km/h 的速度越过接触网分相。　AD

A. 40　　B. 45　　C. 60　　D. 80

38. 当未装备 LKJ 的动车组列车在(　　)级区段按机车信号模式运行时,列车按地面信号机显示运行,最高运行速度不超过(　　) km/h。　AD

A. CTCS-0/1　　B. CTCS-2　　C. 45　　D. 80

39. 当未装备 LKJ 的动车组列车在(　　)级区段按机车信号模式运行时,低于 80 km/h 的限速按调度命令执行,线路允许速度低于(　　) km/h 的区段由司机控制列车运行速度。　AD

A. CTCS-0/1　　B. CTCS-2　　C. 45　　D. 80

40. 设置列控限速时,应按照(　　)限速值的原则选择相应限速等级进行设置,但低于(　　) km/h 的限速按 45 km/h 设置。　AC

A. 不高于　　B. 高于　　C. 45　　D. 40

41. 动车组调车作业在空线上牵引运行时，不准超过（　　）km/h；推进运行时，不准超过（　　）km/h；动车组后端操作时，不准超过（　　）km/h。　ABD

A. 40　　B. 30　　C. 25　　D. 15

42. 动车组在有接触网终点的线路上调车时，应（　　），距接触网终点标应有（　　）m 的安全距离。　AD

A. 控制速度　　B. 提前停车　　C. 15　　D. 10

43. 区间通过信号机（闭塞分区非列车占用红光带）故障。列车恢复运行时司机在该闭塞分区通过信号机（区间信号标志牌）前停车等候（　　）min 后，动车组列车以遇到障碍能随时停车的速度不超过（　　）km/h 越过该闭塞分区。　AD

A. 2　　B. 5　　C. 20　　D. 40

44. 司机按降弓方式通过该地点，列车调度员向该线后续列车发布限速（　　）km/h 降弓通过故障地点的调度命令（不设置列控限速），限速降弓位置原则上按司机汇报故障地点前后各（　　）km 确定。　AC

A. 160　　B. 120　　C. 2　　D. 1

45. 列车运行中碰撞异物影响行车安全时，如检查未发现异常情况，列车调度员向本线后续首列发布口头指示限速（　　）km/h 运行，限速位置按碰撞异物地点前后各（　　）km 确定。　AC

A. 160　　B. 120　　C. 2　　D. 1

46. 在故障动车组前部救援时，担当救援的动车组按（　　）模式进入区间，在接近被救援列车 2 km 时，以在瞭望距离内能够随时停车的速度运行，最高不超过（　　）km/h。　AC

A. 隔离　　B. 目视　　C. 20　　D. 40

47. 高速铁路的信号标志包括：警冲标、预告标、电力机车禁停标和断电标、（　　）、轨道电路调谐区标志、动车组列车停车位置标、中继站标、区间信号标志牌、级间转换标、通信模式转换标，以及除雪机用的临时信号标志等。　ABC

A. 合电标　　B. 接触网终点标　　C. 减速地点标　　D. 公里标

48. 线路标志，按计算公里方向设在（　　）。双线区段须另设线路标志时，应设在列车运行方向（　　）侧。　AC

A. 线路左侧　　B. 线路右侧　　C. 左　　D. 右

49. 警冲标，设在两会合线路线间距离为（　　）m 的中间。线间距离不足 4 m 时，设在两线路中心线（　　）间距的起点处。　AC

A. 4　　B. 4.5　　C. 最大　　D. 最小

50. 高速铁路区段预告标，设在进站信号机及防护分歧道岔的线路所通过信号机外方（　　）处，但在上述信号机外方设有同方向通过信号机的区段，均不设预告标。　ABC

A. 900 m　　B. 1 000 m　　C. 1 100 m　　D. 1 200 m

51. 级间转换标：在(　　)级、(　　)级区段转换边界一定距离前方的级间转换应答器组对应的线路左侧设级间转换标志。　BC

A. CTCS-0/CTCS-1　　B. CTCS-0/CTCS-2

C. CTCS-2/CTCS-3　　D. CTCS-1/CTCS-3

52. 在接触网电分相前方设断电标，断电标设置在电分相中性区段起始位置前第(　　)根支柱上，该支柱距电分相中性区段起始位置不小于(　　) m。　AD

A. 2　　B. 3　　C. 50　　D. 80

53. 股道号码手信号六道：昼间——(　　)，右臂向右下方各斜伸(　　)°角。　AC

A. 左臂向左下方　B. 左臂向左上方　C. 45　　D. 90

54. 股道号码手信号六道：夜间——(　　)灯光作圆形转动后，再(　　)摇动。　CD

A. 红色　　B. 白色　　C. 上下　　D. 左右

55. 取消手信号：昼间—(　　)的手信号旗，两臂于前下方交叉后，急向(　　)摇动数次。　AC

A. 拢起　　B. 展开　　C. 左右　　D. 上下

56. 取消手信号：夜间——(　　)灯光作圆形转动后，(　　)摇动。　BD

A. 白色　　B. 红色　　C. 左右　　D. 上下

57. 告知显示错误的手信号：昼间——(　　)的手信号旗左右(　　)同时上下摇动数次。　AC

A. 拢起　　B. 展开　　C. 平伸　　D. 向下平伸

58. 告知显示错误的手信号：夜间——(　　)灯光(　　)摇动。　BC

A. 白色　　B. 红色　　C. 左右　　D. 上下

59. 动车组列车反方向运行时，在(　　)级区段，(　　)级列控系统最高允许速度为(　　)km/h。　ABD

A. CTCS-3　　B. 250　　C. 200　　D. CTCS-2

60. 动车组列车反方向运行时，在 CTCS-2 级区段，在(　　)线路上最高允许速度为(　　) km/h。　AC

A. 250 km/h　　B. 250　　C. 200　　D. 200 km/h

61. 动车组列车反方向运行时，在(　　)级区段，在 200 km/h 线路上最高允许速度为(　　) km/h。　BD

A. CTCS-3　　B. CTCS-2　　C. 200　　D. 160

62. 列控车载设备的"机车信号"显示一个带(　　)字的绿色灯光—表示列车运行前方至少有(　　)闭塞分区空闲。　AD

A. 5　　B. 4　　C. 六个　　D. 七个

63. 列控车载设备的"机车信号"显示一个带(　　)字的绿色灯光—表示列车运行前方有(　　)闭塞分区空闲。　CD

A. 3　　B. 五个　　C. 六个　　D. 4

64. 列控车载设备的“机车信号”显示一个带(　　)字的绿色灯光—表示列车运行前方有(　　)闭塞分区空闲。　BC

A. 四个　　B. 五个　　C. 3　　D. 5

65. 列控车载设备的“机车信号”显示一个带(　　)字的绿色灯光—表示列车运行前方有(　　)闭塞分区空闲。　AC

A. 四个　　B. 五个　　C. 2　　D. 4

66. 列控车载设备的“机车信号”显示(　　)灯光—表示列车运行前方有(　　)闭塞分区空闲。　AC

A. 三个　　B. 四个　　C. 一个绿色　　D. 一个绿色一个黄色

67. 列控车载设备的“机车信号”显示(　　)灯光—表示列车运行前方有(　　)闭塞分区空闲。　AC

A. 两个　　B. 三个

C. 一个半绿半黄色　　D. 一个绿半黄色

68. 动车组列车制动初速度为(　　)时,紧急制动距离限值为(　　)m。　AC

A. 200 km/h　　B. 250 km/h　　C. 2 000　　D. 1 800

69. 动车组列车制动初速度为(　　)时,紧急制动距离限值为(　　)m。　BC

A. 200 km/h　　B. 250 km/h　　C. 3 200　　D. 3 300

70. 动车组列车制动初速度为(　　)时,紧急制动距离限值为(　　) m　AD

A. 300 km/h　　B. 350 km/h　　C. 3 700　　D. 3 800

71. 动车组列车制动初速度为(　　)时,紧急制动距离限值为(　　)m。　BC

A. 300 km/h　　B. 350 km/h　　C. 6 500　　D. 6 700

四、判 断 题

1. 机车车辆等技术设备须有铁路总公司统一规定的标记。(　　)　√

2. 信号机按类型分为进站、出站、通过、进路、复示、调车信号机等。(　　)　×

3. 高柱进站、高柱通过信号机在正常情况下的显示距离,不得小于 1 000 m。(　　)　√

4. 高柱出站、高柱进路信号机在正常情况下的显示距离,不得小于 1 000 m。(　　)　×

5. 在地形、地物影响视线的地方,进站、通过信号机的显示距离,在最坏的条件下,不得小于 200 m。(　　)　√

6. 通过信号机或区间信号标志牌应设在闭塞分区或所间区间的分界处,可设在牵引供电分相的处所。(　　)　×

7. 高速铁路闭塞分区的划分,应满足动车组列控车载设备按照目标距离模式控车和未装备列控车载设备的列车按四显示自动闭塞行车的要求。(　　)　√

8. 双线区段自动闭塞设备应具备正方向自动闭塞、反方向自动站间闭塞的功能。(　　) √

9. 列车运行监控装置(LKJ)具有监控、记录、显示及报警等功能。(　　) √

10. LKJ 软件、基础数据和控制模式设定的管理,按铁路局有关规定执行。(　　) ×

11. LKJ 产生的列车运行记录数据是行车安全分析的重要依据,任何单位和人员不得更改。(　　) √

12. CTCS-3 级列控系统基于 GSM-R 无线通信实现车地信息双向传输,列控中心生成行车许可,轨道电路实现列车占用检查,应答器实现列车定位,并具备 CTCS-2 级功能。(　　) ×

13. CTCS-2 级列控系统基于轨道电路和点式应答器传输行车许可信息,采用目标距离连续速度控制模式监控列车运行。(　　) √

14. CTCS-3 级列控系统由列控车载设备和地面设备组成。(　　) √

15. CTCS-3 级区段应答器组设置、报文定义及组间距离等应满足列控车载设备控车要求。(　　) √

16. CTCS-3 级列控车载设备完全监控模式是列车的正常运行模式。列控车载设备根据轨道电路自动生成目标距离模式曲线,司机依据人机界面显示的列车运行速度、允许速度、目标速度和目标距离等信息控制列车运行。(　　) ×

17. 只有在列车停车时,司机才可以选择进入或退出调车模式。(　　) √

18. CTCS-3 级控车时,在车站内及区间均可转入调车模式。(　　) ×

19. 隔离模式是列控车载设备控制功能停用的模式。列车停车后,根据规定,随车机械师操作隔离装置使列控车载设备转入隔离模式。(　　) ×

20. 待机模式是列控车载设备上电后的默认模式。(　　) √

21. 列控车载设备自检和外部设备测试后,自动处于部分监控模式。(　　) ×

22. 在待机模式下,列控车载设备不能正常接收轨道电路及应答器信息。(　　) ×

23. CTCS-2 级控车时的部分监控模式,限速值为 45 km/h。(　　) √

24. CTCS-3 级列控车载设备按 CTCS-2 级控车时的部分监控模式,是列控车载设备接收到应答器提供的线路数据或限速数据,而缺少轨道电路允许行车信息时使用的模式。(　　) ×

25. 列控车载设备转为机车信号模式最高限速不低于 80 km/h。(　　) ×

26. 机车信号模式是装备 CTCS-3 级列控车载设备的动车组在 CTCS-0/1 级区段运行时使用的模式。(　　) √

27. CTCS-3 级列控车载设备,在完全监控模式下根据列控地面设备提供的信息,结合动车组列车运行速度,向动车组提供自动过电分相信息。(　　) √

28. CTCS-2 级列控系统由列控车载设备和地面设备及应答器组成。(　　) ×

29. CTCS-2 级区段应答器提供线路数据、临时限速、级间转换等信息，应答器组设置、报文定义及组间距离等应满足列控车载设备控车要求。（　　）√

30. 装备 CTCS-2 级列控车载设备的动车组应装设 LKJ 设备。（　　）√

31. 动车组（机车）及自轮运转特种设备，应装备机车综合无线通信设备（CIR），应能实现列车调度语音通信、列车调度命令信息无线传送、车次号校核信息无线传送、列车防护报警等功能。（　　）√

32. 司机、随车机械师（车辆乘务员）、列车长、乘警均应配备 GSM-R 手持终端和无线对讲设备。（　　）√

33. 动车组应有识别的标记：路徽、配属局段简称、车型、车号、定员、自重、载重、全长、最高运行速度、制造厂名和日期、定期修理日期、修程和处所。（　　）√

34. 动车组可不设"电化区段严禁攀登"的标识。（　　）×

35. 动车组应具有列车运行安全监控功能，对重要的运行部件和功能系统进行实时监测、报警和记录，并能及时向机务段、动车所传输。（　　）×

36. 动车组须配备机车综合无线通信设备（CIR）、列控车载设备、车载自动过电分相装置等，相应速度等级运行需要。（　　）×

37. 动车组列车制动初速度为 200 km/h 时，紧急制动距离限值为 2 000 m。（　　）√

38. 制动初速度为 250 km/h 时，紧急制动距离限值为 3 500 m。（　　）×

39. 制动初速度为 300 km/h 时，紧急制动距离限值为 3 800 m。（　　）√

40. 制动初速度为 350 km/h 时，紧急制动距离限值为 6 800 m。（　　）×

41. 接触网标称电压值为 25 kV。（　　）√

42. 接触网最高工作电压为 29.5 kV，短时（5 min）最高工作电压为 29 kV。（　　）×

43. 接触网最低工作电压为 17 kV。（　　）√

44. 调度集中分散自律控制模式分为车站中心操作方式、车站调车操作方式和车站操作方式。（　　）×

45. 在中心操作方式下，调度终端具有信号设备的全部控制权，列车调度员对列车及调车进路均有操作权，车站对调车进路有操作权。（　　）×

46. 在车站调车操作方式下，列车调度员对列车进路、调车进路均有操作权。而车站对调车进路有操作权，对列车进路无操作权。（　　）×

47. 车站控制是指调度集中区段车站在车站操作方式模式下或非常站控，由车站值班员负责办理列车及调车进路的状态。（　　）√

48. 高速铁路车站分为集控站、非集控站。按调度集中基本操作方式，由列车调度员直接办理接发列车作业的车站（线路所）为集控站，其他车站（线路所）为非集控站。（　　）√

49. 列车是指编成的车列并挂有机车。动车组列车为自走行固定编组列车。

（　　）×

50. 行车工作必须坚持集中领导、统一指挥、逐级负责的原则。（　　）√

51. 动车组列车在车站及区间时，所有乘务人员应按列车调度员（车站控制时为车站值班员）的指挥进行工作。（　　）×

52. 动车组列车开车前司机要选定机车综合无线通信设备通信模式，机车综合无线通信设备、GSM-R手持终端按规定注册列车车次，并确认正确。（　　）×

53. 动车组列车开车前装备列车运行监控装置的动车组列车还应按规定输入监控装置有关数据。（　　）√

54. 动车组列车停车后，必须使列车保持制动状态。更换动车组司机（同向换乘除外）或司机室操纵端、使用紧急制动停车、重联或解编后再开车前，必须进行全部试验。（　　）×

55. 登乘动车组司机室须凭动车组（机车）司机室登乘证。（　　）×

56. 高速铁路主要行车工种岗位人员的选拔，要按照岗位标准的基本素质要求，严格按条件、程序进行。（　　）√

57. 驾驶机车、动车组、自轮运转特种设备的人员，必须持有国家铁路局颁发的驾驶证。变更驾驶机（车）型前，必须经过相应的技术培训并考试合格。（　　）√

58. 单组动车组不得解编，两组短编组同型动车组可重联运行。救援等特殊情况下，两组不同型号的动车组可重联运行。（　　）×

59. 动车组禁止加挂各型机车车辆（无动力调车时的调车机车、救援机车、无动力回送时的本务机车及回送过渡车除外），禁止编入其他列车。（　　）√

60. 超过检修期限的动车组禁止上线运行（经车辆部门鉴定的回送动车组除外）。（　　）√

61. 动车组采用机车调车作业时，随车机械师或动车段（所）胜任人员负责过渡车钩和专用风管的安装与拆卸、电气连接线的连结与摘解并打开车门，负责车钩连结与摘解、软管摘结。（　　）×

62. 动车组无动力回送或被救援时，过渡车钩、专用风管的安装与拆卸由随车机械师负责，司机配合。（　　）√

63. 列车机车与动车组过渡车钩的连结与摘解、软管摘结、电气连接线的连结与摘解，由随车机械师负责，司机配合。（　　）×

64. 两列动车组重联或解编时，由动车组机械师负责引导，司机确认。（　　）√

65. 动车组重联时，被控动车组应退出占用，主控动车组使用调车模式与被控动车组连接。（　　）√

66. 动车组运行（含回送）途中可不进行客列检作业。（　　）×

67. 新型动车组运营、新线开通前须安排动车组载客试运行。（　　）×

68. 动车组新造出厂、高级检修修竣后须安排动车组试运行。（　　）√

69. 动车组在出段（所）前或折返地点停留出发前需要进行全部制动试验。

(　　)　√

70. 动车组列车在始发前需在操纵端进行简略制动试验。(　　)　√

71. 动车组列车更换动车组司机(同向换乘除外)或操纵端后,需进行简略制动试验。(　　)　√

72. 动车组列车在途中重联或解编后,开车前需在操纵端进行紧急制动试验。(　　)　×

73. 动车组列车使用紧急制动停车后,开车前需进行简略制动试验。(　　)　√

74. 动车组在采用机车救援、无动力回送连挂机车或回送过渡车时,按动车组无动力回送作业办法进行制动性能确认。(　　)　√

75. CRH1A-200 型动车组的最高运行速度 220 km/h。(　　)　×

76. CRH1B 型动车组的最高运行速度 250 km/h。(　　)　√

77. CRH5A 型动车组的换算长度为 19.5。(　　)　×

78. CRH5A 型动车组的最高运行速度 250 km/h。(　　)　√

79. CRH3C 型动车组的最高运行速度 350 km/h。(　　)　√

80. 指挥列车运行的命令(运行揭示调度命令除外)和口头指示,只能由列车调度员发布。(　　)　√

81. 封锁、开通区间时,调度员须向车站值班员、司机发布调度命令。(　　)　×

82. 向封锁区间开行救援列车、路用列车时,调度员须向车站值班员、司机发布调度命令。(　　)　√

83. 临时变更或恢复原行车闭塞法时,调度员须向车站值班员、司机发布调度命令。(　　)　√

84. 停止使用基本闭塞法发出列车时,调度员须向车站值班员、司机发布调度命令。(　　)　√

85. 按地面信号显示运行的列车改按天气恶劣难以辨认信号的办法行车或恢复正常行车时,调度员须向司机、车站值班员发布调度命令。(　　)　√

86. 动车组列车转入或退出隔离模式时,调度员须向车站值班员、司机发布调度命令。(　　)　×

87. 动车组列车在列控车载设备控车和 LKJ 控车之间自动转换时,调度员须向车站值班员、司机发布调度命令。(　　)　×

88. 施工、维修作业较指定时间延迟结束时,调度员须向车站值班员、司机发布调度命令。(　　)　×

89. 运行揭示调度命令与实际限速、行车方式或设备不符时,调度员须向车站值班员、司机发布调度命令。(　　)　√

90. 正线、到发线接触网停电或送电(接触网倒闸、跳闸后试送电、送电或弓网故障排查除外)时,调度员须向车站值班员、司机发布调度命令。(　　)　×

91. 动车组列车改按 LKJ 方式运行需将列控车载设备隔离时,列车调度员须发布隔

离模式行车的调度命令。(　　) ×

92. 正线、到发线接触网停电后准许登顶作业时,调度员须向车站值班员、机械师发布调度命令。(　　) ×

93. 列车调度员应使用调度命令无线传送系统向司机发布书面调度命令,司机应及时签认接收,不再与列车调度员核对,有疑问时,须立即询问列车调度员。(　　) √

94. 调度命令无线传送系统故障时,可按规定使用语音记录装置良好的列车无线调度通信设备发布,司机接到命令后,须与列车调度员核对。(　　) √

95. 由车站交付的调度命令,车站值班员可使用调度命令无线传送系统或按规定使用语音记录装置良好的列车无线调度通信设备向司机转达。(　　) √

96. 作为行车凭证的调度命令,在接发列车进路准备妥当后,方可向司机发布(转达)。(　　) √

97. 使用调度命令无线传送系统传送行车凭证,列车调度员办理接发列车时,可由车站值班员传送,车站值班员办理接发列车时,由车站值班员传送。(　　) ×

98. 运行揭示调度命令是指由调度所施工调度发布的涉及限速、行车方式发生变化和设备变化的调度命令。(　　) √

99. 电话闭塞法是当基本闭塞法不能使用时所采用的代用闭塞法。(　　) √

100. 高速铁路车站均须装设基本闭塞设备,采用三种行车基本闭塞法。(　　) ×

101. 当基本闭塞法不能使用时,应根据列车调度员的命令采用电话闭塞法行车。(　　) √

102. 基本闭塞设备发生故障导致基本闭塞法不能使用时采用电话闭塞法行车。(　　) √

103. 自动站间闭塞区间,出站信号机故障时发车应停止使用基本闭塞法,改用电话闭塞法行车。(　　) ×

104. 自动闭塞区段,正方向行车,列车按自动闭塞运行;反方向行车,列车按自动站间闭塞运行。(　　) √

105. 使用自动闭塞法行车,动车组列车在完全监控、部分或目视监控模式下运行时,行车凭证为列控车载设备显示的允许运行的速度值。(　　) ×

106. 动车组列车按 LKJ 方式运行及动车组以外的列车,在信号机常态点灯的区段,进入闭塞分区的行车凭证为机车信号显示的允许运行的信号。(　　) ×

107. 动车组列车按 LKJ 方式运行及动车组以外的列车,在信号机常态灭灯的区段,进入区间的行车凭证为出站信号机或线路所通过信号机显示的允许运行的信号,信号机应点灯。(　　) √

108. CTCS-3 级以及信号机常态灭灯的 CTCS-2 级自动闭塞区段开放引导信号发出列车 CTCS-3 级控车、CTCS-2 级控车的列车时,行车凭证为列控车载设备显示的允许运行的速度值。(　　) √

109. CTCS-3 级以及信号机常态灭灯的 CTCS-2 级自动闭塞区段开放引导信号发出列车按 LKJ(GYK)控车时，行车凭证为出站信号机(发车进路信号机、线路所通过信号机)显示的允许运行的信号。(　　) √

110. CTCS-3 级以及信号机常态灭灯的 CTCS-2 级自动闭塞区段出站信号机(线路所通过信号机)故障时发出列车按 LKJ(GYK)控车时，行车凭证为调度命令。(　　) ×

111. CTCS-3 级以及信号机常态灭灯的 CTCS-2 级自动闭塞区段发车进路信号机故障时发出列车按 LKJ(GYK)控车时，行车凭证为调度命令。(　　) ×

112. CTCS-3 级以及信号机常态灭灯的 CTCS-2 级自动闭塞区段发车进路信号机故障且引导信号不能开放时发出列车按隔离模式运行时，行车凭证为调度命令。(　　) √

113. CTCS-3 级以及信号机常态灭灯的 CTCS-2 级自动闭塞区段区间一个及以上闭塞分区轨道电路红光带时发出列车时 CTCS-3 级控车、CTCS-2 级控车时，行车凭证为调度命令。(　　) ×

114. CTCS-3 级以及信号机常态灭灯的 CTCS-2 级自动闭塞区段区间一个及以上闭塞分区轨道电路红光带时发出列车按 LKJ(GYK)控车时，地面信号点灯，行车凭证为调度命令。(　　) √

115. CTCS-3 级以及信号机常态灭灯的 CTCS-2 级自动闭塞区段反方向发出列车按 CTCS-3、CTCS-2 级控车时，地面信号机状态灭灯。(　　) √

116. CTCS-3 级以及信号机常态灭灯的 CTCS-2 级自动闭塞区段反方向发出列车按 LKJ(GYK)控车时，地面信号机状态灭灯。(　　) ×

117. 使用自动站间闭塞法行车，动车组列车在完全监控、引导或部分监控模式下运行时，行车凭证为机车信号显示的允许信号。(　　) ×

118. 使用自动站间闭塞法行车，动车组列车按 LKJ 方式运行及动车组以外的列车，进入区间的行车凭证为进、出站信号机或线路所通过信号机显示的允许运行的信号(在信号机常态灭灯的区段，信号机应点灯)。(　　) ×

119. 在信号机常态点灯的 CTCS-2 级自动站间闭塞区段出站信号机(线路所通过信号机)故障时发出列车按 LKJ(GYK)控车时，行车凭证为调度命令。(　　) √

120. 在信号机常态点灯的 CTCS-2 级自动站间闭塞区段出站信号机(线路所通过信号机)故障发出列车按隔离模式运行时，行车凭证为调度命令。(　　) √

121. 在信号机常态点灯的 CTCS-2 级自动站间闭塞区段出站信号机(线路所通过信号机)故障发出列车按隔离模式运行时，行车凭证为调度命令。(　　) √

122. 在信号机常态点灯的 CTCS-2 级自动站间闭塞区段发车进路信号机故障发出列车按隔离或目视模式运行时，行车凭证为调度命令。(　　) ×

123. 在信号机常态点灯的 CTCS-2 级自动站间闭塞区段发车进路信号机故障发出列车按 LKJ(GYK)控车时，行车凭证为调度命令。(　　) √

124. 在信号机常态点灯的 CTCS-2 级自动站间闭塞区段反方向发出列车按 LKJ(GYK)控车时，行车凭证为出站信号机(线路所通过信号机)显示的允许运行的信号。(　　) √

125. 在信号机常态点灯的 CTCS-2 级自动站间闭塞区段反方向发出列车按 CTCS-2 级控车时，行车凭证为列控车载设备显示的允许运行的速度值。(　　) √

126. 高速铁路使用电话闭塞法行车时，列车占用区间的行车凭证为路票。(　　) ×

127. 动车组列车由列车长确认旅客上下完毕后，通知司机关闭车门。按钮不在司机操作台上的，由司机通知随车机械师关闭车门。(　　) ×

128. 列车进站停车时，司机按动车组停车位置标停车，确认列车停稳、对准停车位置后开启车门。(　　) √

129. 如自动开关门装置故障或特殊情况需单独开关车门时，由列车长通知列车工作人员手动开关车门。(　　) ×

130. 动车组列车在车站出发，动车组列车司机在确认行车凭证和开车时间，车门关闭后，即可起动列车。(　　) √

131. 出站信号机已开放或行车凭证已交付，如需取消发车进路，列车调度员(车站控制时为车站值班员)应与司机联系，收回行车凭证后，再取消发车进路。(　　) ×

132. 动车组列车在车站办理客运业务时，须固定进路、固定站台、固定停车位置。(　　) ×

133. 动车组列车遇特殊情况需变更办理客运业务的固定股道时，须经调度所值班主任(值班副主任)准许。(　　) √

134. 通过列车原则上应在正线办理。原规定为通过的旅客列车由正线变更为到发线接车及动车组列车、特快旅客列车遇特殊情况必须变更基本进路时，须经列车调度员准许，并预告司机。(　　) √

135. 动车组列车行车时，禁止在未设置列控信息的股道及进路上接发。(　　) ×

136. 进站、接车进路信号机不能使用时，应使用引导信号。引导信号无法使用时，列车调度员应向司机发布调度命令，司机根据调度命令越过该信号机。(　　) √

137. 列车在站内临时停车，待停车原因消除且继续运行时，司机主动停车时，自行起动列车。(　　) √

138. 其他列车乘务人员使用紧急制动装置(紧急制动阀)使列车在站内临时停车，待停车原因消除且继续运行时，由列车长通知司机开车。(　　) ×

139. 列车调度员(车站值班员)使列车在站内临时停车时，待停车原因消除且继续运行时，由列车调度员(车站值班员)通知司机开车。(　　) √

140. 其他原因使列车在站内临时停车，列车调度员(车站值班员)应组织司机、随车机械师(车辆乘务员)等查明停车原因，在列车具备运行条件后，由司机自行起动列车。

（　　）×

141. 动车组列车按隔离模式由车站(线路所)开往区间时，须按站间组织行车，列车按地面信号显示运行，待该列车到达前方站(线路所)后方可放行后续列车。（　　）√

142. 动车组列车在 CTCS-2 级区段与 CTCS-0/1 级区段级间自动转换失败时，司机应立即报告列车调度员(车站值班员)。（　　）√

143. 动车组列车由 CTCS-2 级区段向 CTCS-0/1 级区段运行级间自动转换失败时，停车后手动转换。（　　）×

144. 由 CTCS-0/1 级区段向 CTCS-2 级区段运行级间自动转换失败时，可维持按 LKJ 方式继续运行。（　　）√

145. 由 CTCS-3 级区段向 CTCS-2 级区段运行级间自动转换失败时，停车后根据调度命令手动转换。（　　）×

146. 由 CTCS-2 级区段向 CTCS-3 级区段运行级间自动转换失败时，维持 CTCS-2 级方式继续运行。（　　）√

147. 高速铁路车站(线路所)向衔接的其他线路车站(线路所)发出列车时，有关行车凭证按普速铁路规定执行。（　　）×

148. 高速铁路衔接的其他线路车站(线路所)向高速铁路车站(线路所)发出列车时，有关行车凭证按其他线路规定执行。（　　）√

149. 动车组回送按旅客列车办理，原则上采用自走行方式。（　　）√

150. 动车组回送时可根据回送技术条件加挂回送过渡车，使用客运机车牵引，回送过渡车须挂于机后第一位。（　　）×

151. 8 辆编组同型号动车组可两列重联回送。（　　）√

152. 未装备 LKJ 的动车组需在 CTCS-0/1 级区段回送时，应采取无动力回送方式。（　　）√

153. 动车组回送运行时，须安排动车组司机及随车机械师值乘。有动力回送时，非担当区段应指派带道人员。（　　）√

154. 动车组回送可不进行客列检作业。（　　）×

155. 动车组安装过渡车钩回送时，按规定限速运行，尽可能避免实施紧急制动。发生制动后，本务司机必须通知随车机械师，经随车机械师检查过渡车钩状态良好后方可继续运行。（　　）×

156. 动车组回送时，相关动车段(所)、造修单位应提出限速、回送方式(有动力、无动力)、可否折角运行等注意事项。（　　）√

157. 列车调度员应按规定发布临时限速调度命令，并设置列控限速(针对某一列车的限速除外)；来不及时，应立即通知司机限速运行，司机按列控车载设备显示的限速要求控制列车运行。（　　）×

158. 对低于 45 km/h 的限速，未装备 LKJ 的动车组列车，动车组列车司机应根据限速调度命令人工控制列车通过限速地段。（　　）√

159. 对装备LKJ的动车组列车，列控限速设置不成功时，列车调度员应关闭(车站控制时为通知车站值班员关闭)进入该限速地段前一站的进站信号，发布动车组列车改按LKJ方式行车的调度命令。(　　)　×

160. 动车组列车司机在出乘前已收到该限速的运行揭示调度命令时，列车调度员与司机核对限速的运行揭示调度命令无误后，方可放行列车，司机按运行揭示调度命令和LKJ设置控制列车运行速度，通过限速地段。(　　)　√

161. 车站、动车段(所)的调车工作，应按列车运行图、车站或动车段(所)的技术作业过程及调车作业计划进行。(　　)　√

162. 动车段(所)设动车组地勤司机，负责动车组在车站、动车段(所)内调车、试运行等调移动车组的作业。(　　)　×

163. 动车组进行调车作业时，原则上采用自走行方式，凭地面信号机的显示运行。(　　)　√

164. 动车组禁止连挂其他机车车辆(救援机车、附挂回送过渡车以及动车组无动力调车时的调车机车、公铁两用牵引车除外)调车。(　　)　√

165. 动车组调车作业时，司机应在运行方向的前端操作，前方进路的确认由司机负责。在不得已情况下必须在后端操作时，应指派随车机械师或其他胜任人员站在动车组运行方向的前端指挥，发现危及行车或人身安全时，应立即使用紧急停车按钮(紧急制动装置)或通知司机停车。(　　)　√

166. 越出站界调车时，必须区间(自动闭塞区间正方向为第一个闭塞分区)空闲，单线区间闭塞系统必须在发车位置；由列车调度员发布准许越出站界调车的出站调车通知书后，方可进行。(　　)　×

167. 动车组无动力停留时，有停放制动装置的动车组，由司机负责将动车组处于停放制动状态。(　　)　√

168. 重联动车组在设置止轮器防溜时，应在前、后列设置。(　　)　×

169. 动车段(所)内动车组防溜办法由铁路局规定。(　　)　√

170. 仅运行动车组列车的区间正线不设置移动减速信号防护。(　　)　√

171. 遇风速监测子系统提示大风报警信息时，列车调度员根据报警提示向相关列车发布限速运行的调度命令。(　　)　√

172. 遇风速监测子系统提示大风报警信息时，对来不及发布调度命令的列车，立即通知司机限速运行。司机接到调度命令或通知后，应立即采取措施。(　　)　√

173. 遇大风天气，当风速监测子系统发出禁止运行的报警信息时，列车调度员应及时关闭有关信号(车站控制时为通知车站值班员关闭有关信号)并通知司机停车。司机接到通知后，应立即采取停车措施。(　　)　√

174. 列车运行途中，遇大风，司机根据情况控制列车运行速度，并报告列车调度员。列车调度员通知后续首列列车司机在该地段注意运行；列车通过该地段后，无异常时，司机可不向列车调度员报告。(　　)　×

175. 列车通过防洪重点地段时，司机要加强瞭望，并随时采取必要的安全措施。(　　) √

176. 动车组列车运行中，司机发现积水高于轨面时，应立即减速运行，根据现场情况与随车机械师共同确认行车条件或请求救援，并立即报告列车调度员(车站值班员)，车站值班员报告列车调度员。(　　) ×

177. 当洪水漫到路肩时，列车应按规定限速运行；遇有落石、倒树等障碍物危及行车安全时，司机应立即停车，排除障碍并确认安全无误后，方可继续运行。(　　) √

178. 列车遇到线路塌方、道床冲空等危及行车安全的突发情况时，司机应立即采取应急性安全措施，并立刻通知追踪列车、邻线列车及列车调度员(邻近车站)。配备列车防护报警装置的列车应立即使用列车防护报警。(　　) √

179. 按天气恶劣难以辨认信号行车时，列车按地面信号显示运行时，列车调度员应及时发布调度命令，改按天气恶劣难以辨认信号的办法行车。(　　) √

180. 按天气恶劣难以辨认信号行车时，列车按机车信号的显示运行。当接近地面信号机时，司机应确认地面信号，遇地面信号与机车信号显示不一致时，应立即采取减速或停车措施。(　　) √

181. 按天气恶劣难以辨认信号行车时，当无法辨认出站(进路)信号机显示时，司机凭机车信号的显示起动列车，在确认出站(进路)信号机显示正确后，再行加速。(　　) ×

182. 按天气恶劣难以辨认信号行车时，天气转好，应及时报告列车调度员发布调度命令，恢复正常行车。(　　) √

183. 动车组列车运行中遇列控车载设备故障并导致列车停车后，司机应报告列车调度员(车站值班员)，并通知随车机械师。(　　) √

184. 动车组列车运行中遇列控车载设备故障并导致列车停车汇报后，司机转换冗余切换开关(开关不在司机室时，司机通知随车机械师进行转换)启动冗余设备或将列控车载设备断电 50 s 后重新启动，设备恢复正常时，报告列车调度员，继续运行。(　　) √

185. 已在区间内运行的装备 LKJ 的动车组列车因列控车载设备故障，不能恢复正常运行但能提供机车信号时，在信号机常态点灯的 CTCS-2 级区段，列车调度员发布改按 LKJ 方式行车的调度命令，动车组列车改按 LKJ 方式运行。(　　) √

186. 已在区间内运行的装备 LKJ 的动车组列车因列控车载设备故障，在 CTCS-3 级及信号机常态灭灯的 CTCS-2 级区段，列车调度员在确认该列车至前方站(线路所)间空闲后，动车组列车改按 LKJ 方式运行。(　　) ×

187. 动车组列控车载设备故障不能恢复正常运行在车站出发时，装备 LKJ 的动车组列车改按 LKJ 方式运行，未装备 LKJ 的动车组列车改按隔离模式运行。(　　) √

188. 因设备故障，动车组列控车载设备在 CTCS-3 级与 CTCS-2 级间进行转换时，司机应报告列车调度员。(　　) √

189. 动车组列车改按 LKJ 方式运行，在自动闭塞区间内遇机车信号或 LKJ 故障时，司机应报告列车调度员（车站值班员），车站值班员报告列车调度员。列车调度员（车站值班员）不再向该区间放行列车，并通知已进入区间的后续列车立即停车。（ ） √

190. 动车组列车改按 LKJ 方式运行，在自动闭塞区间内遇机车信号或 LKJ 故障时，接到司机报告后，列车调度员确认该列车至前方站（线路所）间空闲后通知司机，列车按地面信号显示以不超过 20 km/h 的速度运行至前方站（线路所）。该列车到达前方站（线路所）后，列车调度员方可通知后续列车恢复运行。（ ） ×

191. 按 LKJ 方式运行的动车组列车遇机车信号或 LKJ 故障在车站出发时，改按目视模式运行。（ ） ×

192. 进站（接车进路）信号机引导信号开放时，在确认接车进路空闲、进路准备妥当后，列车调度员发布准许越过该信号机的调度命令，司机凭调度命令越过该信号机。（ ） ×

193. 出站信号机不能开放或引导信号不能开放时，在 CTCS-3 级及信号机常态灭灯的 CTCS-2 级自动闭塞区段，信号机应点灯，在确认区间空闲和发车进路空闲，进路准备妥当后，列车调度员发布准许进入区间的调度命令，司机凭调度命令进入区间。（ ） √

194. 出站信号机不能开放或引导信号不能开放时，在 CTCS-3 级及信号机常态灭灯的 CTCS-2 级自动闭塞区段，信号机应点灯，装备 LKJ 的动车组列车将列控车载设备关机，按 LKJ 方式运行至前方站进站信号机（线路所通过信号机），按其显示的要求执行。（ ） ×

195. 出站信号机不能开放或引导信号不能开放时，在 CTCS-3 级及信号机常态灭灯的 CTCS-2 级自动闭塞区段，信号机应点灯，未装备 LKJ 的动车组列车改按隔离模式运行至前方站进站信号机（线路所通过信号机），按其显示的要求执行。（ ） √

196. 出站信号机不能开放或引导信号不能开放时，在信号机常态点灯的 CTCS-2 级自动闭塞区段，确认第一个闭塞分区空闲（未装备 LKJ 的动车组列车为确认区间空闲）和发车进路空闲，进路准备妥当后，列车调度员发布准许进入区间的调度命令，司机凭调度命令进入区间。（ ） √

197. 出站信号机不能开放或引导信号不能开放时，在信号机常态点灯的 CTCS-2 级自动闭塞区段，未装备 LKJ 的动车组列车改按隔离模式运行至前方站进站信号机（线路所通过信号机），按其显示的要求执行。（ ） √

198. 出站信号机不能开放或引导信号不能开放时，自动站间闭塞区段，在确认区间空闲后，应停止使用基本闭塞法改按电话闭塞法行车，确认发车进路空闲和进路准备妥当后，发布调度命令，司机凭路票进入区间。（ ） ×

199. 出站信号机不能开放或引导信号不能开放时，自动站间闭塞区段，在确认区间空闲后，改按电话闭塞法行车时，装备 LKJ 的动车组列车（需将列控车载设备隔离），按

LKJ(GYK)方式运行至前方站进站信号机(线路所通过信号机),按其显示的要求执行。( ) √

200. 出站信号机不能开放或引导信号不能开放时,自动站间闭塞区段,在确认区间空闲后,改按电话闭塞法行车时,未装备 LKJ 的动车组列车改按目视模式运行至前方站进站信号机(线路所通过信号机),按其显示的要求执行。( ) ×

201. 发车进路信号机不能开放时,列车由车站开往区间,发车进路信号机未设引导信号或引导信号不能开放时,在确认发车进路空闲和进路准备妥当后,列车调度员发布准许越过该信号机的调度命令,司机凭调度命令越过该信号机。( ) √

202. 发车进路信号机不能开放时,列车由车站开往区间,发车进路信号机未设引导信号或引导信号不能开放时,司机凭调度命令越过该信号机。未装备 LKJ 的动车组列车改按隔离模式,运行至前方站进站信号机前停车,转回列控车载设备控车。( ) ×

203. 线路所通过信号机引导信号不能开放,列车开往 CTCS-3 级及信号机常态灭灯的 CTCS-2 级自动闭塞区间时,信号机应点灯,在确认区间空闲和进路空闲,进路准备妥当后,列车调度员发布准许越过该信号机的调度命令,司机凭调度命令越过该信号机。( ) √

204. 线路所通过信号机引导信号不能开放,列车开往 CTCS-3 级及信号机常态灭灯的 CTCS-2 级自动闭塞区间时,信号机应点灯,确认区间空闲和进路空闲,进路准备妥当后,列车调度员发布准许越过该信号机的调度命令,装备 LKJ 的动车组列车将列控车载设备隔离,改按 LKJ 方式运行,运行至次一架信号机(线路所通过信号机),按其显示的要求执行。( ) ×

205. 线路所通过信号机引导信号不能开放,列车开往 CTCS-3 级及信号机常态灭灯的 CTCS-2 级自动闭塞区间时,信号机应点灯,确认区间空闲和进路空闲,进路准备妥当后,列车调度员发布准许越过该信号机的调度命令,未装备 LKJ 的动车组列车改按隔离模式运行,运行至前方站进站信号机(线路所通过信号机),按其显示的要求执行按 LKJ 方式运行。( ) √

206. GSM-R 故障导致 CTCS-3 级降为 CTCS-2 级时,按 CTCS-2 级行车。( ) √

207. GSM-R 故障导致影响调度命令无线传送功能时,向司机发布的调度命令,按规定采用列车无线调度通信设备发布、转达或采用人工书面交递方式。( ) √

208. GSM-R 故障导致遇无进路预告信息,司机须报告列车调度员(车站值班员),列车由正线通过改为侧线接车时,列车调度员(车站控制时为车站值班员)应提前预告司机。( ) √

209. 机车综合无线通信设备故障导致影响调度命令无线传送功能时,向司机发布的调度命令,按规定采用列车无线调度通信设备发布、转达或采用人工书面交递方式。( ) √

210. 机车综合无线通信设备故障导致无进路预告信息，司机须报告列车调度员（车站值班员），列车由正线通过改为侧线接车时，列车调度员（车站控制时为车站值班员）应通知司机。（　　）×

211. 机车综合无线通信设备不能通话时，司机应立即使用 GSM-R 手持终端报告列车调度员（车站值班员）。如 GSM-R 手持终端也不能进行通话时，司机应在前方停车站停车报告。（　　）×

212. 遇接触网停电时，司机应立即停车，报告列车调度员（车站值班员）停车原因及停车位置，通知随车机械师（车辆乘务员）、列车长，车站值班员报告列车调度员。（　　）×

213. 司机在运行中发现本线或邻线接触网上挂有异物时，应立即采取措施并向列车调度员（车站值班员）汇报异物情况和故障地点。（　　）√

214. 本线接触网挂有异物时，如异物情况不影响行车，司机按正常行车方式通过。（　　）√

215. 本线接触网挂有异物时，不能降弓通过时司机应立即停车并报告，列车调度员（车站值班员）应立即通知本线后续列车停车，不得再向该区间放行列车。（　　）√

216. 邻线挂有异物时，如司机汇报邻线异物不能降弓通过，列车调度员（车站值班员）应立即通知邻线尚未经过该地点的列车停车，不得再向邻线该区间放行列车。（　　）√

217. 列车运行途中，司机接到受电弓挂有异物通知时，应立即停车，向列车调度员（车站值班员）报告，车站值班员报告列车调度员。（　　）×

218. 列车运行途中，需下车检查或登顶作业时，司机（动车组列车为随车机械师通过司机）及时向列车调度员提出请求。（　　）√

219. 受电弓挂有异物处理完毕后，司机应报告列车调度员，列车调度员与供电调度员办理接触网送电手续，通知该停电供电臂内的列车升起受电弓，取消邻线限速，恢复正常行车。（　　）√

220. 司机（动车组列车为随车机械师）现场检查发现受电弓滑板及托架有损伤或接触网有异状时，应及时报告列车调度员。（　　）√

221. 列车在运行途中，因不明原因降弓，司机应立即切断主断路器并停车，同时查看降弓地点公里标，向列车调度员（车站值班员）报告，车站值班员报告列车调度员。（　　）√

222. 列车在运行途中，因不明原因降弓停车后，动车组列车随车机械师应根据故障信息记录，及时向司机反馈故障发生时间等信息并报告列车调度员，列车调度员及时转报供电调度员。（　　）×

223. 司机在接到邻线列车限速 160 km/h 及以下调度命令已发布的口头指示后，动车组列车为司机通知随车机械师下车检查。（　　）√

224. 司机根据准许登顶作业和邻线列车限速 160 km/h 及以下调度命令已发布的

口头指示登顶作业(动车组列车为司机通知随车机械师登顶作业)。( ) ×

225. 运行途中自动降弓停车后,经检查处理,列车恢复运行后,司机应立即报告列车调度员。( ) √

226. 司机发现不能自动过分相时,应立即停车报告列车调度员(车站值班员)。( ) ×

227. 动车组列车运行中出现故障,司机应按车载信息监控装置的提示,按规定及时处理。( ) √

228. 动车组列车运行中出现故障,需要由随车机械师处理时,司机应通知随车机械师。( ) √

229. 动车组列车运行中出现故障,经处置确认无法正常运行时,司机应按车载信息监控装置的提示和随车机械师的要求,选择维持运行或停车等方式,并报告列车调度员(车站值班员),车站值班员报告列车调度员。( ) √

230. 司机发现或得到基础制动装置故障致使车轮抱死不缓解的报告时,应立即停车报告列车调度员(车站值班员)停车原因和停车位置,车站值班员报告列车调度员。( ) √

231. 当动车组列车制动系统故障须切除单车制动力时,随车机械师应将切除制动力的情况及限速要求通知司机,司机按限速要求运行。( ) ×

232. 全列车制动不缓解,司机、随车机械师按故障应急手册或车载信息系统的提示处理。( ) √

233. 全列常用制动不施加,司机立即将制动手柄拉到最大常用制动位或按压紧急停车按钮,使动车组紧急停车。( ) ×

234. 全列常用制动不施加,司机按压紧急停车按钮,动车组停车后,司机复位紧急制动,由随车机械师进行故障处理。( ) √

235. 全列常用制动不施加,动车组停车后,司机在开车前必须进行一次完整的全部制动试验,确认制动系统功能正常。( ) ×

236. 动车组发生制动系统失效情况时,由司机请求救援。( ) √

237. 当车载信息监控装置提示轴承温度超过报警温度时,司机应立即停车,报告列车调度员(车站值班员)停车原因和停车位置,通知随车机械师处理,车站值班员报告列车调度员。( ) √

238. 当车载信息监控装置提示轴承温度超过报警温度时,随车机械师检查后,需要限速运行时,通知司机限速要求,司机按限速要求运行。( ) ×

239. 发现或接到转向架监测故障、车辆下部异音、异状的通知时,司机(列车工作人员)应立即采取停车措施,司机向列车调度员(车站值班员)报告,车站值班员报告列车调度员。( ) ×

240. 列车反方向运行时,列车调度员应发布调度命令。列车调度员(车站控制时为车站值班员)确认反方向区间空闲。( ) √

241. 动车组列车反方向运行时，在 CTCS-3 级区段，CTCS-2 级列控系统最高允许速度为 250 km/h。(　　)　√

242. 动车组列车反方向运行时，在 CTCS-2 级区段，在 250 km/h 线路上最高允许速度为 220 km/h。(　　)　×

243. 动车组列车反方向运行时，在 CTCS-2 级区段，在 200 km/h 线路上最高允许速度为 160 km/h。(　　)　√

244. 列车在区间被迫停车不能继续运行时，司机应立即使用列车无线调度通信设备通知列车调度员(两端站)及随车机械师(车辆乘务员)，报告停车原因和停车位置，根据需要迅速请求救援。(　　)　√

245. 列车在区间被迫停车不能继续运行时，随车机械师(车辆乘务员)、客运乘务组均应听从司机指挥，处理有关行车、列车防护和事故救援等事宜。(　　)　√

246. 对已请求救援的列车，当故障及停车原因消除后可再行移动。(　　)　×

247. 列车在区间被迫停车后，应保证就地制动，防止列车溜逸。(　　)　√

248. 列车在区间被迫停车后，如遇自动制动机故障，动车组以外的旅客列车司机应通知车辆乘务员立即组织列车乘务人员拧紧全列人力制动机；其他列车司机应立即采取安全措施，并向列车调度员报告。(　　)　√

249. 需要防护时，列车前方由司机负责，列车后方由随车司机负责，配备列车防护报警装置的列车应首先使用列车防护报警装置进行防护。(　　)　×

250. 需要防护时，单班单司机值乘的列车防护作业办法由机务段规定。(　　)　√

251. 列车被迫停车可能妨碍邻线时，司机应立即使用列车无线调度通信设备通知邻线上运行的列车和列车调度员(两端站)，与随车机械师(车辆乘务员)分别在列车头部或尾部附近对邻线来车方向短路轨道电路，配备列车防护报警装置的列车应首先使用列车防护报警装置进行防护。(　　)　√

252. 列车被迫停车可能妨碍邻线时，司机应亲自或指派人员沿非邻线一侧对列车进行检查，发现妨碍邻线时，应立即报告列车调度员(两端站)。(　　)　×

253. 列车被迫停车可能妨碍邻线时，如发现邻线有列车开来时，应鸣示紧急停车信号。(　　)　√

254. 防护人员设置的响墩在停车原因消除后，由防护人员撤除。(　　)　√

255. 在不得已情况下，列车必须在区间退行时，列车调度员须扣停后续列车，并确认退行距离内的闭塞分区空闲后通知司机允许退行。(　　)　√

256. 列车若需退行至站内，列车调度员还应确认列车至前方站间已空闲。(　　)　×

257. 动车组列车若需退行至站内，列车调度员应发布调度命令。(　　)　√

258. 在降雾、暴风雨雪及其他不良条件下，难以辨认信号时，调度员同意后列车准许退行。(　　)　×

259. 动车组列车在区间被迫停车后须返回后方站时，列车调度员必须确认动车组列车至后方站间已空闲，方可发布调度命令。（　　）√

260. 运行途中列车司机发现晃车时，应立即减速运行并向列车调度员（车站值班员）报告晃车地点及晃车时列车运行速度，待本列无异常状况后恢复常速运行。（　　）√

261. 电力机车牵引的列车和动车组列车停在接触网分相无电区不能继续运行时，司机应立即报告列车调度员（车站值班员），车站值班员报告列车调度员。（　　）×

262. 具备采用换弓、退行闯分相等方式自救时，司机应准确报告电力机车（动车组）停车位置。（　　）√

263. 列车运行中碰撞异物影响行车安全时，司机应立即采取减速措施，并向列车调度员（车站值班员）报告碰撞异物地点、碰撞异物情况及停车地点，动车组列车司机还应通知随车机械师。（　　）×

264. 列车运行中碰撞异物影响行车安全时，经检查列车可以继续运行时，恢复运行（动车组列车按随车机械师的要求运行），司机可不向列车调度员报告检查情况。（　　）×

265. 重联动车组列车需解编时，由随车机械师负责引导，司机确认并拉开安全距离。解编后，动车组应分别按规定采取防溜措施。（　　）√

266. 动车组以外的列车需要分隔甩车时，应根据风向等情况而定。（　　）√

267. 使用机车救援动车组时，具备升弓供电条件时，允许动车组升弓供电。（　　）√

268. 救援机车司机在救援作业过程中，要严格遵守有关限速规定，与动车组司机保持联系。救援运行中尽可能避免实施紧急制动。（　　）√

269. 动车组由机车牵引继续运行时，列车调度员根据随车机械师提出的限速要求，向司机发布限速运行的调度命令。（　　）×

270. 使用机车救援动车组时，动车组列控车载设备转入或退出隔离模式须发布调度命令。（　　）×

271. 列车调度员及时发布有关调度命令。担当救援的动车组司机接到救援命令后，必须认真确认。命令不清、停车位置不明确时，不准动车。（　　）√

272. 向封锁区间发出救援动车组时，不办理行车闭塞手续，以列车调度员的命令，作为进入封锁区间的许可。（　　）√

273. 在故障动车组尾部救援时，开放出站信号，担当救援的动车组按隔离模式进入区间。（　　）×

274. 被救援动车组转入或退出隔离模式须发布调度命令。（　　）×

275. 在区间组织旅客换乘时，担当换乘任务的列车到达邻线指定位置停妥后，司机向列车调度员报告。列车调度员通过申请换乘的列车司机组织旅客换乘。（　　）×

276. 担当换乘任务的列车长确认旅客换乘完毕后通知司机，司机得到列车长通知，

确认车门关闭后起动列车，并向列车调度员报告。（　　）×

277. 常态点灯的进站色灯信号机显示一个绿色灯光—准许列车按规定速度经道岔直向位置进入或通过车站，表示运行前方至少有三个闭塞分区空闲。（　　）√

278. 常态点灯的进站色灯信号机显示一个黄色闪光和一个黄色灯光—准许列车经18号及以上道岔直向位置进入站内准备停车，且进路允许速度不低于80 km/h。（　　）×

279. 常态灭灯的进站色灯信号机转为点亮状态时显示一个绿色灯光—准许列车按规定速度经道岔直向位置通过车站，表示运行前方区间空闲；或准许列车按规定速度经道岔直向位置进入车站，表示运行前方至少有三个闭塞分区空闲。（　　）√

280. 常态灭灯的进站色灯信号机转为点亮状态时显示一个黄色闪光和一个黄色灯光—准许列车经18号及以上道岔侧向位置进入站内准备停车，且进路允许速度不低于80 km/h。（　　）√

281. 常态点灯的出站色灯信号机显示一个绿色灯光—准许列车由车站出发，表示运行前方至少有四个闭塞分区空闲。（　　）×

282. 常态点灯的出站色灯信号机显示一个绿色灯光和一个黄色灯光—准许列车由车站出发，表示运行前方有两个闭塞分区空闲。（　　）√

283. 常态点灯的出站色灯信号机显示一个绿色灯光和一个黄色灯光—准许列车由车站出发，表示运行前方有两个闭塞分区空闲。（　　）√

284. 通过色灯信号机显示下列信号显示一个绿色灯光—准许列车按规定速度运行，表示运行前方至少有两个闭塞分区空闲。（　　）×

285. 通过色灯信号机显示下列信号显示一个绿色灯光和一个黄色灯光—准许列车按规定速度运行，要求注意准备减速，表示运行前方有两个闭塞分区空闲。（　　）√

286. 常态点灯的线路所防护分歧道岔的色灯信号机显示一个黄色闪光和一个黄色灯光—准许列车经分歧道岔侧向位置运行，表示分歧道岔为18号及以上且进路允许速度不低于80 km/h。（　　）√

287. 常态点灯的线路所防护分歧道岔的色灯信号机显示两个黄色灯光—准许列车经分歧道岔侧向位置运行，表示分歧道岔为18号以下或进路允许速度低于80 km/h。（　　）×

288. 常态灭灯的线路所防护分歧道岔的色灯信号机转为点亮状态时显示一个黄色闪光和一个黄色灯光—准许列车经分歧道岔侧向位置以站间闭塞方式运行，表示分歧道岔为18号及以上且进路允许速度不低于80 km/h，前方区间空闲。（　　）√

289. 列控车载设备的“机车信号”显示一个带“4”字的绿色灯光—表示列车运行前方有五个闭塞分区空闲。（　　）×

290. 列控车载设备的“机车信号”显示一个带“3”字的绿色灯光—表示列车运行前方有五个闭塞分区空闲。（　　）×

291. 列控车载设备的“机车信号”显示一个带“2”字的绿色灯光—表示列车运行前

方有三个闭塞分区空闲。（　　）×

292. 停车手信号，昼间—展开的红色信号旗；夜间—红色灯光。（　　）√

293. 停车手信号，昼间无红色信号旗时，两臂高举向两侧急剧摇动；夜间无红色灯光时，用白色灯光上下急剧摇动。（　　）×

294. 指挥机车向显示人方向稍行移动的信号昼间——拢起的红色信号旗直立平举，再用绿色信号旗左右小动。（　　）×

295. 指挥机车向显示人方向稍行移动的信号夜间——绿色灯光下压数次后，再左右小动。（　　）√

296. 指挥机车向显示人反方向去的信号，昼间——展开的绿色信号旗上下摇动。（　　）√

297. 指挥机车向显示人反方向去的信号，夜间——绿色灯光左右摇动。（　　）×

298. 道岔开通手信号，昼间——拢起的黄色信号旗高举头上左右摇动。（　　）√

299. 道岔开通手信号，夜间——白色灯光高举头上。（　　）√

300. 一道：昼间——两臂左右平伸；夜间——白色灯光左右摇动。（　　）√

301. 三道：昼间——两臂向上直伸；夜间——白色灯光左右摇动。（　　）×

302. 五道：昼间——两臂交叉于头上；夜间——白色灯光作圆形转动。（　　）√

303. 六道：昼间——左臂向左下方，右臂向右下方各斜伸45°角；夜间——白色灯光作圆形转动后，再左右摇动。（　　）√

304. 取消手信号：昼间——拢起的手信号旗，两臂于前下方交叉后，急向左右摇动数次。（　　）√

305. 要求再度显示手信号：昼间——拢起的手信号旗右臂向右方摇动。（　　）×

306. 告知显示错误的手信号：昼间——拢起的手信号旗两臂左右平伸同时上下摇动数次。（　　）√

307. 在显示手信号时，凡昼间持有手信号旗的人员，应将信号旗拢起，左手持绿旗，右手持红旗（扳道员右手持黄旗）。（　　）×

308. 降弓手信号，昼间——右臂垂直高举，左臂前伸并左右水平重复摇动。（　　）×

309. 降弓手信号，夜间——白色灯光左右重复摇动。（　　）×

310. 告知显示错误的手信号：夜间——红色灯光左右摇动。（　　）√

311. 取消手信号：夜间——红色灯光作圆形转动后，上下摇动。（　　）√

312. 要求再度显示手信号：夜间——红色灯光上下摇动。（　　）√

313. 进路表示器在其主体信号机开放时点亮，用于区别进路开通方向，不能独立构成信号显示。（　　）√

314. 进路表示器显示两个发车方向，当信号机在开放的条件下，分别按左、右两个白色灯光，区别进路开通方向。（　　）√

315. 进路表示器显示三个发车方向，信号机在开放状态及表示器左方显示一个白色灯光——表示进路开通，准许列车向右侧线路发车。（　　）×

316. 进路表示器显示三个发车方向，信号机在开放状态及表示器中间显示一个白色灯光——表示进路开通，准许列车向中间线路发车。（　　）√

317. 进路表示器显示三个发车方向，信号机在开放状态及表示器右方显示一个白色灯光——表示进路开通，准许列车向右侧线路发车。（　　）√

318. 进路表示器显示四个发车方向，信号机在开放状态及表示器左方横向显示两个白色灯光——表示进路开通，准许列车向左侧A方向线路发车。（　　）√

319. 进路表示器显示四个发车方向，信号机在开放状态及表示器左方横向显示两个白色灯光——表示进路开通，准许列车向右侧A方向线路发车。（　　）×

320. 进路表示器显示四个发车方向，信号机在开放状态及表示器左方斜向显示两个白色灯光——表示进路开通，准许列车向左侧B方向线路发车。（　　）√

321. 进路表示器显示四个发车方向，信号机在开放状态及表示器右方斜向显示两个白色灯光——表示进路开通，准许列车向右侧C方向线路发车。（　　）√

322. 进路表示器显示四个发车方向，信号机在开放状态及表示器右方横向显示两个白色灯光——表示进路开通，准许列车向右侧C方向线路发车。（　　）×

323. 进路表示器显示五个发车方向，信号机在开放状态及表示器右方斜向显示两个白色灯光——表示进路开通，准许列车向右侧E方向线路发车。（　　）×

324. 高速铁路的线路标志包括：公里标、警冲标。（　　）×

325. 高速铁路双线区段的轨道电路调谐区标志设在线路外侧。（　　）√

326. 动车组列车应根据其种类及运行的线路，在头部和尾部分别显示不同的列车标志。列车标志的显示方式，昼间与夜间相同。（　　）×

327. 动车组列车在双线区段正、反方向运行时，前端白色灯光，并可根据需要切换近光、远光。（　　）√

328. 动车组列车在双线区段正、反方向运行时，尾部向后显示两个红色灯光。（　　）√

329. CTCS-2级列控系统基于轨道电路和应答器传输行车许可信息，采用目标距离控制模式监控列车运行。（　　）×

330. CTCS-2级列控系统列控车载设备主要由车载安全计算机、轨道电路信息读取器、应答器信息接收单元、列车接口单元、记录单元、人机界面等部件组成。（　　）√

331. CTCS-2级列控系统列控地面设备由列控中心、临时限速服务器、UM-71系列轨道电路、应答器等设备组成。（　　）×

332. 装备CTCS-2级列控车载设备的动车组应装设LKJ设备。（　　）√

333. CTCS-2级列控车载设备的控车模式有完全监控、部分监控、引导、目视行车、

调车、隔离和待机、休眠等模式。（　　）×

334. CTCS-2 级列控车载设备完全监控模式是列车的正常运行模式。列控车载设备根据控车数据自动生成目标距离模式曲线，司机依据人机界面显示的列车运行速度、允许速度、目标速度和目标距离等信息控制列车运行。（　　）√

335. CTCS-2 级列控车载设备部分监控模式是列控车载设备接收到轨道电路允许行车信息，而缺少应答器提供的线路数据或限速数据时使用的模式。（　　）√

336. CTCS-2 级列控车载设备调车模式，司机按压按钮使列控车载设备转入调车模式。（　　）×

337. CTCS-2 级列控车载设备只有在列车停车时，司机才可以选择进入或退出调车模式。（　　）√

338. CTCS-2 级列控车载设备隔离模式是列控车载设备控制功能停用的模式。（　　）√

339. CTCS-2 级列控车载设备待机模式是列控车载设备上电后启动前的默认模式。（　　）×

340. CTCS-2 级列控车载设备隔离模式，列车停车后，根据规定，司机操作隔离装置使列控车载设备转入隔离模式。（　　）√

341. 岗位培训合格证鉴定期间由铁路局出具书面证明。（　　）×

342. 出勤时，动车组司机应携带工作证、驾驶证、岗位培训合格证（鉴定期间由机务段出具书面证明）和有关规章制度。（　　）√

343. 动车组司机出勤时，应按规定领取司机报单、司机手账、添乘指导簿、列车时刻表、运行揭示等行车资料和备品。（　　）√

344. 动车组司机出勤时，认真听取出勤指导，将司机手账交机车调度员审核并签认。（　　）√

345. 在动车段（所）内运行遇到列控车载设备输出制动时，司机须与车站（段、所）联控确认后，方可继续运行。（　　）√

346. 按调车方式出段（所）时，执行由近及远确认信号，严守速度。（　　）×

347. 按列车方式出段（所）时，确认行车凭证，按规定执行调车联控。（　　）×

348. 进站停车时，按列车编组一次稳准对标停车，停妥后使列车保持最大常用制动状态。（　　）×

349. 进站停车时，司机根据列车长的开门通知，集控开启站台侧车门（开门按钮不在司机操纵台上的除外）。（　　）√

350. 在 CTCS-0/1 级区段的车站始发开车，按 LKJ 方式行车。（　　）√

351. 在 CTCS-2/3 级区段的车站开车，按 ATP 方式行车，使用 C2 级【部分监控】模式。（　　）×

352. 确认操纵台各仪表、显示屏显示正常，各开关、手柄位置正确，司机室各门窗处于锁闭状态。（　　）√

353. 确认行车凭证和开车时间，车门关闭后，准确呼唤，按规定进行车机联控，鸣笛起动列车。(　　)　√

354. 起车时，主控(牵引)手柄在“1”位(最小牵引位，下同)稍作停留，再根据目标速度选择适当级位，做到起车稳、加速快。(　　)　√

355. 上坡道起车时，不具备保持制动功能的动车组，可先将牵引手柄置适当级位后，再缓解制动。(　　)　√

356. 运行中应参照列车操纵示意图、提示卡操纵列车，严格执行确认呼唤和联控制度，做到“彻底瞭望、确认信号、准确呼唤、手比眼看”。(　　)　√

357. 非操纵端司机室门、窗及各操纵开关、手柄均应置于断开或锁闭位，关闭非操纵端司机室 CIR 等设备电源。(　　)　√

358. 正常及非正常情况下，动车组司机在运行中必须在运行方向前端司机室操纵，行车安全装备必须全程运转，严禁擅自关机。(　　)　×

359. 动车组在始发前、更换动车组司机、更换操纵端后、使用紧急制动停车后、途中解编或重联后开车前，需进行简略制动试验。(　　)　×

360. 列车进站前，按规定进行车机联控或确认 CIR 进路预告信息，确认进站凭证、ATP 显示的允许运行速度值，控制列车运行速度。(　　)　√

361. 列车进站后，根据列车编组确认停车位置。(　　)　√

362. 正常情况下，应稳定使用中级挡位以下的制动，随着速度的降低，逐级回到制动“1”位停车。(　　)　√

363. 一次稳准对标停车，停车后保持制动状态，确认站台方向，按规定执行开门操作。(　　)　√

364. 列车停留时，司机必须坚守岗位，不得离开司机室。(　　)　×

365. 动车组运行中应使用自动过分相功能。在经过乘务区段第一个分相区时，需验证自动过分相功能。(　　)　√

366. 当自动过分相装置故障时，应采用手动过分相，并报告列车调度员(车站值班员)。(　　)　√

367. 列车通过分相区后，确认操纵台各显示屏和仪表显示状态。(　　)　√

368. 始发站、停车站、终到站在列车越过车站道岔或停妥后，在司机手账上记录列车到、开时分。(　　)　×

369. 遇雨雪冰霜等不良天气，动车组段(所)内出库时，应选择适当地点施加制动，观察制动效果，确认制动状态。(　　)　√

370. 同向继乘时，按继乘列车开车时间，提前 10 min 到达接车地点立岗接车。(　　)　√

371. 换端继乘时，按继乘列车开车时间，提前 20 min 在开车端立岗接车。(　　)　√

372. 列车在继乘站停车后，保持制动状态，与接班司机交接确认动车组技术状态、

动车组钥匙、电务车载设备检测合格证，填写《动车组运用技术状态交接簿(单)》。(　　)×

373. 铁路职工违反规章制度，致使发生铁路运营安全事故，造成严重后果的，给予撤职处分。(　　)×

374. 铁路职工违反规章制度，致使发生铁路运营安全事故，造成特别严重后果的，处三年以上七年以下有期徒刑。(　　)√

375. 铁路职工玩忽职守、违反规章制度造成铁路运营事故，情节严重、构成犯罪的，给予行政处分。(　　)×

376. 未经安全生产教育和培训合格的从业人员，不得上岗作业。(　　)√

377. 从业人员在作业过程中，应当服从管理，正确佩戴和使用劳动防护用品。(　　)√

378. 从业人员应当接受安全生产教育和培训，知道本职工作所需的安全生产知识和生产技能。(　　)×

379. 从业人员发现事故隐患或者其他不安全因素，事后应向现场安全生产管理人员或者本单位负责人报告。(　　)×

380. 生产经营单位的从业人员不服从管理，违反安全生产规章制度或者操作规程的，由生产经营单位给予批评教育，依照有关规章制度给予处分。(　　)√

381. 提供公众服务并且直接关系公共利益的职业、行业，需要确定具备特殊信誉、特殊条件或者特殊技能等资格、资质的事项。(　　)√

382. 申请人隐瞒有关情况或提供虚假材料的，2 年内不得再次申请。(　　)×

383. 申请人在考试过程中有舞弊行为的，已经通过的考试科目成绩无效。(　　)√

384. 持证人不能继续驾驶铁路机车车辆的，包括持证人死亡、丧失行为能力、退休、限制行为能力影响驾驶的、吸食或注射毒品、长期服用依赖性精神药品等，应当注销驾驶证。(　　)√

385. 持证人提出注销申请的，应当注销驾驶证。(　　)√

五、简 答 题

1. 什么是 CTC 的两种控制模式？

答：CTC 应具备分散自律控制和非常站控两种模式。

2. 什么是分散自律控制模式？

答：分散自律控制模式是通过调度集中设备，实现进路自动和人工办理的模式。

3. 什么是非常站控模式？

答：非常站控模式是遇行车设备故障、施工、维修需要时，脱离调度集中系统控制转为车站联锁控制台人工办理的模式。

4. CTCS-3 级列控系统车载设备由哪些部件组成？

答:由车载安全计算机、轨道电路信息读取器、应答器信息接收单元、列车接口单元、记录单元、人机界面、GSM-R 无线通信单元等部件组成。

5. CTCS-3 级列控系统地面设备由哪些部件组成?

答:由列控中心、临时限速服务器、ZPW-2000 系列轨道电路、应答器、无线闭塞中心(RBC)、GSM-R 接口设备等组成。

6. CTCS-2 级列控系统车载设备由哪些部件组成?

答:列控车载设备主要由车载安全计算机、轨道电路信息读取器、应答器信息接收单元、列车接口单元、记录单元、人机界面等部件组成。

7. CTCS-2 级列控系统地面设备由哪些部件组成?

答:列控地面设备由列控中心、临时限速服务器、ZPW-2000 系列轨道电路、应答器等设备组成。

8. 开车前动车组列车司机应做到哪些?

答:开车前司机要选定机车综合无线通信设备通信模式和运行线路,机车综合无线通信设备、GSM-R 手持终端按规定注册列车车次,并确认正确。装备列车运行监控装置的动车组列车还应按规定输入监控装置有关数据。

9. 使用自动站间闭塞时,动车组列车使用列控(ATP)控车的行车凭证是什么?

答:动车组列车在完全监控、引导或部分监控模式下运行时,行车凭证为列控车载设备显示的允许运行的速度值。

10. 使用自动站间闭塞时,动车组按 LKJ 方式及动车组以外列车的行车凭证是什么?

答:进入区间的行车凭证为出站信号机或线路所通过信号机显示的允许运行的信号(在信号机常态灭灯的区段,信号机应点灯)。

11. 在信号机常态点灯的 CTCS-2 级自动闭塞区段,发车进路信号机故障时发出列车如何行车?

答:行车凭证为调度命令。LKJ 控车时,以不超过 20 km/h(动车组列车为不超过 40 km/h)速度运行至次一信号机;隔离模式运行时,以不超过 40 km/h 速度运行至次一信号机。

12. CTCS-3 级以及信号机常态灭灯的 CTCS-2 级自动闭塞区段,发车进路信号机故障且引导信号不能开放时,发出列车时如何行车?

答:行车凭证为调度命令。LKJ 控车时,以不超过 20 km/h(动车组列车为不超过 40 km/h)速度运行至次一信号机;隔离模式运行时,以不超过 40 km/h 速度运行至次一信号机。

13. 在信号机常态点灯的 CTCS-2 级自动站间闭塞区段,发车进路信号机故障时发出列车时如何行车?

答:行车凭证为调度命令。LKJ 控车时,以不超过 20 km/h(动车组列车为不超过 40 km/h)速度运行至次一信号机;隔离模式运行时,以不超过 40 km/h 速度运行至次一信号机。

14. CTCS-3 级以及信号机常态灭灯的 CTCS-2 级自动站间闭塞区段，发车进路信号机故障且引导信号不能开放时，发出列车时如何行车？

答：行车凭证为调度命令。LKJ 控车时，以不超过 20 km/h（动车组列车为不超过 40 km/h）速度运行至次一信号机；隔离模式运行时，以不超过 40 km/h 速度运行至次一信号机。

15. 列车运行途中，司机接到受电弓挂有异物通知时如何处理？

答：列车运行途中，司机接到受电弓挂有异物通知时，应立即降弓、停车，向列车调度员（车站值班员）报告，车站值班员报告列车调度员。需下车检查或登顶作业时，司机（动车组列车为随车机械师通过司机）及时向列车调度员提出请求。

16. 动车组列车由区间返回时有何规定？

答：动车组列车在区间被迫停车后须返回后方站时，列车调度员必须确认动车组列车至后方站间已空闲，方可发布调度命令。司机根据调度命令，在动车组列车运行方向（折返）前端操作，列车改按隔离模式返回，运行速度不得超过 40 km/h。

17. 在故障动车组前部救援时有何规定？

答：担当救援的动车组按隔离模式进入区间，在接近被救援列车 2 km 时，以在瞭望距离内能够随时停车的速度运行，最高不超过 20 km/h，在距被救援列车不小于 300 m 处一度停车，与被救援列车联系确认后进行作业。

18. 在故障动车组尾部救援时有何规定？

答：开放出站信号，担当救援的动车组按完全监控模式进入区间，在行车许可终点停车，与被救援列车联系确认后，按目视行车模式进入前方闭塞分区，以在瞭望距离内能够随时停车的速度运行，最高不超过 20 km/h，在距被救援列车不小于 300 m 处一度停车（行车许可终点距被救援列车不足 300 m 时除外），与被救援列车联系确认后进行作业。

19. 动车组救援动车组连挂前有何规定？

答：连挂前，司机须与列车调度员联系，在接到列车调度员已发布邻线限速 160 km/h 及以下的调度命令（妨碍邻线及组织旅客疏散时为已扣停邻线列车）的口头指示后，方可开始作业。

20. 列车碰撞异物时司机应如何处理？

答：列车运行中碰撞异物影响行车安全时，司机应立即采取停车措施，并向列车调度员（车站值班员）报告碰撞异物地点、碰撞异物情况及停车地点，动车组列车司机还应通知随车机械师。车站值班员报告列车调度员。

21. 列车碰撞异物须下车处理时司机应如何处理？

答：需下车检查时，列车调度员根据司机请求及时发布邻线限速 160 km/h 及以下的调度命令，司机在接到列车调度员已发布相关调度命令的口头指示后，下车检查（动车组列车为通知随车机械师下车检查）。

22. 机车综合无线通信设备故障影响调度命令无线传送功能时如何处理?

答:影响调度命令无线传送功能时,向司机发布的调度命令,按规定采用列车无线调度通信设备发布、转达或采用人工书面交递方式。

23. 机车综合无线通信设备故障遇无进路预告信息时如何处理?

答:遇无进路预告信息,司机须报告列车调度员(车站值班员),列车由正线通过改为侧线接车时,列车调度员(车站控制时为车站值班员)应提前预告司机。

24. 机车综合无线通信设备不能通话时如何处理?

答:司机应立即使用 GSM-R 手持终端报告列车调度员(车站值班员)。如 GSM-R 手持终端也不能进行通话时,司机应在前方站停车报告;机车综合无线通信设备或 GSM-R 手持终端修复(更换)后,方准继续运行。

25. 其他原因造成列车在站内临时停车再开的规定是什么?

答:其他原因的临时停车,列车调度员(车站值班员)应组织司机、随车机械师(车辆乘务员)等查明停车原因,在列车具备运行条件后,由列车调度员(车站值班员)通知司机开车。

26. 动车组全部制动试验的规定是什么?

答:动车组在出段(所)前或折返地点停留出发前需要进行全部制动试验,一级检修作业后的动车组在出发前不再进行全部制动试验。

六、论 述 题

1. 动车组列车开关车门的规定是什么?

答:动车组列车由列车长确认旅客上下完毕后,通知司机关闭车门;列车进站停车时,司机按动车组停车位置标停车,确认列车停稳、对准停车位置后开启车门。按钮不在司机操作台上的,由列车长通知随车机械师关闭车门;列车到站停稳后,由随车机械师开启车门。如自动开关门装置故障或特殊情况需单独开关车门时,由司机通知列车工作人员手动开关车门。

2. 在信号机常态点灯的 CTCS-2 级自动闭塞区段,出站信号机(线路所通过信号机)故障时发出列车如何行车?

答:行车凭证为调度命令。LKJ 控车时,以不超过 20 km/h(动车组列车为不超过 40 km/h)速度运行至第一架通过信号机,按其显示的要求执行;隔离模式运行时,以不超过 40 km/h 速度运行至前方站进站信号机(线路所通过信号机)。

3. 列车在区间停车需下车处理时有何规定?

答:列车在区间停车需下车处理时,列车调度员发布邻线列车限速 160 km/h 及以下的调度命令,限速位置按停车列车位置前后各 1 km 确定;司机在接到列车调度员已发布相关调度命令的口头指示后,通知有关作业人员办理。需组织旅客疏散时,必须扣停邻线列车;司机在接到列车调度员已扣停邻线列车的口头指示后,通知有关作业人员办理。

4. 动车组列车在 CTCS-2 级区段与 CTCS-0/1 级区段级间自动转换失败时如何

处理?

答:动车组列车在 CTCS-2 级区段与 CTCS-0/1 级区段级间自动转换失败时,司机应立即报告列车调度员(车站值班员),并按下述规定办理:由 CTCS-2 级区段向 CTCS-0/1 级区段运行时,停车后根据调度命令手动转换。由 CTCS-0/1 级区段向 CTCS-2 级区段运行时,可维持按 LKJ 方式继续运行。

5. 动车组列车在 CTCS-3 级区段与 CTCS-2 级区段级间自动转换失败时如何处理?

答:动车组列车在 CTCS-3 级区段与 CTCS-2 级区段级间自动转换失败时,司机应立即报告列车调度员(车站值班员),并按下述规定办理:由 CTCS-3 级区段向 CTCS-2 级区段运行时,停车后手动转换。由 CTCS-2 级区段向 CTCS-3 级区段运行时,维持 CTCS-2 级方式继续运行。

6. 调度命令的限速值与列控限速值不符时如何处理?

答:如调度命令的限速值低于列控车载设备显示的目标速度时,动车组列车司机应按调度命令控制列车运行。遇实际限速与运行揭示调度命令(临时限速调度命令)限速相符,而列控限速归档造成列控限速与运行揭示调度命令(临时限速调度命令)限速不符时,列车调度员不再向动车组列车司机发布临时限速调度命令。

7. 对低于 45 km/h 的限速,动车组列车如何运行?

答:对低于 45 km/h 的限速,装备 LKJ 的动车组列车,限速命令已写入 IC 卡时,动车组列车司机应根据调度命令在限速地段前一站停车改按 LKJ 方式运行,司机按限速调度命令和 LKJ 设置控制列车通过限速地段;未写入 IC 卡时,动车组列车司机应根据限速调度命令人工控制列车通过限速地段。未装备 LKJ 的动车组列车,动车组列车司机应根据限速调度命令人工控制列车通过限速地段。

8. 对未装备 LKJ 的动车组列车,列控限速设置不成功时如何行车?

答:对未装备 LKJ 的动车组列车,列控限速设置不成功时,列车调度员应关闭(车站控制时为通知车站值班员关闭)进入该限速地段前一站的出站信号,向司机发布限速调度命令(最高不超过 40 km/h),核对无误后,方可放行列车。司机按限速调度命令人工控制列车通过限速地段。

9. 天气恶劣难以辨认信号行车办法是什么?

答:(1)列车按机车信号的显示运行。当接近地面信号机时,司机应确认地面信号,遇地面信号与机车信号显示不一致时,应立即采取减速或停车措施。(2)当无法辨认出站(进路)信号机显示时,在列车具备发车条件后,司机凭机车信号的显示起动列车,在确认出站(进路)信号机显示正确后,再行加速。(3)天气转好时,应及时报告列车调度员发布调度命令,恢复正常行车。

10. 动车组列车运行中遇列控车载设备故障并导致列车停车后如何处理?

答:动车组列车运行中遇列控车载设备故障并导致列车停车后,司机应报告列车调度员(车站值班员),并通知随车机械师。车站值班员报告列车调度员。司机转换冗余切换开关(开关不在司机室时,司机通知随车机械师进行转换)启动冗余设备或将列控车载设备断电 30 s 后重新启动，设备恢复正常时，报告列车调度员，继续运行。

11. 已在区间内运行的装备 LKJ 的动车组列车因列控车载设备故障，不能恢复正常运行但能提供机车信号时如何处理？

答：司机应报告列车调度员（车站值班员）。在信号机常态点灯的 CTCS-2 级区段，列车调度员发布改按 LKJ 方式行车的调度命令，动车组列车改按 LKJ 方式运行。在 CTCS-3 级及信号机常态灭灯的 CTCS-2 级区段，列车调度员在确认该列车至前方站（线路所）间空闲后，发布改按 LKJ 方式行车的调度命令，动车组列车改按 LKJ 方式运行。

12. 动车组列车改按 LKJ 方式运行，在自动闭塞区间内遇机车信号或 LKJ 故障时如何处理？

答：司机应报告列车调度员（车站值班员）。列车调度员（车站值班员）不再向该区间放行列车，并通知已进入区间的后续列车立即停车。列车调度员确认该列车至前方站（线路所）间空闲后通知司机，列车按地面信号显示以不超过 40 km/h 的速度运行至前方站（线路所）。该列车到达前方站（线路所）后，列车调度员方可通知后续列车恢复运行。

13. 进站（接车进路）信号机故障且引导信号不能开放时如何行车？

答：进站（接车进路）信号机引导信号不能开放时，在确认接车进路空闲、进路准备妥当后，列车调度员发布准许越过该信号机的调度命令，司机凭调度命令越过该信号机。动车组列车在进站（接车进路）信号机前停车后，装备 LKJ 的动车组列车将列控车载设备隔离，按 LKJ 方式运行，速度不超过 40 km/h；未装备 LKJ 的动车组列车改按隔离模式进站停车。

14. 出站信号机不能开放时的规定是什么？

答：出站信号机不能开放时，除按规定交付行车凭证外，对通过列车应预告司机。装有进路表示器或发车线路表示器的出站信号机，当该表示器不良时，由列车调度员（车站控制时为车站值班员）通知司机；司机发现表示器不良时，应及时报告列车调度员（车站值班员）。

15. 动车组列车运行中遇到接触网本线上挂有异物时如何处理？

答：本线挂有异物时，如异物情况不影响行车，司机按正常行车方式通过。本线降弓可以通过时，司机按降弓方式通过该地点，列车调度员向该线后续列车发布限速 160 km/h 降弓通过故障地点的调度命令（不设置列控限速），限速降弓位置原则上按司机汇报故障地点前后各 2 km 确定。不能降弓通过时司机应立即停车并报告，列车调度员（车站值班员）应立即通知本线后续列车停车，不得再向该区间放行列车。

16. 动车组列车在运行途中，因不明原因降弓时如何处理？

答：列车在运行途中，因不明原因降弓，司机应立即切断主断路器并停车，同时查看降弓地点公里标，向列车调度员（车站值班员）报告，车站值班员报告列车调度员。列车调度员（车站值班员）应立即通知区间内后续列车停车，不再向该区间放行列车，列车调度员将降弓情况转报供电调度员。动车组列车随车机械师应根据故障信息记录，及时向司机反馈故障发生时间等信息，由司机报告列车调度员，列车调度员及时转报供电调度员。

17. 空调失效超过 20 min 不能恢复但列车能够正常运行时如何处理?

答:空调失效超过 20 min 不能恢复但列车能够正常运行时,列车长可视情况通知司机向列车调度员提出在前方最近客运站停车的请求,列车调度员安排列车在前方最近客运站停车。列车在停车站安装好防护网、打开部分车门后,列车调度员根据司机的报告,向司机(救援时还包括救援司机)及沿途各站发布打开车门限速 60 km/h(通过邻靠高站台的线路时限速 40 km/h)运行的调度命令。

18. 动车组列车运行中出现故障如何处理?

答:动车组列车运行中出现故障,司机应按车载信息监控装置的提示,按规定及时处理;需要由随车机械师处理时,司机应通知随车机械师。经处置确认无法正常运行时,司机应按车载信息监控装置的提示和随车机械师的要求,选择维持运行或停车等方式,并报告列车调度员(车站值班员),车站值班员报告列车调度员。

19. 动车组全列制动不缓解时如何处理?

答:全列车制动不缓解,司机、随车机械师按故障应急手册或车载信息系统的提示处理;全列常用制动不施加,司机立即将制动手柄拉到紧急制动位或按压紧急停车按钮,使动车组紧急停车。动车组停车后,司机复位紧急制动,由随车机械师进行故障处理。司机在开车前必须进行一次完整的制动试验,确认制动系统功能正常。动车组发生制动系统失效情况时,由司机请求救援。

20. 当车载信息监控装置提示轴承温度超过报警温度时如何处理?

答:当车载信息监控装置提示轴承温度超过报警温度时,司机应立即停车,报告列车调度员(车站值班员)停车原因和停车位置,通知随车机械师处理,车站值班员报告列车调度员。列车调度员(车站值班员)应立即通知区间内后续列车停车,并不得再向该区间放行列车。随车机械师检查后,需要限速运行时,通知司机限速要求,司机报告列车调度员(车站值班员)后,按限速要求运行。不能继续运行时,及时请求救援。

21. 动车组列车在区间组织旅客换乘的规定是什么?

答:在区间组织旅客换乘时,列车调度员组织担当换乘任务的动车组列车进入邻线指定位置停车。担当换乘任务的列车到达邻线指定位置停妥后,司机向列车调度员报告。列车调度员通过申请换乘的列车司机通知列车长组织旅客换乘。担当换乘任务的列车长确认旅客换乘完毕后通知司机,司机得到列车长通知,确认车门关闭,具备开车条件后起动列车,并向列车调度员报告。

22. CTCS-3 级列控车载设备有哪些控车模式?

答:CTCS-3 级列控车载设备按 CTCS-3 级控车时的模式有完全监控、引导、目视行车、调车、休眠、隔离和待机等模式;CTCS-3 级列控车载设备按 CTCS-2 级控车时的模式有完全监控、部分监控、引导、目视行车、调车、休眠、隔离、待机和机车信号等模式。

23. 动车组遇哪些情况,须安排动车组试运行?

答:(1)新型动车组运营、新线开通前;(2)动车组新造出厂、高级检修修竣后;(3)临修更换转向架、轮对、万向轴、主变压器、牵引电机后；(4)重要部件、软件加装、升级后。

24. 使用自动闭塞法行车时，动车组列车的行车凭证是什么？

答：使用自动闭塞法行车，动车组列车在完全监控、引导或部分监控模式下运行时，行车凭证为列控车载设备显示的允许运行的速度值。动车组列车按 LKJ 方式运行及动车组以外的列车，在信号机常态点灯的区段，进入闭塞分区的行车凭证为出站或通过信号机显示的允许运行的信号；在信号机常态灭灯的区段，进入区间的行车凭证为出站信号机或线路所通过信号机显示的允许运行的信号，信号机应点灯。

25. 动车组防溜有哪些规定？

答：(1)动车组无动力停留时，有停放制动装置的动车组，由司机负责将动车组处于停放制动状态；动车组无停放制动装置或在坡度为 20‰以上的区间无动力停留时，由司机通知随车机械师进行防溜，防溜时应使用止轮器牢靠固定。(2)重联动车组在设置止轮器防溜时，仅设置前列。(3)如需在同一股道内停留两列不重联的动车组时，两列动车组间应间隔不小于 20 m 的安全防护距离(动车段、动车所内的股道除外)，并分别做好防溜。(4)动车段(所)内动车组防溜办法由铁路局规定。

第六章　模拟试卷及答案

第一节　模拟试卷

模拟试卷(一)

一、填空题

1. CTCS-3 级列控系统基于 GSM-R 无线通信实现车地信息(　　),无线闭塞中心生成行车许可,轨道电路实现列车占用检查,应答器实现列车定位,并具备 CTCS-2 级功能。

2. 运行速度 250 km/h 及以下时,完全监控模式下 CTCS-2/CTCS-3 级列控车载设备应按高于线路允许速度 2 km/h 报警、5 km/h 常用制动、(　　)km/h 紧急制动设置模式曲线。

3. 只有在列车停车时,司机才可以选择进入或退出调车模式。CTCS-3 级控车时,只能在(　　)转入调车模式。

4. CTCS-3 级列控车载设备的隔离模式是列控车载设备控制功能(　　)的模式。列车停车后,根据规定,司机操作隔离装置使列控车载设备转入隔离模式。

5. CTCS-2 级列控车载设备的引导模式是在进站或出站建立(　　)后,列控车载设备按照最高限速 40 km/h 控车的模式。

6. 动车组应具有列车运行安全监控功能,对重要的运行部件和功能系统进行实时监测、报警和记录,并能及时向动车段、动车所(　　)。

7. 引导接车时,列车以不超过 20 km/h(动车组列车为不超过 40 km/h)速度进站,并做好(　　)的准备。

8. 动车组列车按隔离模式由车站(线路所)开往区间时,须按(　　)组织行车,列车按地面信号显示运行,待该列车到达前方站(线路所)后方可放行后续列车。

9. 司机在运行中发现本线或邻线接触网上挂有异物时,应立即(　　)并向列车调度员(车站值班员)汇报异物情况和故障地点。

10. 运行途中列车司机发现晃车时,应立即(　　)并向列车调度员(车站值班员)报告晃车地点及晃车时列车运行速度,待本列无异常状况后恢复常速运行。

二、选择题

1. 运行速度 250 km/h 及以下时,(　　)模式下 CTCS-3 级列控车载设备应按高于线路允许速度 2 km/h 报警。

A. 部分监控　　B. 隔离　　C. 目视　　D. 完全监控

2. 引导模式是在进站或出站建立引导进路后，列控车载设备按照最高限速(　　) km/h 控车的模式。

A. 20　　B. 40　　C. 45　　D. 80

3. 制动初速度为 250 km/h 时，紧急制动距离限值为(　　) m。

A. 3 200　　B. 2 800　　C. 3 600　　D. 3 800

4. 接触网最高工作电压为(　　) kV，短时(5 min)最高工作电压为 29 kV。

A. 25　　B. 22.5　　C. 29　　D. 27.5

5. 动车组(　　)回送或被救援时，过渡车钩、专用风管的安装与拆卸由随车机械师负责，司机配合。

A. 无动力　　B. 有动力　　C. 入厂　　D. 出厂

6. 解编操作时，主控动车组转换为调车模式后，必须一次移动(　　) m 以上方可停车。

A. 15　　B. 5　　C. 10　　D. 3

7. 运行揭示调度命令应包括时间、地点、因由、速度、行车方式变化、设备变化等内容，机务部门应根据运行揭示调度命令及时将有关内容写入(　　)。

A. 手账　　B. IC 卡　　C. LKJ　　D. ATP

8. 在信号机常态点灯的 CTCS-2 级自动闭塞区段，出站信号机(线路所通过信号机)故障时发出列车 LKJ(GYK)控车时，行车凭证为(　　)。

A. 调度命令　　B. 调度命令、路票

C. 路票　　D. 绿色许可证

9. 邻线挂有异物时，如司机汇报不能确定异物是否影响邻线行车，列车调度员应立即向邻线尚未经过该地点的首列列车司机发布口头指示限速(　　)km/h 注意运行。

A. 160　　B. 80　　C. 120　　D. 45

10. 司机在接到邻线列车限速(　　) km/h 及以下调度命令已发布的口头指示后，下车检查(动车组列车为司机通知随车机械师下车检查)。

A. 160　　B. 80　　C. 120　　D. 45

三、判断题

1. 动车组应具有列车运行安全监控功能，对重要的运行部件和功能系统进行实时监测、报警和记录，并能及时向机务段、动车所传输。　　(　　)

2. 高速铁路车站分为集控站、非集控站。按调度集中基本操作方式，由列车调度员直接办理接发列车作业的车站(线路所)为集控站，其他车站(线路所)为非集控站。

(　　)

3. 指挥列车运行的命令(运行揭示调度命令除外)和口头指示，只能由列车调度员

发布。（ ）

4. 正线、到发线接触网停电后准许登顶作业时，调度员须向车站值班员、机械师发布调度命令。（ ）

5. 使用调度命令无线传送系统传送行车凭证，列车调度员办理接发列车时，可由车站值班员传送，车站值班员办理接发列车时，由车站值班员传送。（ ）

6. CTCS-3 级以及信号机常态灭灯的 CTCS-2 级自动闭塞区段开放引导信号发出列车 CTCS-3 级控车、CTCS-2 级控车的列车时，行车凭证为列控车载设备显示的允许运行的速度值。（ ）

7. 使用自动站间闭塞法行车，动车组列车在完全监控、引导或部分监控模式下运行时，行车凭证为机车信号显示的允许信号。（ ）

8. 在信号机常态点灯的 CTCS-2 级自动站间闭塞区段反方向发出列车按 CTCS-2 级控车时，行车凭证为列控车载设备显示的允许运行的速度值。（ ）

9. 按天气恶劣难以辨认信号行车时，列车按地面信号显示运行时，列车调度员应及时发布调度命令，改按天气恶劣难以辨认信号的办法行车。（ ）

10. 动车组列车运行中遇列控车载设备故障并导致列车停车后，司机应报告列车调度员（车站值班员），并通知随车机械师。（ ）

四、简答题

1. 什么是分散自律控制模式？
2. 开车前动车组列车司机应做到哪些？
3. 列车运行途中，司机接到受电弓挂有异物通知时如何处理？
4. 其他原因造成列车在站内临时停车再开的规定是什么？

五、论述题

1. 动车组列车运行中遇列控车载设备故障并导致列车停车后如何处理？
2. 动车组列车运行中出现故障如何处理？

模拟试卷(二)

一、填 空 题

1. 列车运行控制系统装备等级根据线路允许速度选用。250 km/h 以下铁路采用(　　)级列控系统。

2. CTCS-3 级区段应答器提供线路数据、(　　)、过分相、定位、级间转换、公里标、车站名、无线闭塞中心切换等信息。

3. CTCS-3 级列控车载设备的机车信号模式是装备 CTCS-3 级列控车载设备的动车组在 CTCS-0/1 级区段运行时使用的模式。经司机操作后，列控车载设备转为最高限速(　　)km/h 控车模式。

4. CTCS-3 级列控车载设备，在完全监控模式下根据列控地面设备提供的信息，结合动车组(　　)，向动车组提供自动过电分相信息。

5. 高速铁路主要行车工种岗位人员的选拔，要按照岗位标准的基本素质要求，严格按条件(　　)进行。

6. 动车组无动力回送或被救援时，过渡车钩、专用风管的安装与拆卸由随车机械师(　　)，司机配合。

7. 动车组列车运行中，司机发现积水高于轨面时，应立即(　　)，根据现场情况与随车机械师共同确认行车条件或请求救援，并立即报告列车调度员(车站值班员)。

8. 遇有落石、倒树等障碍物危及行车安全时，司机应立即停车，(　　)障碍并确认安全无误后，方可继续运行。

9. 列车调度员及时发布有关调度命令。担当救援的动车组司机接到救援命令后，必须(　　)。命令不清、停车位置不明确时，不准动车。

10. 区间不设通过信号机、在闭塞分区分界处设置区间信号标志牌的 CTCS-2/CTCS-3 级区段车站的进站、出站、进路信号机以及线路所的通过信号机常态灭灯，仅起(　　)作用。

二、选 择 题

1. 高速铁路车站分为集控站、非集控站。按调度集中基本操作方式，由列车调度员直接办理接发列车作业的车站(线路所)为(　　)，其他车站(线路所)为非集控站。

A. 非常站控站　　B. 分散自律站　　C. 非集控站　　D. 集控站

2. 列车是指编成的车列并挂有机车及规定的列车标志。动车组列车为(　　)编组列车。

A. 自走行固定　　B. 固定　　C. 自走行重联　　D. 自走行非固定

3. 在信号机常态点灯的 CTCS-2 级自动闭塞区段，反方向发出列车 CTCS-2 级控车行车凭证为列控车载设备显示的允许运行的(　　)。

A. 进行信号　　B. 运行信号　　C. 行车许可　　D. 速度值

4. CTCS-3 级以及信号机常态灭灯的 CTCS-2 级自动站间闭塞区段出站信号机（线路所通过信号机）故障且引导信号不能开放发出列车按隔离模式运行时，地面信号机为（　　）状态。

A. 灭灯　　B. 点灯　　C. 关闭　　D. 开放

5. 需临时限速时，应由有关单位（人员）（　　）或由自然灾害及异物侵限监测系统报警提示。

A. 报告值班员　　B. 报告列车调度员

C. 发布限速命令　　D. 提出限速申请

6. 如调度命令的限速值低于列控车载设备显示的目标速度时，动车组列车司机应按（　　）控制列车运行。

A. 值班员命令　　B. 调度所主任命令

C. 调度命令　　D. 值班站长命令

7. 动车组列车反方向运行时，在 CTCS-3 级区段，CTCS-2 级列控系统最高允许速度为（　　）km/h。

A. 300　　B. 250　　C. 200　　D. 160

8. 非列控车载设备控车的列车在高速铁路运行时，遇地面信号机显示一个黄色闪光和一个黄色灯光时，表示要求列车按限速要求（最高不超过（　　）km/h）越过该信号机。

A. 40　　B. 45　　C. 60　　D. 80

9. 在故障动车组前部救援时，在距被救援列车（　　）m 处一度停车，与被救援列车联系确认后进行作业。

A. 800　　B. 不小于 300　　C. 不小于 800　　D. 300

10. 列车出发，在 CTCS-2. 3 等级区段时，选择 ATP 的 C2 级使用（　　）模式。

A. 隔离　　B. 目视　　C. 完全监控　　D. 部分监控

三、判 断 题

1. 动车组列车在列控车载设备控车和 LKJ 控车之间自动转换时，调度员须向车站值班员、司机发布调度命令。（　　）

2. 动车组列车在车站办理客运业务时，须固定进路、固定站台、固定停车位置。（　　）

3. 其他原因使列车在站内临时停车，列车调度员（车站值班员）应组织司机、随车机械师（车辆乘务员）等查明停车原因，在列车具备运行条件后，由司机自行起动列车。（　　）

4. 动车组安装过渡车钩回送时，按规定限速运行，尽可能避免实施紧急制动。发生制动后，本务司机必须通知随车机械师，经随车机械师检查过渡车钩状态良好后方可继

续运行。 （ ）

5. 动车组列车运行中，司机发现积水高于轨面时，应立即减速运行，根据现场情况与随车机械师共同确认行车条件或请求救援，并立即报告列车调度员（车站值班员），车站值班员报告列车调度员。 （ ）

6. GSM-R 故障导致遇无进路预告信息，司机须报告列车调度员（车站值班员），列车由正线通过改为侧线接车时，列车调度员（车站控制时为车站值班员）应提前预告司机。 （ ）

7. 列车运行途中，司机接到受电弓挂有异物通知时，应立即停车，向列车调度员（车站值班员）报告，车站值班员报告列车调度员。 （ ）

8. 发现或接到转向架监测故障、车辆下部异音、异状的通知时，司机（列车工作人员）应立即采取停车措施，司机向列车调度员（车站值班员）报告，车站值班员报告列车调度员。 （ ）

9. 具备采用换弓、退行闯分相等方式自救时，司机应准确报告电力机车（动车组）停车位置。 （ ）

10. 动车组列车在双线区段正、反方向运行时，前端白色灯光，并可根据需要切换近光、远光。 （ ）

四、简 答 题

1. 什么是非常站控模式？

2. 在信号机常态点灯的 CTCS-2 级自动站间闭塞区段，发车进路信号机故障时发出列车时如何行车？

3. 列车碰撞异物时司机应如何处理？

4. 机车综合无线通信设备故障遇无进路预告信息时如何处理？

五、论 述 题

1. 动车组列车在运行途中，因不明原因降弓时如何处理？

2. 动车组列车在区间组织旅客换乘的规定是什么？

模拟试卷(三)

一、填 空 题

1. CTCS-2 级列控车载设备的部分监控模式是列控车载设备接收到轨道电路允许行车信息，而缺少应答器提供的线路数据或(　　)时使用的模式。

2. 登乘动车组司机室须凭动车组司机室登乘证。登乘机车、动车组司机室的人员，在不影响乘务人员工作的前提下，经(　　)后方可登乘。

3. 动车组重联时，被控动车组应(　　)，主控动车组使用调车模式与被控动车组连接。

4. 动车组列车在车站出发，动车组列车司机在确认(　　)和开车时间，车门关闭后，即可起动列车。

5. 动车组列车按隔离模式运行时，运行速度不超过(　　)km/h。

6. 遇天气恶劣，信号机显示距离不足 200 m 时，司机或车站值班员须立即(　　)列车调度员。

7. 遇接触网停电时，司机应立即停车并降弓，报告列车调度员(车站值班员)停车原因及(　　)，通知随车机械师(车辆乘务员)、列车长。

8. 列车碰撞异物，经下车检查确认不能继续运行时应及时请求(　　)，并按规定进行防护。

9. 常态点灯的进站色灯信号机显示一个黄色灯光—准许列车按限速要求经道岔(　　)位置进入站内正线准备停车。

10. 常态灭灯的线路所防护分歧道岔的色灯信号机转为点亮状态时显示一个绿色灯光—准许列车按规定速度经道岔直向位置以(　　)方式运行，表示前方区间空闲。

二、选 择 题

1. 动车组列车按隔离模式由车站(线路所)开往区间时，须按(　　)行车，列车按地面信号显示运行，待该列车到达前方站(线路所)后方可放行后续列车。

A. 半自动闭塞组织　B. 反方向组织　C. 站间组织　D. 自动闭塞组织

2. 动车组无停放制动装置或在坡度为(　　)以上的区间无动力停留时，由司机通知随车机械师进行防溜，防溜时应使用止轮器牢靠固定。

A. 25‰　B. 30‰　C. 35‰　D. 20‰

3. 具备采用换弓、退行闯分相等方式自救时，司机应准确报告电力机车(动车组)(　　)。

A. 停车位置　B. 分相长度　C. 距分相距离　D. 线路坡度

4. 动车组列车反方向运行时，在 CTCS-3 级区段，CTCS-3 级列控系统最高允许速度为(　　) km/h。

A. 250　　B. 300　　C. 200　　D. 230

5. 列车运行中碰撞异物影响行车安全时，如检查未发现异常情况，列车调度员向本线后续首列发布口头指示限速(　　)km/h 运行，限速位置按碰撞异物地点前后各 2 km 确定。

A. 160　　B. 100　　C. 120　　D. 140

6. CTCS-2 级列控系统完全监控模式下按高于线路允许速度(　　)常用制动。

A. 2 km/h　　B. 3 km/h　　C. 5 km/h　　D. 10 km/h

7. CTCS-3 级列控车载设备按 CTCS-2 级控车时的模式有完全监控、部分监控、引导、目视行车、调车、(　　)等模式。

A. 休眠　　B. 隔离　　C. 待机　　D. 机车信号

8. 列控车载设备主要由车载安全计算机、轨道电路信息读取器、应答器信息接收单元、(　　)等部件组成。

A. 列车接口单元　　B. 记录单元　　C. 人机界面　　D. RBC 接收器

9. 已发布的调度命令，遇有(　　)时，必须取消前发命令，重新发布全部内容的调度命令。

A. 错　　B. 漏　　C. 变化　　D. 新增

10. 运行揭示调度命令应包括(　　)、行车方式变化、设备变化等内容，机务部门应根据运行揭示调度命令及时将有关内容写入 IC 卡。

A. 时间　　B. 地点　　C. 因由　　D. 速度

三、判 断 题

1. 因设备故障，动车组列控车载设备在 CTCS-3 级与 CTCS-2 级间进行转换时，司机应报告列车调度员。(　　)

2. 运行途中自动降弓停车后，经检查处理，列车恢复运行后，司机应立即报告列车调度员。(　　)

3. 全列常用制动不施加，动车组停车后，司机在开车前必须进行一次完整的全部制动试验，确认制动系统功能正常。(　　)

4. 在降雾、暴风雨雪及其他不良条件下，难以辨认信号时，调度员同意后列车准许退行。(　　)

5. 担当换乘任务的列车长确认旅客换乘完毕后通知司机，司机得到列车长通知，确认车门关闭后起动列车，并向列车调度员报告。(　　)

6. 列控车载设备的“机车信号”显示一个带“4”字的绿色灯光—表示列车运行前方有五个闭塞分区空闲。(　　)

7. 降弓手信号，昼间——右臂垂直高举，左臂前伸并左右水平重复摇动。(　　)

8. CTCS-2 级列控车载设备部分监控模式是列控车载设备接收到轨道电路允许行车信息，而缺少应答器提供的线路数据或限速数据时使用的模式。(　　)

9. 正常及非正常情况下，动车组司机在运行中必须在运行方向前端司机室操纵，行车安全装备必须全程运转，严禁擅自关机。（ ）

10. 遇雨雪冰霜等不良天气，动车组段(所)内出库时，应选择适当地点施加制动，观察制动效果，确认制动状态。（ ）

四、简答题

1. CTCS-3级列控系统车载设备由哪些部件组成？

2. 使用自动站间闭塞时，动车组列车使用列控(ATP)控车的行车凭证是什么？

3. CTCS-3级以及信号机常态灭灯的CTCS-2级自动站间闭塞区段，发车进路信号机故障且引导信号不能开放时发出列车时如何行车？

4. 机车综合无线通信设备不能通话时如何处理？

五、论述题

1. 列车在区间停车需下车处理时有何规定？

2. 动车组全列制动不缓解时如何处理？

第二节　模拟试卷答案

模拟试卷(一)答案

一、填空题

1. 双向传输　2. 10　3. 按规定操作　4. 列车定位　5. 引导进路
6. 传输　7. 随时停车　8. 站间　9. 采取措施　10. 减速运行

二、选择题

1. D　2. B　3. A　4. D　5. A
6. B　7. B　8. A　9. B　10. A

三、判断题

1. ×　2. √　3. √　4. ×　5. ×
6. √　7. ×　8. √　9. √　10. √

四、简答题

1. 答:分散自律控制模式是通过调度集中设备,实现进路自动和人工办理的模式。

2. 答:开车前司机要选定机车综合无线通信设备通信模式和运行线路,机车综合无线通信设备、GSM-R 手持终端按规定注册列车车次,并确认正确。装备列车运行监控装置的动车组列车还应按规定输入监控装置有关数据。

3. 答:列车运行途中,司机接到受电弓挂有异物通知时,应立即降弓、停车,向列车调度员(车站值班员)报告,车站值班员报告列车调度员。需下车检查或登顶作业时,司机(动车组列车为随车机械师通过司机)及时向列车调度员提出请求。

4. 答:其他原因的临时停车,列车调度员(车站值班员)应组织司机、随车机械师(车辆乘务员)等查明停车原因,在列车具备运行条件后,由列车调度员(车站值班员)通知司机开车。

五、论述题

1. 答:动车组列车运行中遇列控车载设备故障并导致列车停车后,司机应报告列车调度员(车站值班员),并通知随车机械师。车站值班员报告列车调度员。司机转换冗余切换开关(开关不在司机室时,司机通知随车机械师进行转换)启动冗余设备或将列控车载设备断电 30 s 后重新启动,设备恢复正常时,报告列车调度员,继续运行。

2. 答:动车组列车运行中出现故障,司机应按车载信息监控装置的提示,按规定及时处理；需要由随车机械师处理时，司机应通知随车机械师。经处置确认无法正常运行时，司机应按车载信息监控装置的提示和随车机械师的要求，选择维持运行或停车等方式，并报告列车调度员（车站值班员），车站值班员报告列车调度员。

模拟试卷(二)答案

一、填 空 题

1. CTCS-2　2. 临时限速　3. 线路数据　4. 80　5. 程序
6. 负责　7. 停车　8. 排除　9. 认真确认　10. 停车位置

二、选 择 题

1. D　2. A　3. D　4. B　5. D
6. C　7. B　8. B　9. B　10. D

三、判 断 题

1. ×　2. ×　3. ×　4. ×　5. ×
6. √　7. ×　8. ×　9. √　10. √

四、简 答 题

1. 答:非常站控模式是遇行车设备故障、施工、维修需要时,脱离调度集中系统控制转为车站联锁控制台人工办理的模式。

2. 答:行车凭证为调度命令。LKJ 控车时,以不超过 20 km/h(动车组列车为不超过 40 km/h)速度运行至次一信号机;隔离模式运行时,以不超过 40 km/h 速度运行至次一信号机。

3. 答:列车运行中碰撞异物影响行车安全时,司机应立即采取停车措施,并向列车调度员(车站值班员)报告碰撞异物地点、碰撞异物情况及停车地点,动车组列车司机还应通知随车机械师。车站值班员报告列车调度员。

4. 答:遇无进路预告信息,司机须报告列车调度员(车站值班员),列车由正线通过改为侧线接车时,列车调度员(车站控制时为车站值班员)应提前预告司机。

五、论 述 题

1. 答:列车在运行途中,因不明原因降弓,司机应立即切断主断路器并停车,同时查看降弓地点公里标,向列车调度员(车站值班员)报告,车站值班员报告列车调度员。列车调度员(车站值班员)应立即通知区间内后续列车停车,不再向该区间放行列车,列车调度员将降弓情况转报供电调度员。动车组列车随车机械师应根据故障信息记录,及时向司机反馈故障发生时间等信息,由司机报告列车调度员,列车调度员及时转报供电调度员。

2. 答:在区间组织旅客换乘时,列车调度员组织担当换乘任务的动车组列车进入邻线指定位置停车。担当换乘任务的列车到达邻线指定位置停妥后,司机向列车调度员报告。列车调度员通过申请换乘的列车司机通知列车长组织旅客换乘。担当换乘任务的列车长确认旅客换乘完毕后通知司机，司机得到列车长通知，确认车门关闭，具备开车条件后起动列车，并向列车调度员报告。

模拟试卷(三)答案

一、填 空 题

1. 限速数据　2. 检验准许　3. 退出占用　4. 行车凭证　5. 40
6. 报告　7. 停车位置　8. 救援　9. 直向　10. 站间闭塞

二、选 择 题

1. C　2. D　3. A　4. B　5. A
6. C　7. ABCD　8. ABC　9. ABC　10. ABCD

三、判 断 题

1. √　2. √　3. ×　4. ×　5. ×
6. ×　7. ×　8. √　9. ×　10. ×

四、简 答 题

1. 答:由车载安全计算机、轨道电路信息读取器、应答器信息接收单元、列车接口单元、记录单元、人机界面、GSM-R 无线通信单元等部件组成。

2. 答:动车组列车在完全监控、引导或部分监控模式下运行时,行车凭证为列控车载设备显示的允许运行的速度值。

3. 答:行车凭证为调度命令。LKJ 控车时,以不超过 20 km/h(动车组列车为不超过 40 km/h)速度运行至次一信号机;隔离模式运行时,以不超过 40 km/h 速度运行至次一信号机。

4. 答:司机应立即使用 GSM-R 手持终端报告列车调度员(车站值班员)。如 GSM-R 手持终端也不能进行通话时,司机应在前方站停车报告;机车综合无线通信设备或 GSM-R 手持终端修复(更换)后,方准继续运行。

五、论 述 题

1. 答:列车在区间停车需下车处理时,列车调度员发布邻线列车限速 160 km/h 及以下的调度命令,限速位置按停车列车位置前后各 1 km 确定;司机在接到列车调度员已发布相关调度命令的口头指示后,通知有关作业人员办理。需组织旅客疏散时,必须扣停邻线列车;司机在接到列车调度员已扣停邻线列车的口头指示后,通知有关作业人员办理。

2. 答:全列车制动不缓解,司机、随车机械师按故障应急手册或车载信息系统的提示处理;全列常用制动不施加,司机立即将制动手柄拉到紧急制动位或按压紧急停车按钮,使动车组紧急停车。动车组停车后,司机复位紧急制动,由随车机械师进行故障处理。司机在开车前必须进行一次完整的制动试验,确认制动系统功能正常。动车组发生制动系统失效情况时,由司机请求救援。